生きる漢字・語彙力

三訂版

霜《しも》 栄《さかえ》 著

2500語＋α

駿台文庫

三訂版のお知らせ

長年にわたって利用いただいた『生きる漢字・語彙力　増補改訂版』を、「大学入学共通テスト」の実施にともない、さらに増補・改訂することとなりました。

今まで通り、大学入試の豊富なデータに基づきながら、さらに学習効果の能率が上がるように整理・配列も変更しました。可能な限り漢字・語彙のつながりを示し、言葉の広がりが感じられるようにすることで、思考力も鍛えられるように最大限の工夫を施しました。

「大学入学共通テスト」の実施により、現代文で問われる「思考力・判断力・表現力」にも変化が生じます。複数テクストが出題され、選択肢・図表に見られる具体例を概念化したり、逆に問題文・図表に見られる抽象内容をイメージ化したり、さらに複数内容を結びつけて推論したりすることで、正解を求める力が新たに問われることとなります。

日本語で正しい概念化を行うには、漢字・語彙力を欠かすことができません。「ソウゾウしてカンショウする」などと言われても、漢字が浮かばなければ語彙の意味を把握することはできません。またイメージ化を行うには、身近な例文で学習し自分で使えるようになっておく必要があります。さらに適切な推論を行うには、漢字・語彙のつながりをふだんから意識しておくことが大切です。

今回の増補・改訂の目的は以下の通りです。

① 「大学入学共通テスト」の実施により、入試問題の変化が予測されます。その事態に対応するため、コラム欄を設けて常用漢字の全てを掲載しました。また、常用漢字以外の字には＊を付けました。＊は「大

学入学共通テスト」の漢字対策のみに使用する場合は学習する必要がありません。

② 時代の流れによって言葉づかいも変わり出題の変化が見られるため、一部の漢字を別の漢字に差し替えました。また、掲載する語彙の数を負担にならない程度に増やすことによって、入試本番での的中率を引き上げることを目指しています。

③ **「大学入学共通テスト」**の漢字対策を完全なものに近づけるため、設問を大幅に改変し、掲載数も増やしました。これにより、**同音の異字が5つ以上ある常用漢字**という「大学入学共通テスト」の出題範囲の漢字をすべて（！）網羅しました。本書一冊で「大学入学共通テスト」対策は万全です。

④ 全体を基礎編と応用編とに大きく振り分け、基礎編で学習した漢字・語句のうち重要なものを応用編で確認できるようにしました。もちろん基礎編と応用編を同時に進めリンクさせて学習するのも、短期間で能率を上げる一つのやり方です。

記号一覧

＊…常用漢字以外。「大学入学共通テスト」では出題されません。

異…同音異義語。文脈での判断が必要となるので、要注意です。

対…対義語。反対の関係や相互の関係にある語で、読解において重要です。

×…間違い易《やす》い漢字・読み方。たくさんの人が間違えるので、気を付けてください。

共…「大学入学共通テスト」などで問われる同じ漢字を使った語句です。

慣…慣用句としての意味を掲載しています。参考にしてください。

はじめに

大学入試の**漢字対策**を完全なものとしながら、日本語の**語彙力**を増強し、**読解力・表現力**の基礎を養成する目的で作られた学習書です。

ぜひ目次を見て、内容・配列を確認してください。

漢字の記憶だけを切り離して学習することは、無味乾燥で非能率です。本書では、能率的に意味・用法を身につけ、**他人の文章を正しく読解し自分の理解を豊かに表現する**という国語学習の目標に向けて、さまざまな工夫を行いました。

♠ **必須の漢字・慣用句を2500語＋α収録**

過去の大学入試の豊富なデータに基づいています。ほとんど出題されない漢字を学習しても受験では非能率的です。**同音異義語**（**異**）・**対義語**（**対**）・**間違い易い漢字・読み方**（✕）などを記載して能率の向上を目指しました。無駄なく必要な語彙を記憶してください。

♥ **「大学入学共通テスト」ほかすべての入試に完全対応**

チェックシートを利用することで、単に漢字問題を解けるようにするだけでなく、**同じ漢字を使う語句**（**共**）・**意味**も記憶し易いように工夫されています。「大学入学共通テスト」などの**マーク式の漢字問題への対策**として大きな効果をあげるものと期待しています。

♣ **印象に残る例文と意味で生きる語彙力を**

ふだん使いそうな例文を採用し、実際に生きる語彙力を身につけられるようにと考慮しました。自分で使いこなせないような例文や意味の乏しい例文では、用法が身につかないからです。頻出漢字の学習とともに**記述力・表現力の基礎**を身につけてください。

◆語彙力→読解にも役立つ能率的な整理

正確に漢字を覚えられるように**すべての語句の意味**をつけました。実際の大学入試では、意味を知らなければどの漢字を書くべきか判断がつかない場合も多いからです。また、単なる漢字問題の羅列ではなく、語句・意味が覚えやすいように整理・配列してあります。

利用方法

本書では、漢字と語句を、その意味・用法とともに身につけるさまざまな工夫が施されています。漢字と意味のつながり、語句同士のつながり、間違い易い語句の使い分けなども自然と記憶に残るはずです。また、意味・ポイント欄では、書き取り漢字を赤字にするなどして、チェックシートを利用すれば自然と語彙が増える仕組みになっています。なお、実際の入試の出題形式に合わせるため、重複して掲載した語句もあります。

① チェックシートを用いて、例文を読み意味を考えながら、漢字を書いてみる。
② 正解かどうかを調べ、間違えたときは番号の上の□欄に斜め線などを入れる。
（一度目は◺、二度目は☒、三度目は◪、四度目は■などと使える）
③ 必ず意味・ポイント欄なども見て、語彙の正しい理解を確認する。
④ 同音異義語・対義語や同じ漢字を使う語句なども同時に記憶しておく。

目次

応用編

コラム

著者からのメッセージ

世界は言葉で溢れています。

いいえ、そうではなくて、言葉によって世界は編まれているのです。たとえ言葉によってではなく直接世界に触れようとしても、一瞬のうちに言葉はぼくらの肉体に根を張り、ぼくらの心から水分と、世界から養分を得て、花を開かせようとします。

言葉の切り株につまづき、叫び声をあげ、言葉にならないと嘆く。たった一言に歓喜し涙を流し心を傷つけ、言葉に全身を込めてみようとする。

ときどき、かわいいと思います。人間が。

ぼくはどうやら、すべての本というものは人間を勇気づけるものだと、そうでなければと思ってきたような気がします。音楽や絵画や演劇や花束と同じように。

この本のなかに並んでいる言葉たちも、いつかきっとキラキラと輝き、熱を帯び、ぬめぬめと息づき、生き生きと動き出し、人を涙させ、勇気づける時を待って、ぼくらの前に存在しているのでしょう。

あなたがどんな言葉で世界を捉《とら》え、どんな言葉で夢を広げ、未来を語り、愛を告白するのか。あなたがどんな言葉に振り向き、心を痛め、希望をふくらませるのか。

あるいはまた、真理や幸福や宇宙や悪意や美や実存といった言葉に何を吹き込むのか。

それこそがあなたの人生そのものであり、科学の、哲学の、文学の、すべての勉強の出発点であらねばならないと、ぼくは思っています。

本書により、少しでも受験勉強の能率が上がればと願っています。そうして大学に入ったら、ぜひ自分というこの謎の存在を、能率とは無関係に、じっくりと正直に感受してください。ぼくもそのことを目指して苦闘しています。

目に見える大学の門を恐れることなく、その前に立っている目に見えない自分の緊張感を大切にしてください。

それはおそらく生きる上での宝だと思います。

霜　栄より

最も良く出題される漢字の書き取り・読み取り問題を、頻出度・難易度によって3つの章に分けてある。例文によって用法を身につけながら、必ず実際に手を動かして正解を確認するようにして欲しい。下欄にある意味はもちろん、同音異義語（異）、対義語（対）、間違い易い漢字（×）、他の読み方にも注意しよう。漢字の問題の多くは文脈上で判断しなければならない。特に、マーク式の問題を出題する「大学入学共通テスト」などを受験する人は、同じ漢字を使う語句（共）に注意を払おう。ただし、（ ）内の＊（常用漢字以外の字）は書けなくてもよいし、共通テスト対策のみの受験生は＊を学習する必要はない。

第1章　最も試験に出る漢字 220

第2章　最も点差がつく漢字 700

第3章　最も間違い易い漢字 660

第1章　最も試験に出る漢字220（①事物・人物）

● 次の太字のカタカナを漢字に、漢字はカタカナに直しなさい。

（　）内の＊の漢字は書けなくてもよい。

□1 彼はさまざまな**シシツ**に恵まれているが、器用貧乏だ。

□2 バナナの皮で転んだって？　こりゃあ大**ケッサク**。

□3 今出発すれば、**ヨユウ**で今日の最終便に間に合う。

□4 **シロウト**にしか持ちえない厳しさもある。

□5 その二人の間には僕の入る**ヨチ**など、もはやなかった。

□6 街は教会の鐘の**ヨイン**とともに、朝霧《あさぎり》の中にあった。

□7 そこは他人に触れられたくない**リョウイキ**なんだ。

□8 彼は、喜劇と悲劇の一致を一つの**ギキョク**で表現した。

□9 意識が戻り、世界の**リンカク**がようやくはっきりした。

意味・ポイント

1 生まれつきの性質・才能。共「資本」「資《し》する（＝役立つ）」「質感」

2 よい作品。とっぴでおかしいこと。共「傑出（＝飛び抜けて優れている）」

3 余りとゆとり。×裕　共「余力」「裕福」

4 アマチュア（amateur）。専門でない人。経験のない人。対玄人《くろうと》　共「素朴《そぼく》」

5 何かができるだけのゆとり。共「余《あま》る」「余裕」「余力」

6 あとまで残る響き・趣。共「余地」「音韻」「韻律」「韻文」

7 自分のものとする区域・部門・分野。共「領土」「地域」

8 演劇の台本。共「戯れ」「曲折（＝折れ曲がる。複雑な推移）」

9 物の外形。概観や概要。共「輪《わ》になる」「輪唱」「外郭」

解答

1 資質
2 傑作
3 余裕
4 素人
5 余地
6 余韻
7 領域
8 戯曲
9 輪郭（廓）＊

□10 僕は旅に出た。僕に**ケツジョ**している自分を探しに。

欠けていて足りないこと。×除 共「欠陥」「如実《にょじつ》(＝ありのまま)」

欠如

□11 車も来ない、餌《えさ》もある。猫のハナに最良の**カンキョウ**。

生物・人間を取り巻く外界。 共「環太平洋」「境目《さかいめ》」「越境」「逆境」

環境

□12 自分の**センモン**分野の話になると途端《とたん》にうるさくて。

特定の細かい分野。×専(「博」「薄」などのときは「専」となる) ×問

専門

□13 **ボウトウ**から読み直せ、彼はそう叫んだ。

文章や物事の初め。×冒 共「冒険」 慣「頭角を現す(＝優れて目立ってくる)」

冒頭

□14 **エモノ**を狙《ねら》うような鋭い目つきの女だった。

奪い取る・取った物。 共「獲《え》る(＝獲物を捕らえる)」「獲得」

獲物

□15 彼は生活の**キバン**を安定させようと、仕事に没頭した。

基礎となるもの。共「基づく」「基《もとい》(＝根本。土台)となる」「地盤」「磐石《ばんじゃく》」

基盤

□16 自分の欠点を他人に**トウエイ**して何になる?

映し出された影・姿。 共「投棄」「投《な》げる」「影響」

投影

□17 右大将の君、**大納言**になり給ひ…(紫式部『源氏物語』)

太政官の次官。例文では夕霧のこと。例文〈～になりなさり…〉

ダイナゴン

□18 **乳母**は後ろめたさに、いと近う侍《さぶら》ふ(紫式部『源氏物語』)

養育係の女。例文は源氏が若い継母の御帳《みちょう》に入り、乳母が驚くシーン。

ウバ(メノト)

□19 旅人とわが名呼ばれん初**時雨**(松尾芭蕉『笈《おい》の小文《こぶみ》』)

初冬に降る小雨。漂泊する孤独な詩人芭蕉の有名な俳句。

シグレ

□20 **上達部**、殿上人、上さままでおしなべて…(吉田兼好『徒然草』)

公卿《くぎょう》の別称。大臣・大納言・中納言・参議、その他三位以上の貴族。

カンダチメ(ベ)

第1章　最も試験に出る漢字220（②現象・行為）【1】

●次の太字のカタカナを漢字に直しなさい。

□21 人生は予め《あらかじめ》運命に**ソウサ**されていると彼は言った。

□22 彼女は優しさを**コバ**むことでやっと自分を保っている。

□23 父の芸風を**トウシュウ**し、自分の芸風も持つ六代目。

□24 本当に自分を思ってくれる人を彼は**ハイジョ**した。

□25 なんとか全滅は**カイヒ**したいんだが……。

□26 別に彼を**ヨウゴ**するつもりはない。ただ……。

□27 理解できない他者は自分が何者かを**ハアク**させる。

□28 虫が伝染病を**バイカイ**することは多いらしい。

□29 彼の言葉には、未来を**シサ**するところがある。

意味・ポイント

21 都合のいいように操《あやつ》る。共「操り人形」「操縦《じゅう》（＝機械を巧みに動かす）」

22 断り承諾しない。共「拒否」「拒絶」

23 やり方を受け継ぎ、その通りにやる。共「踏《ふ》む」「襲《おそ》う」「踏破」「世襲」

24 押しのける。取り除く。共「排出」「駆除（＝害虫などを追い払う）」

25 ある物事を避けること。共「回想」「回遊」「旋回」「回《まわ》る」「退避」「避難」

26 かばって守る。共「擁立」「抱擁」「介護」「警護」

27 自分のものとする。共「把捉（＝捉えること）」「握《にぎ》る」

28 二つのものの間に立ってとりもつ。共「媒体」「触媒」「紹介」「介抱」

29 他のことを通してそれとなく教え示す。×指　共「指示《じ》」「唆《そそのか》す」

解答

21 操作

22 拒

23 踏襲

24 排除

25 回避

26 擁護

27 把握

28 媒介

29 示唆

□30 すべての人が自国の文化に**シバ**られている。

□31 効果を**ゾウフク**する秘薬とかないの？

□32 夢は案外簡単に**ジョウジュ**します。

□33 席を替えてもらえないか、**コウショウ**してくるよ。

□34 間違えた問題を**チュウシュツ**してマイ問題集を作る。

□35 過去の心の傷を**トロ**して近づくなんて下劣なやり方だ。

□36 技術を**クシ**しても、自分の気持ちだけは変えられない。

□37 マッチ一本火事の元、と町内に注意を**カンキ**して回る。

□38 **カンゲン**すりゃあ、要領が悪いのひと言に尽きるよ。

□39 臓器の**イショク**を阻《はば》む拒絶反応は自己防衛なの？

□40 **カンジョウ**を払わず店を出たら、食い逃げと言われた。

---

30 紐《ひも》や縄《なわ》をかける。自由を制限する。共「束縛《そくばく》」「自縄自縛《じじょうじばく》」

縛

31 震動を増加させること。物事の程度を強める・が強くなること。共「歩幅《ほはば》」

増幅

32 できあがる。成しとげる。共「成功」「就職」「職に就《つ》く」

成就

33 かかわり合う。話し合う。異高尚・考証（＝古い事柄を実証的に研究する）・口承

交渉

34 一部をぬき出すこと。共「抽象（＝事物・対象からある性質をひきだす）」

抽出

35 考えていることをかくさず述べる。共「吐《は》く」「露呈（＝露《あら》わになる）」

吐露

36 自由自在に使いこなす。共「疾駆《しっく》（＝速く走らせる）」「駆《か》ける」

駆使

37 呼び起こす。異歓喜 共「召喚《しょうかん》」「起床」

喚起

38 言い換える。異還元・甘言（＝相手の気に入る言葉）・管弦（絃） 共「交換」

換言

39 移し変える。異委嘱（＝仕事などを部外の人に委《ゆだ》ねる）・異色・衣食 共「植《う》える」

移植

40 支払うこと。代金。考慮。異感情 共「勘案」「定《さだ》める」

勘定

あれこれと考え合わせること

第1章　最も試験に出る漢字220（②現象・行為）【2】

● 次の太字のカタカナを漢字に直しなさい。

□ 41 テストで悪い点を取り、休み時間も**コウソク**された。

□ 42 私は計画を一つずつ着実に**スイコウ**していった。

□ 43 感情を**ヨクセイ**して、いったいどうなるというの？

□ 44 有望選手を**カクトク**し、にこにこ顔のオーナー。

□ 45 自然界では、死んだ動物の体は土に**カンゲン**される。

□ 46 僕との関係を**ホウキ**したいのならそう言えばいい。

□ 47 駅に**ツ**いたら、メールして。

□ 48 俺は単身仙台に**オモム**いた。

□ 49 誰もが**セイギョ**できない欲望をもつんだ。

	意味・ポイント	解答
41	行動の自由を制限する。 共「拘留」「束縛」「束《たば》ねる」	拘束
42	成し遂《と》げる。×逐	遂行
43	抑《おさ》える。 対 促進 ×抑 共「抑揚（＝文章を何度も練《ね》り直す）」 異 推敲（＝言葉・音楽の強弱。調子の高低）	抑制
44	手に入れる。どちらの字も「獲《え》る・得《え》る」と読む。 共「獲物《えもの》」「会得《えとく》」	獲得
45	根本・本質など元に戻すこと。物質に電子を与える変化。×環 異 換言・甘言 共「元旦《がんたん》」	還元
46	投げ棄《す》てる。 共「放る」「放物線」「放《はな》つ」「破棄」	放棄
47	到着する。届く。身を置く。異 突く・就く・憑く 共「執着」「着眼」	着
48	向かって行く。 共「赴任《ふにん》」	赴
49	目的どおりに作動するように操作する。 共「制限」「御者」	制御（禦*・馭*）

□50 恩師の**ヨウセイ**をも、彼はあっさり無視した。

請《こ》い求める。「時局の―に応える」異 養成・夭逝(＝若くして死ぬ) 共「要《かなめ》」

要請

□51 他人の悪意を受け取らないことを**ショウレイ**したい。

奨《すす》め励《はげ》ます。評価して奨める。共「推奨」「刻苦勉励(＝大変苦しみながら勉《つと》め励《はげ》むこと)」

奨励

□52 大国間の**マサツ**を和《やわ》らげられるのは、少数民族だろう。

擦《こす》れ合うこと。不和。争い。共「摩滅」「摩天楼」「擦《す》れる」

摩擦

□53 あなたに**ショウカイ**できるような友達はいない。

間に立って(「介」)引き合わせる。情報を伝える。×招 共「媒介」

紹介

□54 彼は父の芸を正確に**ケイショウ**した。

地位・財産などを受け継《つ》ぐ。異 形象・警鐘・景勝 共「中継」「承《うけたまわ》る」「承諾」

継承

□55 安全性を**コウリョ**しただけの、面白味のない児童公園。

条件を考え、判断に入れる。共「熟考」「顧慮」「配慮」「深慮遠謀《しんりょえんぼう》」

考慮

□56 コーヒーも鉄分の吸収を**ソガイ**するってほんと？

邪魔をする。異 疎外(＝よそよそしくする。人間性・固有性を奪う)

阻害

□57 本分を**イツダツ**した行為だと、非難を受けた。

本筋から逸《そ》れる。共「散逸《さんいつ》(＝ばらばらになる)」「逸《いっ》する(＝取りのがす)」「脱《ぬ》ぐ」

逸脱

□58 **コチョウ**のない表現が彼の感動の真実を物語っていた。

大げさに表現する。共「誇《ほこ》る」「誇示」「張《は》る」「膨張」

誇張

□59 他人の秘密を**バクロ**するのが大好きな連中さ。

暴《あば》きさらけ出す。共「暴落」「横暴」「吐露」「露呈」

暴露

□60 あなたはいつも、人の欠点ばかり**シテキ**するのね。

問題点を指し示す。×適 共「指向」「親指《おやゆび》」「摘《つ》む」「摘発」

指摘

第1章　最も試験に出る漢字220（②現象・行為）【3】

● 次の太字のカタカナを漢字に、漢字はカタカナに直しなさい。

□61 さまざまな過去の出来事が**コウサク**し、私は困惑した。

□62 **チョウセン**する前から僕はさっさと諦《あきら》めた。

□63 廊下で、大好きな男の子と**ショウトツ**しそうになった。

□64 気分良く歩いていたら、ガキ大将に**ソウグウ**した。

□65 どんなクリームも完全には紫外線を**シャダン**できない。

□66 私はソバージュにするのにはかなり**テイコウ**があった。

□67 誰も過去の自分から**ダッキャク**できないのだろうか？

□68 ソ連の**ホウカイ**を近代の終焉《しゅうえん》と見る学者もいる。

□69 典型的な**トウヒ**行動だと言われて、キレた。

	意味・ポイント	解答
61	いくつかのものが入り交《ま》じる。共「交渉」「錯覚」「錯誤」	交錯
62	戦いに立ち向かい挑《いど》む。共「挑発」「戦略」	挑戦
63	ぶつかる。対立し争う。×衡 共「衝撃」「衝動」「突進」「突《つ》く」	衝突
64	不意に出くわす。×偶 共「遭難」「奇遇（＝思いがけず出会うこと）」	遭遇
65	遮《さえぎ》って流れを断《た》つ。共「断定」「断言」	遮断
66	力に張り合ってさからう。共「抵触（＝触れる。さし触《さわ》る。違反する）」「反抗」	抵抗
67	悪い状態からぬけ出る。×脚 共「逸脱」「脱《ぬ》ぐ」「却下《きゃっか》」	脱却
68	崩《くず》れ壊《こわ》れる。共「崩御《ほうぎょ》（＝天皇などの死）」「破壊」	崩壊（潰）
69	困難から逃《に》げて避《さ》ける。共「回避（＝悪いことにならないように避ける）」「避難」	逃避

□70 日々の弛《たゆ》まぬ**ショウジン**が肝心だとさ。

修行に励む。心身を清め行いを慎《つつし》む。共「精巧」「精密」「進化」

精進

□71 心から悔《く》いることで罪は**ツグナ**えるのだろうか。

恩恵・罪過に対して埋め合わせる。共「賠償」「代償」

償

□72 そのとき岩陰に**ヒソ**む魚たちは無上に美しかった。

ひそかに隠れる。共「潜伏《せんぷく》」「潜在《せんざい》」

潜

□73 この絶望的な状況を**クツガエ**してご覧にいれよう。

ひっくり返す。体制を滅ぼす。根本から変える。共「転覆《ぷく》」「覆水盆《ふくすいぼん》に返らず」

覆

□74 ぜひとも俺に対する偏見を**フッショク**したい。

払《はら》い拭《ぬぐ》う。すっかり取り除く。
共「払い込み」「手拭い」

払拭

*□75 叔母はほんとに**穿鑿**好きなんだ。

（鑿《のみ》で「穿《うが》つ（=貫き通す）」ように）どこまでも調べ立てる。異詮索（=調べる）

センサク

□76 前例に**倣**って事は執《と》り行われた。

手本にしてまねる。準ずる。
共「模倣《もほう》」

ナラ

□77 昔はよく蛇《へび》が出るぞと**脅**かしたらしい。

びっくりさせる。こわがらす。「嚇《おど》かす」とも書く。共「脅威《きょうい》」

オド

*□78 さまざまな難題も結局はこの問題に**収斂**される。

収束・収縮する。

シュウレン

*□79 嬉々として**饒舌**を振るう。その彼の姿に違和感を感じた。

口数が多い。

ジョウゼツ

□80 タイムマシンで時代を**遡**（**溯**）ることができたなら。

流れに逆らって進む。過去・根本にかえる。共「遡行《そこう》（=流れを遡って行く）」

サカノボ

第1章　最も試験に出る漢字220（③状況・様子）【1】

● 次の太字のカタカナを漢字に直しなさい。

□81　彼は**ビサイ**な違いにこだわりすぎた。

□82　新開発の人間型ロボットは**セイコウ**にできている。

□83　ありゃ、駄目だ、頭の中が**コウチョク**しとるよ。

□84　ルソーの絵には、現実への**ノウミツ**な観察がある。

□85　**ムジュン**を否定するのも、容認するのも難しかった。

□86　あの人が**ダラク**していくのを私、笑って見ていたわ。

□87　彼のミスが計画推進の**テイタイ**を招いた。

□88　古傷が**ロテイ**しちゃったように見せるのがコツなのよ。

□89　歌舞伎は約束事の多い、**センレン**された芸術だ。

意味・ポイント

81　きわめて細《こま》かなこと。**共**「微笑」「機微」「細工《さいく》」「細《ほそ》い」

82　細工が細かくうまく（＝巧みに）できている。**異**成功・生硬（＝表現が未熟で練《ね》れていない）

83　こわばっている状態。**共**「硬《かた》い」「直《なお》す」「正直《しょうじき》」

84　濃くてこまやかなこと。**共**「機密（＝重要な秘密）」

85　現実には両立しない関係。『韓非子』の「矛《ほこ》」と「盾《たて》」の故事に基づく。

86　不健全になる・落ちぶれること。×惰　**共**「墜落《ついらく》」

87　停《とど》まって・滞《とどこお》ってうまくいかない。**共**「停戦」「渋滞」

88　隠れていたものが露《あら》わになること。**共**「夜露《よつゆ》」「暴露」「進呈」

89　よく練《ね》られていて垢《あか》抜けている。**共**「洗濯」「洗《あら》う」「練習」「訓練」

解答

81　微細

82　精巧

83　硬直

84　濃密

85　矛盾

86　堕落

87　停滞

88　露呈

89　洗練（煉・錬）

□ 90 **ビミョウ**な違いが、致命的な結果を招く場合もある。

言い表しようがない様子。×徴 共「微笑」「精妙(=細部まで見事にできている)」

微妙

□ 91 彼女は**テッテイ**してだんまりを決め込んだ。

貫《つらぬ》き通す様子。「徹(=貫通して進む)」と「撤(=捨てる・引く)」を区別。

徹底

□ 92 何と美しいのか、**キンコウ**のとれたこの偽りの世界は。

つり合いがとれている。×衡 共「均質」「均等」

均衡

□ 93 彼女が主役に決まった**ケイイ**を私は聞いていない。

物事の細かい事情。いきさつ。異敬意・軽易(=簡単で容易) 共「経《へ》る」

経緯

□ 94 二人の間の**ヘダ**たりを感じていたのは私だけだった。

距離・差。共「隔離《かくり》」「間隔《かんかく》」

隔

□ 95 今というのは、幾多《いくた》の**グウゼン**の積み重ねなのよ。

たまたま。原因がわからない。×遇 共「偶数」「偶像」「泰然自若《たいぜんじじゃく》」「天然《てんねん》」

偶然

□ 96 地球は丸い。現代人にとっては**シュウチ**の事実である。

知れ渡っていること。異羞恥・衆知(=多くの人の知恵「ーを集める」)

周知

□ 97 彼女の**ヘンヨウ**ぶりに、彼だけは驚かなかった。

姿・形・様子の変わること。共「変化」「容貌」「内容」

変容

□ 98 大人にはバレないよう、**コウミョウ**にね。

とても巧《たく》みである様子。共「技巧」「微妙」

巧妙

□ 99 昼の暑さとは**タイショウ**的に、砂漠の夜は寒い。

コントラスト(contrast)。比較。異対象・対称(=対応してつり合う・重なる)

対照

□ 100 少し**キンチョウ**したバイト中の彼女はとてもかわいい。

張り詰めてゆるみがない。共「緊迫」「拡張」「主張」

緊張

第1章　最も試験に出る漢字220（③状況・様子）【2】

● 次の太字のカタカナを漢字に直しなさい。

□ 101 **ヘイコウ**感覚がないと、丸太の橋は渡れないぞ。

□ 102 感じたままを**ソッチョク**に言う彼に私は好感をもった。

□ 103 博士は**タンネン**に文字を追っていった。

□ 104 暮れゆく草原に生への**バクゼン**とした不安を覚えた。

□ 105 薬の副作用が**ケンチョ**に出て、体がふわふわするんだ。

□ 106 早寝早起きが**タイダ**なときもあるさ。

□ 107 確かに彼は**ヘンキョウ**な人よ。でも、だから好きなの。

□ 108 君がいなくなった後のこの**ソウシツ**感は一体何なのだ。

□ 109 **ソボク**な人が好き。飾らない人が好き。

意味・ポイント

バランスが取れている状態。
異 平行・並行・閉口・閉校

気持ちを飾らず、ありのままの様子。×卒　共「引率」「軽率」「直角」

細部まで注意深く念を入れる様子。
共「丹精を込める」「念仏」

ぼんやりとしてはっきりしない。
共「砂漠」「広漠とした」「偶然」

著《いちじる》しく目につく。
共「顕現」「顕在」「著者」

すべきことを怠《なま》けている・怠《おこた》っている。共「怠慢」「惰性」

考えが偏《かたよ》り度量の狭い様子。狭量。
異 辺境（＝中央から遠く離れた所）

失うこと。×喪　共「喪服《もふく》」「失望」

飾りけがなく、素《す》のままの様子。共「素《しろ》人《うと》」「朴念仁《ぼくねんじん》（＝無口で無愛想な人）」

解答

平衡

率直

丹念

漠然

顕著

怠惰

偏狭

喪失

素朴（樸*）

□110 深夜の**セイジャク**を破って銃声が響いた。

□111 **キソン**の価値観を不用意に口にするのは嫌なんだ。

□112 その地はまだ**イゼン**として乾期だった。

□113 辛いのなら、ここで**ジタイ**が好転するのを待とう。

□114 校長の**ガンチク**ある言葉は、生徒には眠いだけだった。

□115 姉さん**ヤッカイ**になります、と叔父は頭を下げた。

□116 われわれは校内を**ケンゴ**な守りでかためた。

□117 一人に一台、パソコンが**フキュウ**する社会が来た。

□118 状況が**ハンゼン**とせず、彼は出遅れた。

□119 この絵には、彼女**コユウ**の色使いが見られる。

□120 久しぶりに会った彼女の**ケワ**しい表情に驚いた。

静まりかえっている。×寂 共「静止」「静脈《じょうみゃく》」「入寂《にゅうじゃく》」「寂《さび》しい」

既《すで》に存在する。×「キゾン」は慣用読み。異毀損 共「既知」「皆既《かいき》月食」「生存《せいぞん》」

あいかわらず。異以前 共「依存《いそん》《ぞん》」「漠然」「天然《てんねん》」

（深刻で好ましくない）成り行き。異自体・辞退・字体 共「態度」

含むものがあって味わいがある。共「含有」「包含」「蓄積」「蓄《たくわ》える」

世話。わずらわしいこと。共「災厄《さいやく》」「介抱」「介護」「媒介」

堅くてしっかりしている。どちらの字も「堅《かた》い・固《かた》い」と読む。

一般に行き渡る。異不朽（＝いつまでも朽《く》ちずに残る）・不休 共「及《およ》ぶ」

はっきりしている様子。共「評判《ひょうばん》」「依然」「泰然自若《たいぜんじじゃく》」

そのものだけが持っていること。×個 共「固体」「凝固」「固《かた》まる」

とげとげしている。困難である。共「冒険」「険悪」

静寂

既存

依然

事態

含蓄

厄介

堅固

普及

判然

固有

険（嶮*）

第1章　最も試験に出る漢字220（③状況・様子）【3】

● 次の太字のカタカナを漢字に直しなさい。

	問題	意味・ポイント	解答
□121	この一年半に**ギョウシュク**された愛。本気だったのに。	密度が高い。×擬　共「凝視」「凝《こ》る」「縮図」「恐縮」「縮《ちぢ》む」	凝縮
□122	そのハンガリー製のレースの柄はとても**センサイ**だ。	細《こま》かくて優美な様子。感じやすい。異先妻・戦災　共「微細」「細《ほそ》い」	繊細
□123	家族十七人を食べさせるのは、**ヨウイ**なことじゃない。	たやすい。共「容貌」「容赦しない」「難易」「交易《こうえき》」	容易
□124	製造の**カテイ**で手を抜いたのが敗因だった。	プロセス(process)。物事が進行する途中。異課程・仮定・家庭　共「程《ほど》よい」	過程
□125	腐敗政治の**オンショウ**を断つ。	生まれ育ちやすい環境。共「温存」「温暖」「温情」「温厚」「床《ゆか》運動」	温床
□126	彼女に**イチジル**しい心境の変化があったらしい。	はっきりわかる。共「顕著」「著者」	著
□127	肉体を若いままで**イジ**できたら、どんなに素敵だろう。	そのままに保ちつづける。異意地　共「繊維」「持続」	維持
□128	少年は力を**ハッキ**して、結果ヒーローとなった。	実力・特性を現す。共「発する」「一念発起《いちねんほっき》」「揮発性」	発揮
□129	昔住んでた町なんかに**タイザイ**したくなかった。	他の場所にいて留《とど》まる。逗留《とうりゅう》。共「停滞」「滞《とどこお》る」	滞在

□130 クリスマスパーティーの**ソウショク**係に選ばれた。

□131 クリスマスの翌日、彼の心は**ハタン**を来《きた》した。

□132 四月の雨が、若葉に大地に静かに**シントウ**してゆく。

□133 あれほど連絡は**キンミツ**にとるよう言ったろう。

□134 その晩は撤退を**ヨギ**なくされた。

□135 だらしなく**ボウチョウ**した腹を見てため息をついた。

□136 まああせらず**ジョジョ**に行くさ。

□137 女の話はしないのが**アンモク**の了解だった。

□138 今さら**キドウ**修正なんてできるわけないだろ。

□139 どんなに死と戦っても、結局は**トロウ**に終わるのよ。

□140 宗教には人間を**ソガイ**することで成立する面がある。

装《よそお》い飾る。「―を施《ほどこ》す」 異 草食
装飾

どうしようもない状態に陥る。 共「破《やぶ》る」「綻《ほころ》びる」
破綻

しみ込んで広がる。 共「浸《ひた》す」「透明」「透徹《てつ》」「透《す》ける」
浸透

しっかり結びついている。 共「緊張」「緊迫」「密接」「密度」「厳密」
緊密

他の事・方法。 慣「―ない」で「止むを得ない」
余儀

膨《ふく》れて大きく広がる。 共「膨大」「誇張」「緊張」「張《は》る」
膨張(脹)*

ゆるやかに進む様子。 共「徐行」「緩徐《かんじょ》(＝緩やかで静かな様子)」
徐々(徐)

黙って言わないこと。 共「暗礁」「暗唱」「暗《くら》い」「沈黙」「黙秘」「黙《だま》る」
暗黙

物体が運動・運行する一定の道筋《みちすじ》。線路。 異 起動(＝機械が動き始める)
軌道

むだな骨おり。 共「徒歩」「徒党」「労働」
徒労

よそよそしくする。人間性・固有性を奪う。 異 阻害(＝邪魔をする)
疎外

第1章　最も試験に出る漢字220（③状況・様子）【4】

● 次の太字のカタカナを漢字に直しなさい。

No.	問題	意味・ポイント	解答
141	□どんなものにも光と影、**コウザイ**があるんだよ。	功績と罪過。 共「功徳《くどく》」「謝罪」「犯罪」「罪《つみ》」	功罪
142	□黙って事態が**シュウソク**するのを見守るしかない。	収まりがつく。 異終息 共「収縮」「没収」「束縛」「束《たば》ねる」	収束
143	□夏は大好き。洗濯物もすぐ**カワ**くし。	水分や湿気がなくなる。 異渇く（＝喉《のど》が潤《うるお》いを失う）共「乾燥」「乾電池」「乾杯」	乾
144	□母ちゃんに小遣い**シュクゲン**を宣告された。	量や規模を縮《ちぢ》め減《へ》らす。 共「恐縮」「凝縮」「減少」「削減」	縮減
145	□**セイケツ**な部屋に住みたいが自分で掃除はしたくない。	よごれがなくきれいなこと。 共「清廉潔白」「清浄《しょうじょう》」「清《きよ》い」「潔《いさぎよ》い」	清潔
146	□法で定められた基準に**テキゴウ**するか検査します。	条件・状況に適して合う。 共「快適」「合宿《がっしゅく》」「合戦《かっせん》」	適合
147	□はっはー、ついに俺の時代が**トウライ**したぞ！！	時機や他人からの物がやって来《く》る。 共「殺到」「周到」「来賓」「往来」「来《きた》す」	到来
148	□簡単に筋肉が**バイゾウ**する方法って無いんかな？	二倍に増える。 共「倍率」「増す」「増長」	倍増
149	□その子は打てば**ヒビ**くように反応した。	慣すぐに反応・効果が現れる。 共「音響」「影響」	響

□150 俺の名を**カン**したホールを造るのが夢だ。

呼び名などを新たにかぶせてつける。共「冠《かんむり》」「王冠」「栄冠」

冠

□151 もっとしっかりした自信を**カクリツ**したいなぁ……。

基礎をしっかり打ち立《た》てる。異確率・格率（＝行為・論理の原則）

確立

□152 ずっと住んでいた土地は彼らに**シュウダツ**された。

強制的に奪い取る。共「収《おさ》める」「収益」「税収」「奪取」

収奪

□153 これは戦争の**サンカ**を歌っているんだ。

むごたらしい禍《わざわい》。異参加・傘下（＝大きな勢力の下にある）共「惨《みじ》め」「禍福」

惨禍

□154 公園に**リンセツ**していてそれを借景《しゃっけい》とした部屋。

隣《とな》り合わせになって密接な関係があること。共「近隣」「接触」「面接」「接《つ》ぐ」

隣接

□155 **ダイタイ**が利く仕事だっていいじゃん、好きなら。

他のもので代《か》・替《か》えること。代・替わり。共「代償」「交替」

代替

□156 我らセンエイ部隊が蹴散らしてきますから。

先《さき》が鋭《するど》く尖っている様子。思想・行動が急進的な様子。異船影 共「率先」「鋭敏」

先(尖)鋭*

□157 **ヒンシュツ**する話題は……K-POPとか？

頻《しき》りに現れ出る。共「頻繁」「出版」

頻出

□158 タオルの**リョウタン**を持って頭上でぴんと張ります。

両方の端《はし》。共「一挙両得」「端緒」「軒端《のきば》」「端《は》役」

両端

□159 **キンイツセイ**が高くてロボットみたいな演舞だったね。

どれも一様である性質。共「平均」「均衡」「性格」「相性《あいしょう》」

均一性

□160 表通りから目立たない側面は安い**トリョウ**で済まそう。

物の表面に塗《ぬ》って保護するための物質。共「塗装」「料理」

塗料

第1章 最も試験に出る漢字220 (③状況・様子) [5]

● 次の太字のカタカナを漢字に、漢字はカタカナに直しなさい。

□161 お前の失態のあおりを**コウム**るのはごめんだ。

□162 どこかの組織に**キゾク**させられるのが嫌だ。

□163 性格があり得ない角度で**クッセツ**してるのよ。

□164 **チセツ**でかまわないから、のびのびやってごらん。

□165 この先の**テンカイ**はどうなるの？

□166 情報の**ハンラン**自体に問題はないだろう。

□167 じゃ訊くけどお前は**ゴウマン**じゃないのかよ。

*□168 知性と感性を**截然**と分けることなどできない。

*□169 **予**め泊《と》まりの準備をしておいて助かったよ。

意味・ポイント

161 身に受ける。他からもたらされる。共「被服《ひふく》」「被災」「被子植物」

162 つき従う。特定の人・集団のものになる。共「属性(=固有の・本質的な性質)」

163 折れ曲がる。素直に表現されない。共「屈辱」「理屈」「折衝《せっしょう》」「曲折」

164 子どもじみて拙《つたな》いこと。共「幼稚」「拙攻《せっこう》(=拙い攻撃)」

165 広がる・広がり進むこと。×展 異転回(=正反対に・大きく方向を変える)

166 あふれ出る。共「濫費《らんぴ》」

167 傲《おご》り高ぶって人を馬鹿にする様子。共「傲岸(=傲りへりくだらない様子)」

168 はっきりしている。×「サイゼン」は慣用読み。

169 前もって。

解答

161 被

162 帰属

163 屈折

164 稚拙

165 展開

166 氾濫

167 傲慢

168 セツゼン

169 アラカジ

*□170 あまりに**豊穣**な自然が人を怠惰にした。

豊かに実ること。「豊饒」と書く場合もあるが、おもに「土地が豊かなこと」を意味する。

ホウジョウ

*□171 目的と結果が食い違うのは歴史の**常套**らしい。

ありふれている。

ジョウトウ

□172 勉学の**傍**ら、家事を手伝う。

そば。合間。共「傍若無人《ぼうじゃくぶじん》」「傍聴」「傍証（＝間接的な証拠）」

カタワ

*□173 純粋**無垢**な赤ん坊の瞳。

けがれがない。

ムク

*□174 これも**所謂**便乗《びんじょう》商法のひとつですな。

俗に言う。

イワユル

*□175 **混**（**渾**）**沌**たる情勢に総理は辞職を決意した。

はっきりしない様子。×「沌」と書かないように。

コントン

□176 彼女にはいずれグループの**要**となってもらう。

最も大切な部分・人物。共「要請《ようせい》（＝請《こ》い求める）」「要《い》る」

カナメ

*□177 君とは優しさの定義で**齟齬**があるようだ。

食い違い。食い違ってうまくいかないこと。語源は上下の歯が食い違うこと。

ソゴ

*□178 立派に**屹立**したタワーに思わず見惚《ほ》れる。

山などが高く聳《そび》え立つ。人が少しも動かず直立していること

キツリツ

*□179 気持ちが**溢**れちゃって止められないの。

いっぱいになって外に出る。

アフ

*□180 **暫**く君とは距離をおきたい。

少しの間。少し長い間。

シバラ

第1章　最も試験に出る漢字220（④意識・心情）

●次の太字のカタカナを漢字に、漢字はカタカナに直しなさい。

□181 それはわれわれが**ゼニン**しがたい要求でした。

□182 心の**キビ**なんか、関係ないほど、あたしは一途《いちず》なの。

□183 すごい物を手にしたという**カンガイ**は、余《あま》りなかった。

□184 師は**ヨウシャ**なくしかったが、私には嬉しかった。

□185 他人の事など**ハイリョ**せず思い通りにやりたいものだ。

□186 彼女に少年時代への**キョウシュウ**を覚えた。

□187 私は少し**シンチョウ**に事を運びすぎたようだ。

□188 **ジュヨウ**はあるので、仕事には困らない。

□189 彼は自分の受けた**ショウゲキ**をなるべく隠そうとした。

意味・ポイント

181 よいと認める。 共「是正」「是非（＝よしあし）」

182 表面にあらわれない微妙な心の働き。 共「機会」「危機」「微笑」

183 身にしみて感じること。×概 共「感覚」「質感」「慨嘆」「憤慨」

184 手加減する。罪を許す。 共「許容」「変容」「恩赦」

185 こころを配る。 共「配列」「配偶者」「考慮」

186 過ぎ去ったものに寄せる思い。 共「故郷」「在郷《ごう》（＝田舎・郷里にいる）」「旅愁」

187 慎《つつし》み深く重々しい。 共「謹慎（＝反省し言動を控える）」「重厚《じゅうこう》」

188 手に入れたい要求。商品購入の欲望。 対供給 共「要《い》る（＝必要である）」

189 ショック（shock）。急激な力。激しい打撃。 共「要衝」「折衝」「撃《う》つ」

解答

181 是認

182 機微

183 感慨

184 容赦

185 配慮

186 郷愁

187 慎重

188 需要

189 衝撃

□190 私はそんな理屈じゃ**ナットク**しないからね。

内容を理解して受け入れる。**共**「納《おさ》める」「出納《すいとう》帳」「納《のうにゅう》入」

納得

□191 お伽噺《とぎばなし》の**イト**は教訓ではなく、人の成熟を語ることだ。

思惑《おもわく》。考えていること。**共**「意志」「趣意」「図《ず》画《が》」「図《はか》る」

意図

□192 失恋を**ケイキ**に私は美しくなり、でも空しさも増した。

きっかけ。動機。**異**継起・景気 **共**「契約」「契《ちぎ》る（＝固く約束する）」「機械」

契機

□193 核戦争の**キョウイ**を想起させるのも文学の務めです。

脅《おびや》かされること。**異**驚異（＝すごく驚く） **共**「脅《おど》す」

脅威

□194 そう**キョウシュク**されるとこっちが困るわ。

相手の好意に申し訳なく思うこと。**共**「恐《おそ》れる」「恐怖」「縮小」「縮《ちぢ》む」

恐縮

□195 客観的に人生を**カイコ**することのむずかしさを思う。

過去のことを顧《かえり》みる。**異**懐古（＝過去を懐《なつ》かしむ） **共**「回想（＝ふり返り想《おも》い出す）」

回顧

□196 彼の**シンシ**な態度に胸を打たれた。

まじめでひたむきなこと。**異**紳士

真摯

□197 疑う事を知らない彼女を思い、男は**キグ**の念を抱《いだ》いた。

危《あや》ぶみ恐れる。不安。**異**器具

危惧

□198 思春期の内面の**カットウ**を描いた名作と言われている。

もつれ。葛《かずら》や藤のつるがもつれることから。×「闘」と書かないように。

葛藤

*□199 彼女は**躊躇**なく僕に別れを告げた。

ためらうこと。

チュウチョ

□200 **愛惜**の念をこめて絵を描いたのです。

失いたくないと惜《お》しんで大切にする。**異**哀惜（＝悲しみ惜しむ）

アイセキ

● 次の太字のカタカナを漢字に、漢字はカタカナに直しなさい。

□ 201 私は学生の**キハン**となるよう行動してきたつもりです。

□ 202 **ボンヨウ**な人間はこの事の持つ危険に気づきもしない。

□ 203 自分の背負える**ハンイ**なんてたかが知れているさ。

□ 204 **フヘン**的真実なんて何もない、と言うのは簡単である。

□ 205 結婚を**ゼンテイ**に付き合いたいと言ったら、断られた。

□ 206 **シゲキ**の強いキャンディーで顔がくしゃくしゃになる。

□ 207 彼女は**ビンカン**さと繊細さを取り違えているんだ。

□ 208 世の中寄らば**ケンイ**の陰だろ。

□ 209 僕の心は**ケッカン**商品なのさ。

意味・ポイント / **解答**

201 判断・評価の基準として従うべきもの。行動や判断の手本。共「内規」「範囲」 — 規(軌)範

202 すぐれた点がない。共「中庸」「凡《はん》例《れい》（＝読むときの約束事）」 — 凡庸

203 一定の決まった広がり。共「模範」「範例（＝模範となる例）」「囲《かこ》む」 — 範囲

204 全てに共通する。全体について言える。対特殊　異不変（「－の原理」） — 普遍

205 土台となるもの。推理のときに基礎となる判断。対結論　共「前《まえ》売り」 — 前提

206 感覚に強く作用し反応を起こす。興奮させる。共「風刺」「感激」「激励」 — 刺激(戟)*

207 感じやすい。よく気がつく。共「俊敏」「機敏」「感傷」 — 敏感

208 他人を服従させる威力。その道の第一人者。共「権利」「権化《ごんげ》」「威力」 — 権威

209 欠けてたりないもの。共「欠如」「陥没」「陥《おち》いる」 — 欠陥

□210 ここは絶滅寸前の動物が**タイショウ**の保護区域である。

オブジェクト(object)。意識・感情・行為が向くところ。異対照・対称

対象

□211 私を**ギセイ**にしてまでしなければならない仕事って何？

自分を捧《ささ》げて他のために尽くす。×犠 ×性

犠牲

□212 **エイビン**さゆえに、彼女の神経は余りにも傷ついた。

感覚・才知が鋭い。共「鋭利」「気鋭」「敏感」「過敏」

鋭敏

□213 この作品が何を**ショウチョウ**してるかには興味がない。

文化的な約束に従って抽象を具体で表現すること。異消長(＝盛衰)

象徴

□214 **ケンキョ**なだけの女の子なんて、今時はやらないよ。

ひかえめで素直なこと。共「謙遜」「謙譲」「虚空《こくう》」

謙虚

□215 君の話はほんと**ミャクラク**がないなぁ。

つながったすじみち。関連。共「水脈」「人脈」「連絡」「短絡的」

脈絡

□216 **ガイネン**的なことばかり考えている学者は三流だ。

コンセプト(concept)。大まかな意味。×慨

概念

□217 **ゴイ**は少ないが、単語が多義的だった。

用いられる単語の総体。異語意

語彙

*□218 人間の精神はあまりに**脆弱**だ。

もろく弱いこと。

ゼイジャク

*□219 理解し得ない相手にしか**敬虔**な気持ちはもてない。

敬《うやま》いつつしむ。

ケイケン

*□220 それこそが彼がボスと呼ばれる**所以**である。

わけ。異由縁(＝ゆかり)

ユエン

第2章　最も点差がつく漢字700（①事物・人物）【1】

● 次の太字のカタカナを漢字に直しなさい。

□ 221　私が正直に話すと、みんな**ジョウダン**だと思うの。

□ 222　**ゾウリ**って気持ちいい。

□ 223　その現場を見た瞬間、全身が**ギョウコ**した。

□ 224　その仕草《しぐさ》に恋人のいる**ケハイ**が感じられた。

□ 225　**ケンシキ**＝知識量ではない。

□ 226　その晩は湖のほとりで**チョウト**の疲れを癒《い》やした。

□ 227　その時、**ショウジ**に映った彼女の影がわずかに揺れた。

□ 228　誰も彼の**ユクエ**を訊《き》こうともしなかった。

□ 229　自分から**ドレイ**になり下がってる人も多い。

意味・ポイント

221　ふざけて言う話。無駄話。共「冗長（＝無駄が多くて長い）」「談話」

222　草などを編んで作った緒のある履《はき》物《もの》。共「雑草」「履《は》く」

223　凝《こ》り固まること。共「凝視」「凝縮」「凝然」「固執《こしつ》《しゅう》」

224　何となく感じられる様子。共「気《き》勢（＝意気込む気持ち）」「配《くば》る」

225　物事を見通すすぐれた意見や判断。共「識者（＝見識のある人）」

226　長い道のり。「途」は道・道のり。共「帰国の途に就《つ》く」

227　格子《こうし》に布や紙を張った建具。×紙

228　進んで行く先。×「イクエ」とは読まない。

229　他人の支配・自分の欲望に屈する人。共「守銭奴」「隷属」

解答

221　冗談
222　草履
223　凝固
224　気配
225　見識
226　長途
227　障子
228　行方
229　奴隷

□230 **イショウ**を凝《こ》らしたことが、かえって仇《あだ》となった。

□231 ぼんやりと**オウライ**を見下ろし、時を過ごした。

□232 僕は**ドウリョウ**の歓心を買おうと必死だった。

□233 父の**ショサイ**に入ることは許されなかった。

□234 彼は**クツ**だけはやけに凝《こ》るんだ。

□235 ここには特異な**ジショウ**のみを集めました。

□236 その概念の**ケイショウ**化が彼の最大の功績でしょう。

□237 少女の**フゼイ**を残す中年の女性。

□238 あまりにも軽妙な彼の**ヒッチ**に私はまいってしまった。

□239 高校生という**ワク**に、私を閉じ込めないで。

□240 触れると指に**ダンリョク**を感じた。

デザイン(design)。工夫すること。異 衣装(裳)・異称

行ったり(「往」)来たりする(道)。共「往復」「往年」「来日」

職場・地位・役目などが同じ仲間。共「官僚」

読み書きをするための部屋。「斎」は本来「清める」。×斉

中に足を入れて歩くための道具。革が化けたと書く。共「軍靴《ぐんか》」

事がら。現象。共「象徴(=シンボル symbol)」「表象(=イメージ image)」

フィギュア(figure)。知覚・観念が視覚化された像。異 継承・敬称・景勝・軽傷・警鐘

味わい。趣《おもむき》。共「風采《ふうさい》(=人の外見の様子)」「風潮《ふうちょう》(=世の中の流れ・傾向)」

文字・文章・絵画の書きぶり。共「筆跡」「極致《きょくち》(=最高の境地)」

フレーム(frame)。限界。制約。

弾《はず》む力。柔軟性。共「弾圧」「弾劾《がい》」「指《し》弾」

230 意匠
231 往来
232 同僚
233 書斎
234 靴
235 事象
236 形象
237 風情
238 筆致
239 枠
240 弾力

第2章　最も点差がつく漢字700（①事物・人物）【2】

●次の太字のカタカナを漢字に直しなさい。

□241　いつも**ガンコ**な父が、結婚式で初めて涙を見せた。

□242　あなたは失敗したと**ハヤガテン**したのね、きっと。

□243　その人の少し神経質そうな喋《しゃべ》り方に**ミリョク**を感じた。

□244　彼の**シュツジ**は不明だったが、私は構《かま》わなかった。

□245　普通と思ってした事が、そこでは**フショウジ**とされた。

□246　食事を減らすと**キンニク**も落ちるわよ。

□247　教授に**テンキョ**を明らかにせよと言われた。

□248　男女不平等の**アクヘイ**を正すと社長は言い出した。

□249　**ネンパイ**だというだけで妙に敬《うやま》う気になっちゃって。

意味・ポイント

241　頑《かたく》なで意地っぱりなこと。共「頑迷」「固《かた》まる」「凝固」

242　早まってわかった気になる。早呑《の》み込み。共「早熟《そうじゅく》」「早春《そうしゅん》」

243　心をひきつける力。共「魅了」

244　出どころ。生まれ。共「出納帳《すいとうちょう》」「自治」「自《みずか》ら」

245　好ましくない事件。×詳

246　動物の運動をつかさどるからだの組織。共「筋《すじ》を通す」

247　根拠。出典。共「典雅（＝整って上品な様子）」「拠点」

248　悪いならわし。悪習。共「悪寒《おかん》」「弊害（＝他に害を及ぼす物事）」

249　世間をよく知っている年齢。およその年齢。共「年季《ねんき》を入れる」「輩出」

解答

241　頑固

242　早合点

243　魅力

244　出自

245　不祥事

246　筋肉

247　典拠

248　悪弊

249　年輩（配）

□ 250 林間学校の班の**モンショウ**を、フェルト生地で作った。

紋章

家・団体を表すしるしとして用いるマーク(mark)。共「波紋」「文章」

□ 251 ただ多くの人と付き合うだけじゃ、**シヤ**は広がらない。

視野

視覚・思慮・知識の及ぶ範囲。共「監視」「野望」「野《の》焼《や》き」

□ 252 彼女は自分の**コマク**が破れるかと思うほど叫んだ。

鼓膜

振動を伝達して聴覚を生む膜。「太鼓」の「鼓」を書くが、英語でもeardrum《イアドラム》。

□ 253 残念ながら、**ヒフ**呼吸だけでは生きられない。

皮膚

動物の体を包む外皮。「皮」と「膚《はだ》」と書く。共慣完膚《かんぷ》なきまで(＝徹底的に)」

□ 254 漢学の**ソヨウ**までは、必要ありません。

素養

平素から身につけている知識。共「素《す》肌」「養育」「養分」「養《やしな》う」

□ 255 全ての音はAマイナーを**キチョウ**に組み立てられた。

基調

一貫して流れる基本的な調べ・傾向。異貴重・記帳・機長・几帳 共「基《もとい》」「基《もと》づく」

□ 256 城は**コンセキ**をとどめているにすぎない。

痕跡

何かがあった跡《あと》。形跡。共「傷跡《きずあと》」

□ 257 私には学習**キノウ**が付いてるからと寂しそうに言った。

機能

特性としてのはたらき。異昨日・帰納(＝一般法則を導く推理)

□ 258 ロイヤルミルクティーの表面にも**ヒマク**が張《は》っていた。

皮膜

皮と膜。皮のような膜。異被膜(＝被《おお》い包む膜)

□ 259 みな一度は、何らかの**センク**者になりたいと夢見る。

先駆

他に先んじて物事を行う。共「疾駆《しっく》(＝速く駆《か》けさせる)」「駆使《くし》」

□ 260 黒い**イショウ**を纏《まと》った彼女は別人に見えた。

衣装(裳*)

着る物。コスチューム(costume)。ドレス(dress)。異意匠・異称

第2章　最も点差がつく漢字700（①事物・人物）［3］

● 次の太字のカタカナを漢字に直しなさい。

□261 父が剝《む》いたゆで卵にはいつも**カラ**が残っていた。

□262 まさに彼こそ**カクシャ**と呼ぶにふさわしい人だ。

□263 逆境が野心の**ショクバイ**となった。

□264 **オセン**された空の下に赤い海が広がっていた。

□265 **コウリ**性を無視して仕事は成り立たない。

□266 彼女の歩んだ**キセキ**をたどって、私はここまで来た。

□267 わたしは平凡な**ショウガイ**を送りたいの。

□268 人々は彼女に時代の美の**ケンゲン**を見た。

□269 住宅の**シュウエン**部には人工の川が流れています。

意味・ポイント	解答
内部と外部を隔てるもの。中身を失った抜け殻。共「地殻《ちかく》」	殻
自ら覚《さと》った完全な者。共「覚悟」「覚醒」「覚《おぼ》える」	覚者
変化せずに他に変化を与えるもの。「媒」は仲立ちの意味。共「媒介」「媒体」	触媒
汚《けが》れに染まる・汚《よご》し汚されること。共「汚点」「染色体」	汚染
目的に役立つこと。功名と利益。×巧 異 小売・公理・公吏	功利
先人の言動の跡。点が一定条件で動くときに描く図形。異 奇跡	軌跡
一生の間。異 障害・傷害・渉外（＝外部との交渉）	生涯
はっきりと形に現れること。共「顕微鏡」「顕在」	顕現
周り。縁《ふち》。対 中心 異 終焉《えん》 共「周《まわ》り」「縁者《じゃ》（＝親戚《しんせき》）」	周縁

□ 270 百円玉を入れて、山の**チョウボウ**を楽しんだ。

□ 271 なだらかな**キュウリョウ**地帯を二人で歩いた。

□ 272 彼女は心の**シンプク**が大きすぎて、見ていられない。

□ 273 この巻物には、僕の家の**ケイフ**が記されている。

□ 274 平均**ジュミョウ**まで生きて、それがどうだというのだ？

□ 275 肌に優しい**センイ**が気持ちいい。

□ 276 あの**コウタク**がすばらしい着物を見せてくださいな。

□ 277 彼は自ら**シセイ**の人となった。

□ 278 **エリクビ**がいつも汚れていた。

□ 279 人種の間に**キョウカイ**線などない。

□ 280 グラスを傾け、微笑《ほほえ》む。なんて美しい**キョコウ**の愛。

眺望
遠く見渡す。見渡した眺め。共「展望」「所望《しょもう》」「望《のぞ》む」

丘陵
小山・丘など低い山地。「陵」は「大きな丘」。×稜　異給料

振幅
振動したときの中心位置からの距離の最大値。異信服・心服　共「振《ふ》る」

系譜
物・人のつながり。系統。系図。共「生態系」「譜面」「楽譜」

寿命
命がある間の長さ。物の使用期間。共「寿《ことぶき》（＝祝い）」「使命」

繊維
細い糸状のもの。異戦意・遷移（＝移り変わる）

光沢
物の表面のつややかさ。共「沢山」「潤沢《じゅんたく》（＝豊富・潤《うるお》い）」「沢《さわ》登り」

市井
人が集まり住んでいる所。世間。異姿勢・市制・市政・施政　共「井戸」

襟首
うなじ。首筋。共慣胸襟《きょうきん》を開く（＝心の中を打ち明ける）」

境界
境《さかい》。区域。共「辺境」「秘境」「境内《けいだい》」

虚構
フィクション（fiction）。作りごと。真実味のある作品。共「虚無」「謙虚」「虚空《こくう》」

第2章　最も点差がつく漢字700（①事物・人物）【4】

●次の太字のカタカナを漢字に、漢字はカタカナに直しなさい。

□281 突然の告白に彼は照れた。その**ショウコ**に赤くなった。
□282 スパゲッティー・ペペロンチーノと**ヨクヨウ**をつけて言った。
□283 彼女は**ケンビキョウ**を扱うと必ずプレパラートを割る。
□284 **モンガイカン**は黙ってろってわけ？
□285 彼は自分の言葉が**ハモン**を呼ぼうとおかまいなしだ。
□286 死とは、生の**コウセイ**分子の一つだ、と書かれていた。
□287 周囲の温かい**ショグウ**がかえって彼を孤独にした。
□288 僕は小さな**ショウヘキ**を乗り越えられなかったんだ。
□289 シャツから出た**ウデ**が意外に太くてどきどきした。

意味・ポイント

281 証明の根拠。事実の有無を確定する材料。×固　共「明証」「典拠」
282 言葉・音楽の強弱。調子の高低。×抑　共「抑制」「抑圧」「抑《おさ》える」「止揚」
283 微細な物を拡大して見る装置。　共「顕現」「顕在」「手鏡《かがみ》」
284 専門ではない人。その事に直接関係ない人。　共「悪漢」「無頼漢」
285 水面に広がる波の模様。言動による影響。　異 破門
286 組み立て（ること）。　異 校正・公正・厚生・攻勢・後世・更生（＝立ち直る）・恒星
287 取り決めによる待遇。あつかい。　共「対処」「奇遇」「遭遇」
288 妨げとなる物事。仕切りの壁。　共「罪障」「保障」「壁《かべ》紙」
289 物をつかむ働きをする器官。腕前。　共「腕《わん》力」「手腕」

解答

281 証拠
282 抑揚
283 顕微鏡
284 門外漢
285 波紋
286 構成
287 処遇
288 障壁
289 腕

□ 290 スラリとした**シシ**を伸ばしてサーブを放った。
四肢
両手両足。 共「肢体」「選択肢」

□ 291 映画を自分のセンスを磨く**バイタイ**とした。
媒体
メディア (media)。仲立ちとなる・媒介するもの。 共「媒酌人《ばいしゃくにん》」「触媒」

□ 292 彼らは聖書の言葉を心の**カテ**としていた。
糧
食糧。活動の源。

□ 293 逃げる泥棒。必死の**ギョウソウ**で追いすがる警官。
形相
激しい感情の表れた顔つき。 共「形容」「造形」「相殺《そうさい》」

□ 294 奴《やつ》のは**イゲン**じゃなくてただ偉ぶってるだけだ。
威厳
厳《おごそ》かで人を圧する感じ。 共「威風堂々（＝威厳があり堂々として立派な様子）」「厳《きび》しい」

□ 295 体育の授業で**ヒザ**を痛めた。
膝
腿《もも》と脛《すね》をつなぐ関節の前面。

□ 296 彼は大臣の**フトコロガタナ**と言われている。
懐刀
秘密の計画などにたずさわる部下。 共「懐《なつ》かしい」「懐古《かいこ》」

□ 297 ビンの**フタ**がどうしても開かないの。
蓋
口・穴を覆《おお》いふさぐもの。 共「蓋然《がいぜん》性（＝実現性・確実性の度合い）」

□ 298 俺は**シュツラン**の誉《ほま》れとして名高いんだが？
出藍
慣「―の誉れ」で「弟子が先生より優れている」 共「出払《ではら》う」「藍《あい》色」

□ 299 俺はすっかり**蚊帳**の外さ。
カヤ
蚊を防ぐための被《おお》い。 慣「―の外」で「関与できない位置・立場」

□ 300 鉄の**格子**の中から無罪を叫ぶ声が聞こえる。
コウシ
細い角材などを縦横《じゅうおう》に組んだもの。 異 嚆矢（＝物事の始め）

第2章　最も点差がつく漢字700（①事物・人物）【5】

● 次の太字の漢字をカタカナに直しなさい。

意味・ポイント ／ 解答

□301 目を閉じると、いつも祭りの**神楽**が聞こえてくる。
神を祭るための歌と舞。
カグラ

*□302 手を取り合い**女郎花**が咲く秋の野原を散策する。
多年草で秋の七草の一つ。
オミナエシ

*□303 **直衣**ばかりをしどけなく着なし給ひて（紫式部『源氏物語』）
平安時代以来の貴族の平常服。例文〈～を無造作におはおりになって〉
ノウシ（ナオシ）

*□304 港近くの古い**煉瓦**街を彼と歩く。
粘土に砂を混ぜて練り固めた建築材料。
レンガ

*□305 小樽の運河近くで見かけた見事な**硝子**細工の器。
硬くもろい透明な物質。
ガラス

□306 **五月雨**をあつめて早し最上川（松尾芭蕉『おくのほそ道』）
陰暦五月に降る長雨。梅雨。途切れがちに繰り返すこと。
サミダレ

□307 君はみずから望んでこの**館**へやってきたのだろう？
貴人の住所。屋敷。共「旅館《りょかん》」
ヤカタ

*□308 御格子《こうし》上げさせて、**御簾**を高く上げたれば（清少納言『枕草子』）
「簾《すだれ》」の敬語。
ミス

□309 **随身**は、すこし痩《や》せてほそやかなるぞよき（清少納言『枕草子』）
平安時代、貴人につけられた外出時の護衛。例文〈～ほっそりしたのがいい〉
ズイジン（シン）

□310 今は**軒先**を借りております。
軒に近いところ。家の前。
ノキサキ

□311 彼はかつて**腕利**きの刑事だったらしい。
腕前のすぐれた者。共「腕白《わんぱく》」
ウデキ

*□312 魚を獲るために**網代**をしかけた。
魚網。漁場。
アジロ

□313 **衆生**を救う仏の慈悲はありがたい。
生きている全ての存在。×シュウ
シュジョウ

□314 札幌の天候は、雪ときどき**吹雪**という状況です。
風を伴う降雪。はげしく吹く・散ること。
フブキ

*□315 みんな才能の**片鱗**がうかがわれるエピソードを好む。
きわめてわずかな部分。
ヘンリン

□316 **日和**を見合はせ、雲の立ち所《ど》を考へ（井原西鶴『日本永代蔵』）
天候。晴天。様子。
ヒヨリ

□317 友人を誘って**寄席**の落語を聞きに行った。
江戸元禄《ろく》期に始まる大衆演芸の興行場。
ヨセ

□318 昔のままの赤の**縁取**りが付いた白のテーブルクロス。
物のへりの細工。
共「遠縁《とおえん》（＝遠い親戚）」
フチド

*□319 いまさら**云々**言っても始まらないだろう。
しかじかである。ということだ。省略したりぼかしたりする時に言う。
ウンヌン

*□320 **几帳**のうちにうち伏して引き出でつつ見る（菅原孝標女《たかすえのむすめ》『更級《さらしな》日記』）
室内で他人の視線を遮《さえぎ》るための道具。例文は作者が源氏物語を読む場面。
キチョウ

● 次の太字のカタカナを漢字に直しなさい。

□ 321 君がすべての役割を**ニナ**う必要はないんだ。

□ 322 祭りの火は、村人を**コブ**するように妖《あや》しく燃えた。

□ 323 彼は女を**ブンセキ**して理解することが愛だと錯覚した。

□ 324 男は校門を出る前に一度、銀杏《いちょう》並木を振り**アオ**いだ。

□ 325 十五の身体は**ヤクドウ**し、光を放っていた。

□ 326 何としてでもその計画は**ソシ**せねばならない。

□ 327 彼女はすでに人の心を摑《つか》む術《すべ》を**エトク**していた。

□ 328 あなたに単身**フニン**なんてさせられない。

□ 329 いつも自分が**ヒナン**されている気がして。つらいの。

意味・ポイント

自分の責任として引き受ける。
共「担任《たんにん》」「分担」

励まし勢いづけること。本来「太鼓」を打ち「舞」を舞うこと。

分解して要素を明らかにする。×折
対総合　共「手分《わ》け」

上を向く。尊敬する。求める。×仰
共「仰《ぎょう》天」「信仰《こう》」

踊るように動く。いきいきとした勢いがある。×踊　共「躍進」「活躍」

阻《はば》み止《とど》める。×租
共「阻害（＝邪魔をすること）」

よく理解して自分のものとする。共「会釈」「会心《かいしん》（＝本人も満足だ）」「得る」

任務を果たすための土地へ赴《おもむ》く。
共「任《まか》せる」「任命」

欠点・過失などを責めてとがめる。異避難　共「是非《ぜひ》（＝よしあし）」「難《むずか》しい」

解答

担

鼓舞

分析

仰

躍動

阻止

会得

赴任

非（批）難

□ 330 監督は選手に引退を**カンショウ**した。

積極的に勧める。ともに「勧《すす》・奨《すす》める」。**異**干渉・鑑賞・観賞・観照・緩衝・感傷

勧奨

□ 331 今こそ紙面を**サッシン**しよう。

悪い点を除きすべて新しくする。**共**「印刷」「刷《す》る」

刷新

□ 332 その話術において彼は誰の**ツイズイ**も許さなかった。

他人のあとを追って行くこと。追いつくこと。**共**「随意」「随筆」

追随

□ 333 彼は**キョウヨウ**するかのように、しつこく映画に誘う。

無理に強《し》いて要求する。**異**教養・共用 **共**「要《い》る（＝必要だ）」

強要

□ 334 彼が出馬するかどうか、**サグ**りを入れてきてよ。

探し求めること。調べること。**共**「探索」「探検」

探

□ 335 君に**マカ**せた、と言って彼は帰ってしまった。

そのままにする。相手に委《ゆだ》ねる。**共**「任意」「委細」

任（委）*

□ 336 教師はまるで**キツモン**するように私に接した。

相手の悪い点を責め問い詰めること。**共**「詰《つ》める」「問《と》う」

詰問

□ 337 第三章は**カツアイ**しました。

惜しいと思うものを省略する。**共**「分割」「割拠《かっきょ》」「割《わ》る」「時間を割《さ》く」

割愛

□ 338 サド侯爵は監獄に**ユウヘイ**されて贅沢《ぜいたく》な暮らしを続けた。

人を建物・部屋などに閉じ込める。**共**「幽玄」「幽霊」「閉塞《そく》」

幽閉

□ 339 リーランドは一夜にして白髪姿に**ヘンボウ**した。

姿・様子を変える・が変わる。**共**「変容」「有為転変《ういてんぺん》」「容貌」「全貌」

変貌

□ 340 コテを**アヤツ**りキレイめマッシュに仕上げていく。

うまく操作する。陰から他人を思い通りに動かす。楽器を弾く。**共**「操業」「体操」

操

● 次の太字のカタカナを漢字に直しなさい。

□ 341 人を**カイ**してなど会いたくありません。

□ 342 嫌なことは、とことん**サ**けることが肝要です。

□ 343 彼は静かに過去を**ジュッカイ**しはじめた。

□ 344 伊能忠敬《いのうただたか》は諸国を**ヘンレキ**し、日本地図を作成した。

□ 345 吐き気を**モヨオ**し、ジェットコースターの列を離れた。

□ 346 思い出も**ハカイ**できたなら、と彼女は呟《つぶや》いた。

□ 347 全ては彼のいい加減さに**キイン**している、と思う。

□ 348 **ハズ**むように歩く彼女の後ろ姿を見送った。

□ 349 それは淡い色の布に**オオ**われていた。

意味・ポイント

341 仲立ちにする。間におく。共「介抱」「紹介」「媒介」

342 よくない事に触れないようにする。共「避《ひ》難」「回避」

343 自分の思い出を静かに述べること。共「述語」「叙述」「懐古」「懐《なつ》かしい」

344 めぐり歩く。さまざまな経験をする。共「普遍」「歴任」

345 引き出す。開催する。共「主催」「催促」

346 壊《こわ》す。壊れる。共「破格」「破《やぶ》る」「壊滅」

347 物事の起こる原因。異気韻（＝気品のある趣）

348 はねる。調子づく。共「弾力」「弾《だん》劾《がい》（＝不正を暴《あば》き責任を追及する）」

349 全体を包む。上から包む。共「転覆《てんぷく》」「被災《ひさい》」「隠蔽《いんぺい》」

解答

341 介

342 避

343 述懐

344 遍歴

345 催

346 破壊

347 起因

348 弾

349 覆（被*・蔽*）

□350 自信があるのなら、ことさら**コジ**する必要もあるまい。

□351 **ベツリ**のある恋こそが本当の恋なのか。

□352 私は何とかして彼に**セッショク**しようと図《はか》った。

□353 原田教授が会に**サンヨ**しているなんて、聞いてないわ。

□354 あっ、ブログを**コウシン**しなくちゃ。

□355 君が**カラ**むと、話がややこしくなる。

□356 偉人の**エイイ**を知ってどうする？

□357 去年の町の**シセイ**方針はすばらしかった。

□358 愛は必ず相手の中に**ニンシキ**し得ないものを見出《みいだ》す。

□359 **フンソウ**がかえって両国の結び付きを深めた。

□360 昔から悪貨は良貨を**クチク**するものだ。

誇って見せること。
異 故事・固辞・居士・孤児

別れ離れること。共「距離」「遊離」

接して触れる。交渉をもつ。
共「密接」「接戦」「触媒」

かかわり加わること。行政事務の相談役。共「参観」「降参」「参《まい》る」

改める・改まること。×進
異 行進・後進・交信

関係する。巻きつく。
共「連絡《らく》」「脈絡」「短絡」

おこなうこと。営《いとな》み。異 鋭意(＝努力を続ける様子) 共「営業」「人為」

政治を行うこと。またその政治。異 市政・姿勢・市制・市井 共「施《ほどこ》す」「国の政《まつりごと》」

意味を理解する。知るという行為。共「確認」「認《みと》める」「識別」「識者」

もつれて争う。もめごと。
共「紛失」「内紛」「紛《まぎ》れる」

追い払うこと。×遂
共「駆動」「駆《か》ける」「逐一」

誇示　別離　接触　参与　更新　絡　営為　施政　認識　紛争　駆逐

第2章　最も点差がつく漢字700（②現象・行為）【3】

● 次の太字のカタカナを漢字に直しなさい。

□361 彼女の強さは、**アットウ**的だった。

□362 シャワーを**アビ**てから食べようよ。

□363 彼はその言葉をぼんやりと心の中で**ハンプク**した。

□364 気を鎮《しず》めるように、丁寧に色を**ヌ**り重ねた。

□365 小さな**キエン**のひとつひとつを大切にするしかない。

□366 退学**ソチ**はやむを得ない。

□367 彼女は自分の**タンジョウ**日に自分でケーキを焼いた。

□368 髪の色を注意されて、彼女はひどく**フンガイ**した。

□369 日本書紀は、日本の成立について**ジョジュツ**している。

意味・ポイント

361 強い力で打ち倒す。押さえつける。×倣×到 共「圧迫」「鎮圧」

362 かぶる。たくさん受ける。共「日光浴《よく》」「浴場」「浴槽」

363 くり返すこと。×複 共「反射」「反動」「謀反《むほん》」

364 粉末・液体・罪・責任をなすりつける。共「塗《と》料」「塗装」

365 きっかけ。機会。縁《えん》。異 気炎（＝盛んに勢いがあること）・奇縁（＝奇妙な縁）

366 計《はか》らい処置する。共「措定（＝対象とする）」「挙措《きょそ》（＝行《おこな》い）」「物置《ものおき》」

367 生まれる。成立する。共「降誕」「生起《せいき》（＝活気）」「生硬《せいこう》（＝表現が未熟で練《ね》れていない）」

368 ひどく腹を立てる。憤《いきどお》り嘆く。×概 共「憤《ふん》怒《ど》《ぬ》（＝大いに怒ること）」「感慨」

369 事情を順序だてて述べる。共「自叙伝」「叙勲」「述懐《じゅっかい》」

解答

361 圧倒

362 浴

363 反復

364 塗

365 機縁

366 措置

367 誕生

368 憤慨

369 叙述

□ 370 あの人に**カイジュウ**策は通用しないよ。

□ 371 核の**ヨクシ**力に頼るなんて、人間も幼稚なもんだ。

□ 372 それは物質文明に対する**ケイショウ**だろうか。

□ 373 日記を覗《のぞ》き、妹のプライバシーを**シンガイ**した。

□ 374 気分**テンカン**のつもりで、美容院に行った。

□ 375 著述の仕事に**チンセン**して時間の経《た》つのも忘れた。

□ 376 新しい恋の予感が少し心を**マギ**らわせてくれた。

□ 377 人生の**テンキ**と言うほど大袈裟《おおげさ》なものじゃないさ。

□ 378 一緒にいられるなら、どんな**ロウク**も厭《いと》わない。

□ 379 彼の不安は周囲に**ハキュウ**した。

□ 380 波が少しずつ岩を**シンショク**してゆく。

懐柔　手なずけて思いどおりにする。共「述懐」「懐古」「懐《なつ》かしい」「柔和《にゅうわ》」「柔《やわ》らかい」

抑止　抑《おさ》えて止める。×抑
共「抑制」「抑揚」

警鐘　警戒のために鳴らす鐘。警告。×驚
異景勝（＝景色がいいこと）・継承・形象

侵害　他人の権利を侵《おか》す。×浸
異心外・身外

転換　物事の方向が変わる・を変える。
共「起承転結」「換骨奪胎」「換《か》える」

沈潜　深く没頭する。共「沈着」「潜伏」「沈《しず》む」「潜《もぐ》る」「潜《ひそ》む」

紛　混じって区別できないようにする。わからないようにする。×粉　共「紛失《ふんしつ》」「紛争」

転機　違った進路に転じる機会。
異天気・転記　共「転《ころ》ぶ」

労苦　骨折り。苦労。
共「徒労」「慰労」「苦《にが》い」「苦《くる》しい」

波及　だんだんと影響が及ぶ。
共「脳波」「追及（＝追い詰める）」

浸食（蝕）*　自然現象が地表面を彫り削る。
異侵食（＝次第に侵《おか》しそこなう）・寝食

● 次の太字のカタカナを漢字に直しなさい。

□381 トマトは、太陽の光を**キョウジュ**して、赤く熟した。

□382 油断してると、彼女は心の中まで**シンニュウ**してくる。

□383 成功する**ホショウ**がなくてもやるしかない。

□384 自分の未熟さを**カンパ**されているようで、嫌だ。

□385 社会に**コウケン**するよりも、あの人の役に立ちたい。

□386 彼女は当然のごとく上履きを**センタク**機に放り込んだ。

□387 不意に不安に**オソ**われた。

□388 瞬時に危険を**サッチ**する。彼のあの能力はすごいよ。

□389 模試の復習なんかがお**スス**めです。

意味・ポイント

381 受け入れて、自分のものとする。味わい楽しむ。共「享年（＝死んだ年齢）」

382 侵《おか》し入り込む。異 進入・新入・浸入（＝水などが入り込む）

383 確かだとうけ合う。異 保障（＝責任をもって状態を守る）・補償　共「保《たも》つ」

384 隠れているものを見破ること。共「看過（＝見過ごすこと）」「看病」

385 良い結果のために力を尽くす。異 後見（＝後ろだて）・効験（＝効き目）

386 洗ってきれいにする。異 選択

387 不意に攻める。危害を与える。共「襲《しゅう》撃」「踏襲《とうしゅう》」（＝受け継ぐ）

388 推測して知ること。共「視察」「観察」「診察」「警察」「知己《ちき》（＝よく知っている人）」

389 誘う。促《うなが》す。異 進める・薦める（＝推薦する）

解答

381 享受
382 侵入
383 保証
384 看破
385 貢献
386 洗濯
387 襲
388 察知
389 勧（奨*）

□390 誰もきみの将来を**ウ**け**オ**うことはできない。

□391 いっそ母親の腹に**カイキ**したい。

□392 しばらくは世の**シダン**を受けるのを避けられまい。

□393 むかし日本は西洋文明を必死に**セッシュ**していた。

□394 過去を完全に**オオ**い**カク**す事などできない。

□395 実力は、伸びる時には**ヒヤク**的に伸びるものさ。

□396 彼女の証言に彼は**サクイ**的なものを感じた。

□397 何もかも**カカ**えこまない方がいいってよく言われるわ。

*□398 男は都合のいいように事実を**ワイキョク**して語った。

□399 自分を周りの人と**ヒカク**するのは、もうやめたの。

□400 行って、財宝を**リャクダツ**してくるんだ。

---

390 **請・負** すべてを引き受ける。共「請《せい》願」「普請《ふしん》(=建築)」「請《こ》う」「負《ま》ける」

391 **回帰** 一周して元のところへ帰る。異快気・会期・怪奇 共「回送」「回想」「帰納」「帰巣」

392 **指弾** つまはじき。非難すること。共「屈指」「指導」「銃弾」「弾圧」

393 **摂取** 取り入れて自分のものとする。異接種(=ワクチンなどを植えつける)

394 **覆・隠** 覆って外から見えないように隠す。共「覆《ふく》面」「転覆《ぷく》」「隠蔽《いんぺい》」「隠喩」

395 **飛躍** 飛び上がる。急速に進歩する。順を追わず脈絡がないこと。共「躍進」「活躍」

396 **作為** わざと手を加えること。作り事。異作意(=作者の意図。たくらむ心)

397 **抱** 腕のなかに持つ。かばう。雇う。共「抱擁《ほうよう》」「抱負」「介抱」「辛抱」

398 **歪曲*** 意図的に歪《ゆが》めること。

399 **比較** くらべること。どちらの字も「比《くら》・較《くら》べる」と読む。共「比肩《ひけん》」「比喩」

400 **略(掠)*奪** むりやり奪う。共「策略」「省略」「奪取」

第2章　最も点差がつく漢字700（②現象・行為）【5】

● 次の太字のカタカナを漢字に直しなさい。

□ 401 朝のラジオが列車の**ウンコウ**状況を告げる。

□ 402 イカロスは空を飛びたいという夢を**カンテツ**したんだ。

□ 403 食事を終え、二人で山荘のまわりを**サンサク**した。

□ 404 彼との出会いは脳裏に深く**コクイン**された。

□ 405 歌詞一つ載せるのにも**ニンカ**が必要なんだよ。

□ 406 ロボット犬を**ギャクタイ**する人は信頼できません。

□ 407 みんな**ヘイサ**的なの、ちょー好きだよね。

□ 408 花を愛《め》でるように、彼は孤独を**ツチカ**った。

□ 409 横浜の名もない族が、最近急に**タイトウ**してきた。

意味・ポイント

401 天体・交通機関が決まった動きをすること。共「運営」「幸運」「運《はこ》ぶ」
解答：運行

402 考えや行動を貫き通す。例文はギリシア神話による。共「徹夜」
解答：貫徹

403 ぶらぶら歩く。共「閑散」「散漫」「散る」「策略」
解答：散策

404 印《しるし》を刻《きざ》みつけること。共「彫刻」「深刻」「印象」
解答：刻印

405 認めて許す。共「認識」「確認」
解答：認可

406 ひどい扱いをすること。×虐 共「暴虐」「待遇」「虐《しいた》げる」「待《ま》つ」
解答：虐待

407 閉ざす。活動をやめる。共「幽閉」「閉塞《へいそく》」「鎖国」「鎖骨」
解答：閉鎖

408 養い育てる。栽培する。共「培《ばい》養」
解答：培

409 勢力を増してくること。共「高台《だい》」「台帳」「頭角《とうかく》を現す」「頭《あたま》打ち」
解答：台(擡)頭*

410 彼とはもう、**アイサツ**だけの友達となってしまった。

411 歴史上の大事件なんて月イチくらいで**ヒンパツ**してる。

412 彼の**ベンギ**で私はシルビー・ギエムと踊ることができた。

413 そこで私の恋人を**ヒロウ**しよう。

414 **オウフク**ずっと寝てたものね、と彼女は嫌味を言った。

415 夜半過ぎにようやく目標地点に**トウタツ**した。

416 **ユウズウ**の効《き》かない人だな。

417 ひとつの星が**ショウメツ**する。それだけのことだ。

418 父の跡を**ツ**ぎ、私は父のレプリカになろうと決めた。

419 「喫茶ユリ」には**メイジョウ**し難《がた》い雰囲気が漂っていた。

420 人生を**モサク**するのは十二で飽きた。

出会い・別れのときに交わす儀礼的な言葉・動作。

頻《しき》りに起こること。
共「頻度」「発《はっ》する」「発起人《ほっきにん》」「乱発」

都合のよい処置。便利なこと。×宣
共「軽便《けいべん》《びん》(=簡単で便利)」「郵便《びん》」「適宜」

広く見せて報告する。異疲労
共「露呈《ろてい》」「暴露《ばくろ》」「夜露《よつゆ》」

行ったり(「往」)来たりする(道)。
共「往年」「報復」

行き着く・達《たっ》すること。
共「殺到」「精神一到」「達者《たっしゃ》」

臨機応変に物事を処理すること。
共「融和」「金融」「通貨」「通《とお》り」

消えてなくなる。消してなくす。
共「雲散霧消《うんさんむしょう》」「消極的」

継承する。一続きのものとする。
異告ぐ・次ぐ

様子を言葉で表現すること。
共「名誉」「白状する」「状態」

手さぐりで探すこと。
共「暗中模索」「模様」「規模《ぼ》」

挨拶　頻発　便宜　披露　往復　到達　融通　消滅　継(接)　名状　模(摸)*索

● 次の太字のカタカナを漢字に直しなさい。

	問題	意味・ポイント	解答
□421	彼女は神の**キュウサイ**を信じていた。	救い助けること。×斉　共「救助」「決済」「経済」	救済
□422	一瞬、どう**タイショ**したらいいかわからなかった。	対応して適切な処置をとる。共「相対」「応対」「処世」「出処進退《しゅっしょしんたい》」	対処
□423	キャサリンはアイスピックで氷を**クダ**いた。	こなごなにする。×粋　共「粉砕《ふんさい》（＝粉々に砕く。相手を打ち破る）」	砕
□424	自分の可能性を**ツ**んでいたのに気づかなかった。	摘《つ》まみ取る。共「指摘《てき》」「摘発」「摘出手術」	摘
□425	四年間にわたりスケート界に**クンリン**した銀盤の女王。	多数の者の上に立ち勢力をふるう。共「諸君」「臨場感」「臨時」「臨《のぞ》む」	君臨
□426	ブルジョアジーは**ハイセキ**しろだってさ。	斥《しりぞ》けること。×俳　共「排除」「斥候《せっこう》」	排斥
□427	完全に**ミッチャク**して取材が行われた。	ぴったり付着する。共「密度」「密接」「綿密」「厳密」「着《つ》く」「着《き》る」	密着
□428	その子はたちまち競走馬の頂点に**セマ**った。	近づく。詰まる。共「切迫」「迫真」「脅迫」「迫害」	迫
□429	宇宙人に**シンリャク**される夢を見て、後味が悪かった。	他の領域に侵入して奪い取る。×浸　×進　共「侵《おか》す」	侵略（掠*）

□ 430 あなたになら、**ツカ**えてもいい。

□ 431 日本軍の**サンカイ**の様子は米軍の集合の様子に近い。

□ 432 弱い奴《やつ》は**マッサツ**される。それでいいのか？

□ 433 まるで**カクリ**されたような、山奥の村に迷い込んだ。

□ 434 藤野さんはかんざしを髪に**サ**していた。

□ 435 太陽は砂漠と地平線で**ユウゴウ**し、彼女は眼《め》を閉じる。

□ 436 **イギ**を唱えないのは、みんな何も考えてないからだよ。

□ 437 男が笑うたび、女の胸には悲しみが**チクセキ**していった。

□ 438 金と時間の**ロウヒ**から芸術は生まれる。

□ 439 理論だけ完璧に**コウチク**しても駄目だ。

□ 440 まず人のことを考えろ、なんて本末**テントウ**さ。

上の人の用を足す。
共「仕官」「仕度《たく》」「奉仕」

仕

散らばり広がること。異 散会(=会を終える)・参会(=会に参加する)

散開

存在を消し去ること。共「一抹の不安」「殺生《せっしょう》」「忙殺」「相殺《そうさい》」

抹殺

距離をとる・隔《へだ》たる・隔《へだ》てること。
共「間隔」「遊離」「離散」「離《はな》れる」

隔離

細いものを挿し込む。異 指す・刺す・差す・射す　共「挿話《そうわ》」

挿

ひとつに融《と》け合うこと。
共「融解」「融和」「融通」「金融」

融合

異なる意見。×義　異 意義・威儀(=作法にかなった振る舞い)

異議

蓄《たくわ》えたまる・ためること。
共「含蓄」「累積」「面積」「積《つ》む」

蓄積

むだに費《つい》やすこと。×労
共「波浪」「流浪《るろう》」「出費」

浪費

構《かま》えて築く。
共「構内」「虚構」「建築」

構築

逆さになる・する。ひっくり返る。
共「転換」「転《ころ》ぶ」「圧倒」「倒置」「倒《たお》す」

転(顚)倒*

第2章　最も点差がつく漢字700（②現象・行為）【7】

● 次の太字のカタカナを漢字に直しなさい。

番号	問題	意味・ポイント	解答
□441	三百キロの道のりを彼女は遂《つい》に**トウハ**した。	困難な・長い道を歩き通すこと。共「踏襲」「雑踏」「踏《ふ》む」「突破《とっぱ》」「破《やぶ》る」	踏破
□442	何とも言えない雰囲気を**カモ**しだしている男。	状態・雰囲気などを作り出す。共「醸《じょう》造」	醸
□443	果物も**クサ**る直前がおいしいのよ、と彼女は笑った。	腐敗する。朽《く》ちてくずれる。共「陳腐」「豆腐」「腐心（＝苦心）」	腐
□444	誰も人を**サバ**くことなどできはしない。	良し悪しを判断する。判決を下す。共「裁断」「裁量」　×栽	裁
□445	細菌がうようよ**ハンショク**している。	生殖により個体数が殖《ふ》えること。×植 共「繁《はん》茂《も》」「養殖」	繁殖
□446	チームの和が**クズ**れるなんて言うなよ。	くだけ壊れる。整っていた状態が乱れる。天候が悪くなる。小銭に換えられる。	崩
□447	覚悟を決めて努力すれば、すぐ**コクフク**できるよ。	努力して困難に打ち克《か》つこと。共「克明」「克己心《こっきしん》」「服従」	克服
□448	私達の仲を**ハバ**む物は何も許さない。	他の動きの邪魔をする。共「阻止」「阻害（＝邪魔をする）」	阻
□449	彼との**ソウコク**からこの作品は生まれた。	対立するものが互いに争うこと。共「真相」「相性」「克服」	相克（剋）*

450 男の人にいつも**ハラ**わせるのは、嫌なの。

取り除く。金銭を渡す。心を向ける。 共「払拭《ふっしょく》」「払底《ふってい》（＝底をつく）」

払

451 現実を**チョクシ**したら、私はこわれてしまう。

真っ直《す》ぐ見つめること。 異 勅使（＝天皇の意思を伝える使者）

直視

452 この土地の**デンショウ**に謎を解く鍵がある。

風習などを受け継いで伝えること。 共「遺伝」「了承」「承諾」「承《うけたまわ》る」

伝承

453 生徒は**レンサ**反応で次々とトイレに駆け込んだ。

次々につながって起こる。 共「常連」「連《つら》なる」「閉鎖」「鎖骨」

連鎖

454 この物質の**ユウカイ**点は四十度です。

熱によって融《と》ける・融《と》かすこと。 共「融和」「融通」「融資」「解《と》く」

融解

455 人に**ゲイゴウ**しないって、なかなかどうして難しい。

他人が気に入るように調子を合わせる。×迎 共「歓迎」「迎える」「合戦《かっせん》」

迎合

456 君が行く大学も教授の我儘《わがまま》が**オウコウ**してるよ。

のさばる・はびこること。 共「横暴」「横断」「専横」「横《よこ》一線」

横行

457 二人は川沿いのホテルを**キョテン**に遊びまわった。

活動の足がかりとなる所。 共「典拠（＝根拠）」「依拠」「証拠《しょうこ》」

拠点

458 あいつらが**サンニュウ**してきてややこしくなったんだ。

参加する・入っていくこと。 共「参与」「参観」「降参」「参《まい》る」

参入

459 やるとしたら**リンショウ**心理学をやりたい。

病人を実際に診察すること。 共「臨時」「臨場感」「君臨」「臨《のぞ》む」

臨床

460 気を**シズ**めるんだ、という言葉に私は深く傷ついた。

落ち着かせる。 共「鎮静」「沈静（＝落ち着いて静かなこと）」「重鎮」

鎮（静）

● 次の太字のカタカナを漢字に直しなさい。

□ 461 一度**ツト**め先を変えると、癖になりやすいんだ。
□ 462 パステル画に**テイチャク**剤をかける。
□ 463 実行できるかどうか、今すぐ**ケントウ**してみよう。
□ 464 彼女はダイエットの目標に5 kgを**カカ**げた。
□ 465 食欲を**ソクシン**させる薬。
□ 466 君にその気がなくても人には**チョウハツ**的に映るんだ。
□ 467 船は日差しを浴び、島々の間を**ヌ**うように進んだ。
□ 468 どんな状況でも、私の生を**コウテイ**して欲しい。
□ 469 この際《さい》、誰の**ショギョウ**かは関係ない。

意味・ポイント

461 任務・義務。勤行《ごんぎょう》（＝仏道の勤め）。 共「通勤」「勤勉」
462 しっかり着く。一定の場所に落ち着く。 共「定《さだ》める」「規定」「普段着《ぎ》」
463 良いかどうかを調べ考えること。×当 異健闘・見当（＝予想） 共「討《う》つ」
464 高く上げる。人目に示す。 共「掲載」「前掲」
465 進むように促《うなが》す。 共「促音便」「催促」「進退」
466 相手を刺激して唆《そそのか》す。 異徴発（＝強制的に取り立てる） 共「挑《いど》む」
467 糸でつなぐ。折れ曲がって進む。 共「縫合《ほうごう》」「裁縫」「天衣無縫」
468 同意し認める。価値・妥当性を認める。 異皇帝・高低・工程・行程・校庭
469 行い。ふるまい。 共「所蔵」「所与」「神業《かみわざ》」

解答

461 勤
462 定着
463 検討
464 掲
465 促進
466 挑発
467 縫
468 肯定
469 所業（行）

□ 470 私も海月《くらげ》のように、ゆらゆらと海で**フユウ**してみたい。

漂《ただよ》い浮かぶこと。共「浮沈」「浮力」「遊学」「遊《あそ》ぶ」

浮遊

□ 471 大学時代から**ルイセキ**した母からの借金はどうしよう?

次々に重なり積もる。共「累(＝迷惑)を及ぼす」「係累(＝つながり)」

累積

□ 472 そんなに事実に**ソク**することが大切ですか。

ぴったりとつく。共「即応」「色即是空《しきそくぜくう》」

即

□ 473 混乱時には根拠のない噂《うわさ》が**ルフ**する。

世にひろまること。共「流転《るてん》」「流用《りゅうよう》」「布地《ぬのじ》」

流布

□ 474 僕を**サエギ**るようにして彼女は喋《しゃべ》り始めた。

進行をじゃまして止める。共「遮断」

遮

□ 475 彼が**スイジャク**していくのを、僕は黙って見ていた。

衰《おとろ》え弱ること。共「盛衰《せいすい》」「貧弱」

衰弱

□ 476 基礎に**シュウジュク**する過程で満足してしまった。

慣れて上手になること。共「風習」「習《なら》う」「熟練」「熟《う》れる」

習熟

□ 477 具体的に**レイショウ**してくれないと少しわかり辛い。

例をあげて証明すること。異冷笑 共「例《たと》えば」「証拠」

例証

□ 478 人格を**トウヤ**するなんてことがありうるのだろうか。

一人前に育てる。陶器を作ることから。共「陶酔」「薫陶《くんとう》」「冶金」

陶冶

□ 479 花は植物の**セイショク**器官だ。

生物が子を作る現象。共「生涯《しょうがい》」「発生」「養殖」「殖《ふ》える」

生殖

□ 480 このパーティーの**シュサイ**者と、君は知り合いかい?

中心となって催《もよお》す。特に上に立って行う場合は「宰」を使う。共「地主《じぬし》」

主催(宰)

● 次の太字のカタカナを漢字に直しなさい。

□ 481 彼は未《いま》だに**センコウ**して社会運動を続けてるのか。

□ 482 どうしていつも責任を**マヌガ**れようとするの？

□ 483 彼はニヤッと笑うと**ヒゾウ**のウイスキーを出してきた。

□ 484 **ジュンカン**器科の安藤先生、お電話が入っております。

□ 485 意識的な**クンレン**だけでは、限界があるよ。

□ 486 **ドウサツ**力がすぐれた人とは、思わない。

□ 487 **ヒョウハク**の旅に出るならまず、深川からだよ。

□ 488 お肌の潤《うるお》いを**ホジ**するために、毎晩塗ってください。

□ 489 繊細さなんて、いくらだって**マメツ**させられるさ。

番号	意味・ポイント	解答
481	かくれて行動すること。異 選考・専攻・先行・線香 共「潜《もぐ》る」「潜《ひそ》む」	潜行
482	のがれる。「マヌカれる」とも読む。共「免《めん》除」「放免」「罷免《ひ》（＝やめさせる）」	免
483	大切にしまっておくこと。共「極秘」「神秘」「お蔵《くら》になる」	秘蔵
484	同じところを回り続ける。×還 共「環状」「環境」「環太平洋」	循環
485	練習させてできるように教える。共「教訓」「熟練」「老練」「練《ね》る」	訓練
486	見ぬくこと。見通すこと。共「洞窟」「空洞」「診察」「察知」	洞察
487	あてもなく漂《ただよ》うこと。例文は『おくの細道』による。共「漂流」「漂白」「宿泊」	漂泊
488	保《たも》ちつづけること。共「保護」「担保《ぽ》」「持参」	保持
489	すり減って、つぶれる・なくなること。共「摩擦」「研磨」「滅《ほろ》ぶ」	摩（磨）滅

490 彼は信じられないというように目を**コ**らして写真を見た。

一か所に集中させる。共「凝縮」「凝視」「凝固」「凝然」

凝

491 企業**ユウチ**のため、議員たちは接待に明け暮れた。

招き寄せること。共「誘惑」「誘発」「勧誘」「誘《さそ》う」

誘致

492 **スイタイ**してゆく国家には独特の美がある。

衰《おとろ》えて退歩していくこと。共「衰弱」「盛衰」「進退」「退屈」「退《しりぞ》く」

衰退

493 横浜中華街の店を**モウラ**してある雑誌はどれですか。

残らず集めてとり入れる。共「網《あみ》元《もと》」「通信網」「羅列」「森羅万象」

網羅

494 先行研究に**イキョ**しただけの文章はくだらなさすぎる。

拠りどころとする。共「依然」「帰依《きえ》」「拠点」「証拠《こ》」

依拠

495 別れ際に、思いがけず**アクシュ**を求められた。

挨拶として手を握り合う。和解する。共「把握」「手中」「手腕」

握手

496 彼はその手紙を**ウバ**うようにして持っていった。

無理にとる。ひきつける。共「奪取」「生殺与奪《せいさつよだつ》(=思いのままにできる)」

奪

497 畑を荒らすウサギは**ホバク**され、ミートパイにされた。

捕まえて縛る。例文はピーター・ラビットの父親の話より。共「捕《と》らえる」「逮捕」

捕縛

498 目標を成し**ト**げるまで会わない。彼はそう言った。

成就《じょうじゅ》させる。×逐 共「遂行《すいこう》」「未遂」

遂

499 自己への意識できない**ヨクアツ**こそが問題なのだ。

無理に抑えつける。無意識に押し戻す。×抑 共「抑制」「鎮圧」「圧迫」

抑圧

500 ダンボール箱のみかんに白カビが**ゾウショク**していく。

増えて多くなる現象。共に「増《ふ》・殖《ふ》える」と読む。×増 共「増減」「養殖」

増殖

第2章 漢字

● 次の太字のカタカナを漢字に、漢字はカタカナに直しなさい。

□ 501 再三の**ケイコク**を彼は無視したんだ。自業自得だよ。

□ 502 スマホをなくした時はパニックに**オチイ**ったよ。

□ 503 当時の**トコウ**費用は十五万円だった。

□ 504 折口信夫の説を**ソジュツ**しているのです。

□ 505 審判は違反した選手に退場を**ウナガ**した。

□ 506 基礎**タイシャ**を上げると太りにくくなるんだ。

□ 507 全速力で商店街を**シッソウ**するおばさんを見た。

□ 508 決定は明日の会議に**ユダ**ねられた。

□ 509 **モホウ**を重ねて創造にいたる場合もある。

意味・ポイント / **解答**

501 前もって告げ注意を与えること。異 渓谷 共「警備」「警句」「報告」「被告」 — 警告

502 落ちて入る。共「陥《かん》没」「陥落」「欠陥」 — 陥

503 船や航空機で海外へ渡ること。共「渡河《とか》」「譲渡」「航海」 — 渡航

504 先人の考えを受け継ぎ発展させて述べる。共「祖先」「著述」「述懐」 — 祖述

505 せきたてる。勧める。×捉 共「促進」「催促」 — 促

506 古いものと新しいものが入れ代わること。共「代物《しろもの》」「謝罪」「謝《あやま》る」 — 代謝

507 すばやく走る。共「疾駆《く》」「疾風」「疾患」「疾病《べい》」 — 疾走

508 まかせる。共「委員」「委任」「委細」「委託」 — 委

509 まねて倣《なら》うこと。共「模範」「模索」「模様」「規模《ぼ》」 — 模（摸）*倣

□ 510 その親切な老夫婦は犯人**イントク**の罪で逮捕された。

□ 511 今までの商品とは確実に一線を**カク**するものです。

□ 512 おばあさんは一心に糸を**ツム**いでいた。

□ 513 それは大仏の**コンリュウ**記念の年だった。

□ 514 **フチン**のない人生などつまらないとも言えるさ。

□ 515 両親に厳しく**シッセキ**され、彼は家出を決意した。

□ 516 マスコミが政権を**ツウバ**したように思える。

□ 517 ついに独裁政権が**ガカイ**した。

□ 518 彼女ははやりの服で美しく**ヨソオ**っていた。

□ 519 問題が**サンセキ**しており如何《いかん》ともし難《がた》いです。

*□ 520 光が**伝播**するとは、いったい何が**伝播**しているのか？

---

510 かくまう。秘密にする。「匿」も「隠す」と同意。共「隠者」「隠《かく》す」「匿名」

511 線を引く。区切る。共「画数」「企画」

512 よじって糸にする。共「紡《ぼう》績」「混紡（＝違う繊維を混ぜて紡ぐ）」

513 寺院などを建てる。共「建議（＝意見を申し述べる）」「設立」「立春」

514 栄えることと衰えること。浮き沈み。共「浮遊」「沈殿」「沈着」

515 叱り責めること。異 失跡（＝行方《ゆくえ》がわからなくなる） 共「責を負う」

516 ひどく罵《ののし》る。共「苦痛」「痛恨」「痛快」「痛《いた》い」

517 一部の崩れから全体が崩れる。共「瓦《かわら》屋根」「解説」「解熱《げねつ》」「解《と》く」

518 ととのえる。ふりをする。共「服装《そう》」「衣装《しょう》」「装置」「包装」

519 たくさん積《つ》み上げた・課題がたまった状態。共「沢山」「山《やま》の麓《ふもと》」「蓄積」

520 伝わり、広まる・広がる。×デンパン

---

510 隠匿
511 画
512 紡
513 建立
514 浮沈
515 叱責
516 痛罵
517 瓦解
518 装
519 山積
520 デンパ

第2章 漢字

第2章　最も点差がつく漢字700（②現象・行為）【11】

● 次の太字の漢字をカタカナに直しなさい。

番号	問題	意味・ポイント	解答
*□ 521	彼の説明に思わず**頷**いた。	肯定する意味で首をたてに振る。×ウナヅ	ウナズ
*□ 522	でたらめなうわさを**吹聴**するのは止めたまえ。	言いふらす。	フイチョウ
*□ 523	きみは**欺瞞**を暴《あば》いてさぞ気持ちがいいだろう。	欺《あざむ》き、だますこと。	ギマン
*□ 524	まず先人の足跡を**辿**ろう。	頼りにして進む。	タド
*□ 525	敵の強さはいまだ**窺**い知れない。	「－い知る」で「見当をつけて大体のことを知る」	ウカガ
*□ 526	いつの日かおまえの夢が**適**うといいな。	当てはまる。望みどおりになる。「叶《かな》う」とも書く。	カナ
*□ 527	全国を**行脚**するなんてのも素敵《すてき》だ。	諸国を歩いて巡る。共「慣 脚光《きゃっこう》を浴びる（＝目立たぬものが注目の的となる）」	アンギャ
*□ 528	新幹線と高速道路が**交叉**する地点に落ちていました。	線状のものが交わる。「交差」とも書く。	コウサ
*□ 529	最初にガーゼを薬品に**晒**す。	（目に）触れるようにする。「曝《さら》す」とも書く。	サラ

*□ 530 今日は六日の御**物忌**明く日にて（紫式部『源氏物語』）
不吉だとして汚《けが》れを避けてつつしむこと。共「禁忌《きんき》（＝避けて禁じること）」
モノイミ

*□ 531 彼は心ない**揶揄**に腹を立てた。
からかうこと。からかい。
ヤユ

*□ 532 これは兵士の士気を**昂揚**させるための歌だった。
精神・気分を高める・が高まる。「高揚」とも書く。異効用
コウヨウ

*□ 533 待ち人未《いま》だ**来**ず。
来ない。×キタラず（「来らず」と書く）共「往来《おうらい》」「来歴」
コ

□ 534 変なところに信号があるせいで、車の流れが**滞**る。
途中で進まなくなる。×トドコウ
共「停滞《たい》」「沈滞」「滞在」
トドコオ

*□ 535 泥棒は一目散に**遁走**した。
のがれて走ること。
トンソウ

□ 536 いみじく静かに、公《おほやけ》（＝天皇）に御文《ふみ》**奉**り給ふ（『竹取物語』）
差し上げる。～して申し上げる。「食う」「飲む」「着る」「乗る」の尊敬語。
タテマツ

*□ 537 彼は今も旧姓を**称**えているらしい。
言う。呼ぶ。称する。
トナ

*□ 538 芥川といふ河を**率**ていきければ…（『伊勢物語』）
連れて行く。
ヰ《い》

*□ 539 その鳥は**身動**ぎひとつしなかった。
からだを動かすこと。
ミジロ

□ 540 **政**を為《な》すは猶《なお》、沐《もく》する（＝髪・体を洗う）がごとし（『韓非子』）
政治・祭りを行うこと。
共「摂政《せっしょう》」「財政《せい》」
マツリゴト

● 次の太字のカタカナを漢字に直しなさい。

□ 541 こんなに趣味が**ガッチ**しちゃって、いいんだろうか。

□ 542 事件は**フカヒ**だった。そう信じたい。

□ 543 昔の**オモカゲ**が残っているだけ、彼を見ていると辛い。

□ 544 駅に降り立った瞬間、**アザ**やかに記憶が蘇《よみがえ》った。

□ 545 **カジョウ**な自己防衛が、彼女の魅力を奪っていた。

□ 546 山へ行くなら**ジュウゼン**の用意をしなさい。

□ 547 もっとあたしに**メイワク**をかけてほしいの。

□ 548 **キョクタン**過ぎる、なんてくだらない批判はやめてね。

□ 549 目の前の**ジョウキョウ**をうまく把握できなかった。

意味・ポイント

541 ぴったり一致する。共「適合」「寄合《よりあい》」「誘致」「極致《きょくち》」

542 避けられないこと。共「不思議」「避難」

543 ないものがあるように見える顔・姿の様子。共「面識」「影響」

544 きわだってはっきりしている。共「生鮮《せん》」「鮮烈」

545 必要を超えている様子。×乗 共「過《す》ぎる」「過失」「剰余」

546 完全な様子。完全に対象と一致・適合している。共「保全」「全《まった》く」「全《すべ》て」

547 他人を困らせること。共「迷路」「混迷」「迷《まよ》う」「惑《まど》わす」「誘惑」

548 かたよっていること。共「極限」「極寒《ごくかん》」「発端《ほったん》」「両端《りょうはし》《たん》」

549 その場その時のありさま。共「白状」「風情《ふぜい》」「活況」

解答

541 合致
542 不可避
543 面影
544 鮮
545 過剰
546 十全
547 迷惑
548 極端
549 状(情)況

□ 550 技の**タサイ**さに圧倒された。

さまざまあって見事な様子。異 多才 共「彩《いろど》り」

多彩

□ 551 みんなが思ってるような**キョクセツ**は全然なかったの。

混み入った事情。移り変わり。共「委曲(=詳しく細かな様子)」「屈折」「折衝」

曲折

□ 552 彼は人と人の間を**タダヨ**うようにして生きてきた。

ゆらゆらさまよう。共「漂流」「漂白」「漂泊(=さまよう)」

漂

□ 553 年齢を重ねただけでは**セイジュク**しないものだな。

農作物が熟する・心身が十分に成育する・物事を成す時期になること。

成熟

□ 554 人生にも、**シンセン**な時期ってあるのかしら。

新しくて生きがよい。共「新聞」「刷新」「鮮《あざ》やか」「鮮明」

新鮮

□ 555 孤立して**ムエン**になるのが恐く、それ以上は言えない。

援助の無いこと。共「無《ぶ》礼」「虚無」「応援」「援用」

無援

□ 556 彼はリケジョへの**メンエキ**がなく、すぐ恋に落ちた。

経験で病《やまい》・抵抗を感じなくなること。「疫」は流行性の病気。共「疫病」

免疫

□ 557 今年のチェロ・コンクール一位は**ガイトウ**者なしです。

当てはまる。異 街頭(=街《まち》なか)・街灯

該当

□ 558 彼はきみに**ヒッテキ**する才能の持ち主だ。

同じくらい。対等。×適 共「敵視」「好敵手」「敵《かたき》討ち」

匹敵

□ 559 **コウキュウ**の平和など幻想であることはわかっている。

久しく続くこと。異 高級・考究

恒久

□ 560 派手な服を着るには、存在感が**キハク**な男性。

濃度・密度の小さいこと。異 気迫 共「希望」「薄《うす》い」

希(稀)*薄

● 次の太字のカタカナを漢字に直しなさい。

□ 561 俺には**トウテイ**真似できないよ。

□ 562 この機械は、**セイミツ**なぶん、すぐ壊れるんだ。

□ 563 うねるような彼の踊りは私の目に**センレツ**に焼き付く。

□ 564 クラブミュージックの**ヘンセン**をたどってみた。

□ 565 彼女は黙って**ジュウコウ**感のあるテーブルについた。

□ 566 自分の**ゲンカイ**とうまくつき合っていくことが大切だ。

□ 567 高校野球で大切なのは**レンタイ**感であり、個ではない。

□ 568 自分を**ソマツ**に扱うと、いつか自分に仕返しされるよ。

□ 569 彼女の内面は**ケウ**な均衡によって保たれていた。

意味・ポイント

561 どうしても。×倒 共「殺到」「周到」「精神一到」「底意地《そこいじ》(＝隠しもつ気性)」

562 精《くわ》しくこまかい。細部にまで行き届いている。共「精鋭」「綿密」「密着」

563 鮮《あざ》やかで強い刺激を与える様子。異戦列 共「新鮮」「猛烈」「烈火《れっか》のごとく」

564 移り変わること。沿革。共「変容」「変貌」「変則」「遷都」

565 重々しくどっしりした様子。対軽薄 共「幾重《いくえ》にも」「厚《あつ》かましい」

566 ぎりぎりのさかい。共「制限」「限《かぎ》る」「視界」「三界」

567 連合して事にあたる。共「連行」「常連」「連《つら》なる」「携帯」「熱帯」「帯《お》びる」

568 つくりが粗《あら》い。いい加減。共「粗食」「粗品」「枝葉末節」

569 稀《まれ》に有ること。共「希求」「希薄」「希硫酸」「有無《うむ》」「有象無象《うぞうむぞう》」「有数《ゆうすう》」

解答

561 到底

562 精密

563 鮮烈

564 変遷

565 重厚

566 限界

567 連帯

568 粗末

569 希（稀）*有

*570 才能の**ホウガ**は早いうちに摘まないと。

571 その宿は、食事がまた**カクベツ**なんだ。

572 **ユイイツ**の救いは彼女が変わらず接してくれたことだ。

573 日が沈む。**シッコク**の闇が迫っていた。

574 彼女が微笑《ほほえ》むのを、彼の目は**シュンジ**にとらえた。

575 可能性は誰にでも**センザイ**しているさ。

576 **ランザツ**に積み上げられた本のタイトルが怖かった。

577 どんな事態にも彼女は**チョウゼン**としていた。

578 その**レキゼン**とした差に僕は息を呑《の》んだ。

579 私も彼も、そのとき**キミョウ**なまでに明るかった。

580 彼女との出会いを、僕は**コクメイ**に記憶している。

芽生え。物事の始まり。
異 邦画(=日本の絵画・映画)

とりわけ・格段(すぐれていること)。
共「格調」「格子《こうし》」「厳格」「別《わか》れる」

唯《ただ》一つ。 共「唯物論」「唯美主義」

漆《うるし》のように黒くて光沢《こうたく》のあること。
共「漆器《しっき》」「暗黒」「黒幕」

瞬《またた》《まばた》く間。瞬間。×瞬 共「瞬間」「一瞬」

ひそかにかくれて存在すること。
対 顕在 共「沈潜」「潜《ひそ》む」「潜《もぐ》る」

乱れていて秩序がない様子。 共「乱脈(=秩序・規則がない)」「錯乱」「騒乱」

高く抜きん出ているような様子。
共「超越」「当然」「雑然」「泰《たい》然」

まぎれもなく明らかな様子。
共「歴訪」「歴代」「経歴」「天然《てんねん》」

珍しい。変である。
共「奇跡」「奇数」「奇遇」「新奇」

細かい点まで明らかにする様子。×刻
共「克己心《こっきしん》」「克服」「超克」

萌芽*

格別

唯一

漆黒

瞬時

潜在

乱雑

超然

歴然

奇妙

克明

● 次の太字のカタカナを漢字に直しなさい。

□ 581 彼の発言には**ロコツ**な表現が多い。

□ 582 **センメイ**な記憶が、今も私を苦しめる。

□ 583 冬は魂が体から**ユウリ**したようになってしまう。

□ 584 **ユウキュウ**の時に思いを馳《は》せた。

□ 585 君の方が、**ジャッカン**すぐれているようだ。

□ 586 **ナジ**みの客となるために足繁《しげ》くその店へ通った。

□ 587 その笑顔が、彼女の苦しみを**ニョジツ**に表していた。

□ 588 親の**オウボウ**さと戦うのも、今はもう、疲れた。

□ 589 美醜を**カクゼン**と区別する。それが彼のやり方さ。

意味・ポイント

581 露《あら》わなこと。戦場で骨をさらすことが語源。共「暴露《ばくろ》」「披露《ひろう》」「気骨（＝強い心）」

582 鮮《あざ》やかで明らかなこと。共「鮮烈」「新鮮」「明快」「光明《こうみょう》」

583 離れて存在すること。異 有利

584 はるかあとまで続く様子。永久。共「悠遠（＝はるかに遠い）」「久遠《くおん》」

585 多少。異 弱冠（＝年が若い）共「老若男女《ろうにゃくなんにょ》」「干《ほ》す」「干物《ひもの》」

586 なれ親しむこと。

587 現実・真実のままであること。共「欠如《じょ》」「突如」

588 わがままで乱暴なこと。共「横断」「横柄」「専横」「暴露《ばくろ》」「暴《あば》く」

589 区別のはっきりしている様子。共「画策」「企画」「天然」

解答

581 露骨
582 鮮明
583 遊離
584 悠久
585 若干
586 馴染*
587 如実
588 横暴
589 画然

590 僕は自分の体に**コウジョウ**的な不安を抱えていた。
常に変わらない状態。異向上・厚情（＝心からの親切）共恒久
恒常

591 親のもとにいることの**オンケイ**も害も、測り知れない。
恵《めぐ》み。共「恩義」「謝恩」「互恵」
恩恵

592 ボートが**ナメ**らかに進む湖面。
滑々《すべすべ》している・淀《よど》みない様子。共「滑走《かっそう》（＝滑《すべ》るように走る）」
滑

593 あなたの我儘《わがまま》な所、**ケッコウ**好きよ。
たくさん。まあまあ。申し分ない。組み立て。共「結《ゆ》う」「虚構」「構《かま》え」
結構

594 これ以上君に**イソン**するわけにはいかない。
他に頼って成り立っていること。「イゾン」とも読む。「異存《いぞん》」と区別。
依存

595 この件で責任を**ゲンミツ**に追及するのは意味がない。
細かい点まで厳しい様子。共「厳《おごそ》か」「厳格」「荘厳《そうごん》」「精密」
厳密

596 彼は**シジュウ**何かを呟《つぶや》いていた。
絶えず。始まりから終わりまで。共「始末」「臨終」「有終《しゅう》の美」
始終

597 皿の色の**ノウタン**ひとつに彼は異様にこだわった。
色や味などの濃いことと淡いこと。共「濃硫酸」「冷淡」「淡白」
濃淡

598 私達の**ケッソク**は、誰にも壊せないのよ。
同志の者が団結すること。共「結構」「凍結」「束縛」「束《たば》ねる」
結束

599 一度別れた相手とよりを戻すのは**シナン**の技だ。
この上もなく難しい様子。異指南（＝教え導く）共「夏至《げし》」「冬至《とうじ》」「至《いた》る」
至難

600 **カンジン**な時に限ってミスをする、と人は思いがちだ。
特に大切だ。肝臓と心臓と腎臓が重要な臓器であることから。共「肝《きも》に銘ずる」
肝心（腎）

第2章　最も点差がつく漢字700（③状況・様子）【4】

● 次の太字のカタカナを漢字に直しなさい。

□ 601 彼のだらしなさを示す事例は**マイキョ**に遑《いとま》がない。

□ 602 あんたって全然**キンパク**感がないのね。

□ 603 そこはかつての**リュウセイ**を感じさせる温泉町だった。

□ 604 **アンノン**とした日常は、彼女には無縁のものなんだ。

□ 605 ガラス細工の**ムゲン**的な輝きに、私はうっとりした。

□ 606 彼との**ルイジ**点を見つける度《たび》、胸が痛んだ。

□ 607 その日の会議は**シンコウ**に及んだ。

□ 608 君を傷つけるつもりは**モウトウ**ない。

□ 609 こんな**ボウダイ**な出費、どうやりくりするんだ。

番号	意味・ポイント	解答
601	一つ一つ数え挙《あ》げること。慣「－に遑がない」で「たくさんありすぎて一々数えきれない」	枚挙
602	きびしく差し迫ること。共「緊張」「緊急」「迫真」「迫害」	緊迫
603	勢いの盛んな様子。共「隆起」「繁盛《はんじょう》」「盛大」「盛《も》る」	隆盛
604	安らかで穏やかな様子。共「安泰」「安直」「平穏《おん》」「穏健」	安穏
605	夢と幻。「－泡影《ほうよう》」で「人生は夢や幻、泡や影のようにはかない」異無限	夢幻
606	似通っている。異累次（＝次々に重なり続く）共「類《たぐ》い」	類似
607	夜更け。深夜。異信仰・進行・親交・振興・侵攻・進攻 共「更《さら》なる」「更新」	深更
608	毛の先ほども。少しも。共「不毛」「路頭（＝道ばた）」「音頭《おんど》」	毛頭
609	膨《ふく》れて大きい。規模が大きい。共「膨張」	膨(厖)*大

- [ ] 610 ここは砂漠。空と大地の境が**メイリョウ**に分かる所。
- [ ] 611 **ソクザ**に答える。それがコツなんだよ。
- [ ] 612 な、何だ、ずいぶん**イヨウ**な格好だな。
- [x] 613 彼との間には目に見えない何かが**カイザイ**していた。
- [ ] 614 その発言は意味**シンチョウ**ね。
- [ ] 615 彼のその**トクイ**な才能は誰にも理解されなかった。
- [ ] 616 毎日やれば**カクダン**に上達するのは確かよ。でも嫌。
- [x] 617 まず**ゲンゼン**の事実を直視しなければならない。
- [ ] 618 **ケイカイ**に歩く彼女のスカートがはねる。
- [ ] 619 日曜の喫茶店で繰り広げられる**クウソ**な会話。
- [ ] 620 本当に**ヒサン**なことは涙をも拒絶する。

明らかではっきりしている。共「克明」「鮮明」「失明」

すぐその場。共「不即不離」「即興」「色即是空《しきそくぜくう》」「座《すわ》る」

普通と異なっている様子。異威容(=堂々とした姿)

両者の間に他のものが存在している。共「介抱」「媒介」「紹介」

意味が深くて含蓄のある様子。異慎重・伸張・伸長・新調

他と特に異なっている。×違

異得意 共「特殊」「異様」「天変地異」

まるで違う。段違い。格別。

共「格調」「厳格」「格子《こうし》」

目の前に現れる。異厳然(=動かしがたい様子「厳然たる事実」) 対不在

軽やかで快《こころよ》い。異警戒

形ばかりで内容が空《から》っぽな様子。

共「色即是空」「疎外」「疎遠」

悲しく痛ましい様子。惨《みじ》めな様子。

異飛散

610 明瞭
611 即座
612 異様
613 介在
614 深長
615 特異
616 格段
617 現前
618 軽快
619 空疎
620 悲惨(酸)

● 次の太字のカタカナを漢字に直しなさい。

	問題	意味・ポイント	解答
□621	私の心はまだ発展**トジョウ**なのよ。	向かう途中。共「途中」「前途多難」	途上
□622	気品と、**ソヤ**な部分とを併《あわ》せ持つ男。	言動に配慮がなく粗《あら》い様子。共「粗暴」「粗雑」「野蛮」「野望」	粗野
□623	本気でない相手なら**シュウトウ**なデートもできるさ。	よく行き届いていること。共「周知」「円周」「殺到」「到達」	周到
□624	**キチョウ**な時間を割《さ》いてくれて、ありがとう。	きわめて価値のある・大切なこと。異基調・記帳・几帳 共「貴《たっと》い」「重《じゅう》厚」	貴重
□625	そんなの**ジメイ**の事なのに、みんなわからないのね。	証明しなくても、明らかな様子。共「自治」「各自」「出自」「自《みずか》ら」	自明
□626	俺は努めて**ヘイセイ**を装《よそお》った。	落ち着いて静かな様子。共「平穏」「平等《びょうどう》」「静寂」「動静（＝物事の動き・行動の様子）」	平静
□627	文章は**コウセツ**ではなく、心だと師は語った。	巧《たく》みなことと拙《つたな》いこと。上手と下手。共「巧妙」「稚拙」「拙速《せっそく》」	巧拙
□628	意味のない言葉の**ラレツ**に僕は腹が立った。	ずらりと並ぶ・並べること。共「網羅」「森羅万象」「序列」	羅列
□629	彼との関係は**ギジ**恋愛にすぎなかった。	本物と似て紛《まぎ》らわしいこと。共「容疑」「質疑」「疑《うたが》う」「類似」「相似」	疑（擬）似

□ 630 昔の彼の文章は**イサイ**を放っていた。
異彩
他と異なった趣《おもむき》。きわだってすぐれている様子。異 委細・偉才・異才

□ 631 その**メンミツ**さゆえに、かえって完全犯罪は崩れた。
綿密
細かくて詳しい。行き届いた。共「連綿」「緻密」「精密」「厳密」

□ 632 **タイコ**の昔、女は太陽だった。
太古
大昔。異 太鼓

□ 633 入選作の中でも、この作品は特に**シュウイツ**だよ。
秀逸
抜きん出て秀《ひい》でていること。共「優秀」「散逸」「逸脱」「逸《いっ》する」

□ 634 **ヒロウ**がピークを越えてみな異様に明るかった。
疲労
疲れること。強さが低下すること。異 披露（＝広く知らせる）

□ 635 豊吉と藤野さんでは、頭脳の活動に**ケンカク**がある。
懸隔
懸《か》け離れていること。共「懸垂」「懸命」「間隔」「隔離」「隔《へだ》てる」

□ 636 国家の**スイビ**は子供の遊びにもあらわれる。
衰微
衰《おとろ》え弱ること。共「衰退」「盛衰」「微弱」

□ 637 彼女たちは厭世《えんせい》的な**フンイキ**の男に弱い。
雰囲気
周囲にある感じ。共「囲《かこ》む」「景気」「気性」「気象」

□ 638 問題は**タキ**にわたる、と彼は深刻そうに言った。
多岐
多方面に分かれていること。共「雑多」「岐路」「分岐点」

□ 639 残念ながら完全解答は**カイム**だった。
皆無
全然無いこと。絶無。共「皆勤」「皆《みな》様」「虚無」

□ 640 彼女の**エイエイ**たる仕事ぶりには頭が下がる。
営々（営）
しきりに。せっせと励んで。共「営業」「野営」「営《いとな》む」

●次の太字のカタカナを漢字に直しなさい。

□641 パワーが**ジュウマン**。元気モリモリ。
□642 **フダン**の努力を続けて、体をこわしてしまった。
□643 常に**キョシテキ**なものの見方が必要だ。
□644 生とは死までの**ユウヨ**期間さ。彼はそう言って笑った。
□645 **タンテキ**に言えば、私と別れたいってこと？
□646 曲の**ヘイバン**なトーンが限りない眠気へと私を誘った。
□647 僕はこうして**マンゼン**と日々を送り、彼女を待つ。
□648 私とは**ムエン**の世界だわ。
□649 彼の**コウリョウ**とした心には誰の言葉も届かない。

意味・ポイント

いっぱいに満ちること。
共「充実」「補充」「満面」「満足」

たえまなく続く様子。日頃。「日頃」の意味のときは「普段」とも書く。

マクロ的。全体を大きく見る様子。
対 微視的（＝ミクロ的）共「巨匠」「巨額」

日時を先に延ばすこと。ためらうこと。異 有余（＝余分）

明白で要点をとらえている。
共「端正」「端緒」「極端」「発端」

単調で味わいに乏しいこと。
共「平穏」「平静」「平《びょう》等」「看板」

ぼんやりしている・とりとめがない様子。共「漫画」「散漫」「依然」「天然」

縁が無いこと。異 無援　共「縁《ふち》取り」

荒れ果ててもの寂しい。
共「荒廃」「涼《すず》しい」「納涼」

解答

充満
不断
巨視的
猶予
端的
平板
漫然
無縁
荒涼（寥）*

650 クラスで**コリツ**することなんて怖くないわ。

ひとりで助けがないこと。共「孤独」「孤高」「建立《こんりゅう》」×弧

孤立

651 彼女はパーティー会場で一人**キュウクツ**そうだった。

束縛されて思うままにできない。共「窮余」「貧窮」「屈辱」

窮屈

652 彼は**ヒンパン**に私を訪ねてきた。

頻《しき》りに起こる様子。共「頻発」「頻度」「繁茂《はんも》」「繁殖」

頻繁

653 自分の感情を**ジザイ**に操《あやつ》れることが第一条件さ。

束縛がなく思うままである様子。対窮屈 共「自《みずか》ら」

自在

654 今度の遠足の**ショウサイ**は、学級委員から。

詳《くわ》しく細《こま》かい様子。共「詳論」「不詳（＝詳しくわからない様子）」「微細」

詳細

655 「食べ**ホウダイ**」と聞くと、いつも食べすぎてしまう。

自由で勝手な様子。共「放《はな》つ」「放物線」「追放」「奔放」

放題

656 **ヒキン**な例で申し訳ない。

手近でありふれていること。対高尚 共「卑屈」「卑《いや》しい」「漸《ぜん》近線」

卑近

657 感情の**キフク**が激しい人は苦手だ。

高くなったり低くなったりすること。盛衰。共「起源」「隆起《りゅうき》」「潜伏《せんぷく》」

起伏

658 **ムゾウサ**に肩にカーディガンをかけた美しい人。

簡単に気軽にする様子。共「造詣」「造形」「動作」「作為」

無造作

659 **テイネイ**さが、時に相手に失礼なこともある。

注意・心が行き届いている。共「丁重」「安寧《あんねい》（＝世の中が平穏無事なこと）」

丁寧

660 物事の**ヒソウ**しか見ないというのも逆に難しい。

うわべ。対真相 異悲愴《そう》（＝悲しくいたましい）・悲壮（＝悲しみの中で勇ましくあろうとする）

皮相

第2章　最も点差がつく漢字700（③状況・様子）【7】

● 次の太字のカタカナを漢字に直しなさい。

番号	問題	意味・ポイント	解答
□ 661	家族は息子が**フクイン**するのを待ちわびた。	軍隊を平時に戻す。兵士が帰郷する。 対 動員 異 福音（＝喜ばしい知らせ）	復員
□ 662	あれ、**シゴセン**って経線緯線のどっちだっけ？	天球上の北極と南極を結ぶ線。十二支で「子《ね》」は北、「午《うま》」は南。	子午線
□ 663	俺と**シテイ**関係だったって吹聴してまわってるらしい。	師匠と弟子《でし》。 異 子弟（＝子供や弟・若い人）・指定・私邸 共「師走《しわす》（＝十二月）」	師弟
□ 664	詐欺の**カタボウ**を担がされるのはご免だよ。	慣「ーを担ぐ」で「（主に悪事に対して）協力をする」	片棒
□ 665	退部の希望は**リュウホ**された。	今の状態のままで留《とど》めておく。 共「保留」「留置所」「保《たも》つ」	留保
□ 666	**ショヨ**の条件は初期装備みたいなもんだ、全部生かせ。	与《あた》えられる条件。出発点として異議なく受け取れる事実・原理。	所与
□ 667	反対する**ヨシ**も無く彼女の申し出を受け入れた。	理由《ゆう》。情報。内容。手段。方法。 共「自由」「由緒《ゆいしょ》」「由縁《ゆえん》」	由
□ 668	日本の所得税は**ルイシン**課税だ。	地位などが次々と上位に進む。数の増加につれて割合も増える。	累進
□ 669	あの頃は家族みんなが**フキョウワオン**を奏でていた。	二つ以上の音が調和しないこと。集団の調和を乱す不和・反目。 共「和《なご》む」	不協和音

*670 自分から**カンセイ**にはまりにいってどうすんの。

獣を陥《おとしい》れて捕らえる穴。人を陥れる謀《はかりごと》。 異 閑静・完成・歓声・感性 共「陥落」「陥《おちい》る」

陥穽*

671 当時、他校に**サキガ**けて共学にしたんだ。

先《さき》んじて起こる・起こすこと。先頭に立って敵陣に攻め込むこと。

先駆

672 利益を**カクテイ**させようと焦っちゃいけない。

はっきりと決まる・決める。 異 画定（＝区切りを決める） 共「確執」「定規《じょうぎ》」

確定

673 この**ショウビ**の急にお前は何のほほんとしてるんだ。

慣「―の急」で（眉《まゆ》を焦《こ》がすほど火が近づいているように）「危険が迫っている」

焦眉

674 彼女の人生との**ケッセツテン**は高二の夏だ。

結《なす》び目。つなぎ合わされた部分。曲線がその曲線自体と交わる点。 共「節目《ふしめ》」

結節点

675 来る日も来る日も**センカ**をカメラに収め続けた。

戦争で起こる混乱。 共「戦《たたか》う」「勝ち戦《いくさ》」「戦慄（＝恐ろしさで震え戦《おのの》く）」「禍福」

戦禍

676 迷った**アげク**たどり着けないとかあり得ないんですけど。

色々やってみた結果。結局。連歌・連句の最後の句。 対 発句 共「推挙《きょ》」「抑揚《よう》」

挙（揚）・句

677 ナチュラルな行動を**ザイゴウ**だととらえないほうがいい。

罪《つみ》を受けるはずの業（＝悪い行い）。 異 在郷（＝田舎・郷里にいる）

罪業

678 わたしは常に優良**コキャク**でありたいの！

ひいきにしてくれる客。「こかく」とも言う。 共「顧《かえり》みる」「回顧」

顧客

679 **サイキン**とウイルス混ざってね？

原核生物に属する単細胞の微生物。バクテリア（bacteria）。 共「細《こま》かい」「細《ほそ》い」

細菌

680 **アイマイ**な返事しかかえってこないなんて、何様？

はっきりしない様子。 共「愚昧」

曖昧

第2章 漢字

第2章　最も点差がつく漢字700（③状況・様子）【8】

● 次の太字のカタカナを漢字に、漢字はカタカナに直しなさい。

□681 子供の頃から**イタン**児だったの。やーねぇ。

□682 彼女の**カンマン**な動作が一層私の神経を逆撫《さかな》でした。

□683 **キイ**なこと自体は、平凡なことと同じ位に意味がない。

□684 彼の服は**ザンシン**さで眼《め》を見張るものがあった。

□685 俺らしくもなく**エンギ**を担《かつ》いだ。

□686 その女性は、前の彼女に**コクジ**していた。

□687 ああ、手に入れるべきは、**ヘイオン**な日々。

□688 **ダトウ**性を欠く、と言われても意味がわからない。

□689 僕はひとり日曜の**ザットウ**の中を歩いた。

番号	意味・ポイント	解答
681	正統からはずれていること。対正統 共「端緒《たんしょ》（＝きっかけ）」	異端
682	緩《ゆる》やかでのろい様子。×漫 異干満（＝潮の満ち引き） 共「我慢」「慢心」	緩慢
683	ふつうと異なって奇妙なこと。 共「奇跡」「新奇」「異端」「異様」	奇異
684	思いつきが新しい様子。 共「斬《き》る」「新鮮」「刷新」	斬新
685	吉凶《きっきょう》の前兆。起源。一切は実体がなく、縁が集まって成立していること。	縁起
686	酷《ひど》くよく似ていること。 異告示・告辞（＝さとす言葉）・国事	酷似
687	何事もなく穏やかな様子。 共「平等《びょうどう》」「安穏《あんのん》」「穏当《おんとう》」	平穏
688	状況に当てはまること。承認されるべきこと。異打倒 共「当今《こん》（＝今時《いまどき》）」	妥当
689	多くの人で混み合うこと。人混み。 共「踏破」「踏査（＝現地で調査する）」	雑踏（沓）*

□690 彼女の説明に、彼は**シャクゼン**としないものを感じた。

疑いや恨みが晴れる様子。共「釈明」「釈放」「注釈」「天然《ねん》」

釈然

□691 その可能性が**ノウコウ**だなあ。

色・味・可能性などが濃いこと。共「濃淡」「濃硫酸」「厚着《あつぎ》」

濃厚

□692 **トボ**しい小遣いで彼女に指輪を買った。

少ない。共「欠乏」「貧乏」「窮乏」

乏

□693 馴《な》れ合いに**ダ**することは避けなければならない。

良くない状態に陥る。×惰 共「堕落」「自堕落（＝だらしない）」

堕

□694 昔はこんなに**ガンメイ**ではなかったように思う。

頑《かたく》なで正しい判断ができない。共「頑固」「頑丈」「迷惑」「混迷」

頑迷

□695 去る者は日々に**ウト**し。

よく知らない。慣 例文は「会わない者との情は薄れる」共「疎《そ》遠」

疎

*□696 日本は多くの**島嶼**で成り立っている。

大小さまざまな島。「嶼」は小さい島。

トウショ

*□697 師匠を**凌**ぐ実力の持ち主だった。

乗り越える。

シノ

*□698 古城は蔦《つた》で一面に**蔽**われている。

全体を包む。上から包む。「被《おお》う」「覆う」とも書く。

オオ

*□699 **齢**六十にして天命を知る。

年齢。

ヨワイ

*□700 男にはどことなく**頽廃**的な雰囲気が漂っていた。

不健全な気風。「退廃」とも書く。

タイハイ

第2章　最も点差がつく漢字700（③状況・様子）【9】

● 次の太字の漢字をカタカナに直しなさい。

*□701 緊張で強張《こわば》った筋肉をなんとか**弛緩**させる。
*□702 庭に差す光には**寂寥**たる風情《ふぜい》があった。
*□703 その説明では事実をいたずらに**矮小**化するだけだ。
*□704 豪華**絢爛**な嫁入り道具。
*□705 **否応**なく争いに巻き込まれてしまった。
*□706 こんな服では**恰好**がつかない。
*□707 彼女は彼が転ぶのを見て**快哉**を叫んだ。
*□708 けっきょく**放埒**な生活から脱け出すことはなかった。
□709 誰もが彼の**妖**しい魅力の虜《とりこ》となる。

意味・ポイント

701 ゆるむこと。だらしなくなること。対 緊張
702 もの寂しい様子。
703 こじんまりしている・規模が小さい様子。
704 きらびやかで美しい。
705 「一なく」で「有無を言わせず。無理やりに」
706 姿。体裁。状態。適当であること。「格好」とも書く。
707 痛快なこと。「快《かい》なる哉《かな》」の意味。
708 遊楽にふけること。気ままにふるまうこと。
709 なまめかしい。共「妖艶《ようえん》」「妖精」

解答

701 シカン
702 セキリョウ
703 ワイショウ
704 ケンラン
705 イヤオウ
706 カッコウ
707 カイサイ
708 ホウラツ
709 アヤ

＊□ 710 おじいさんは九十歳にして**頗**る元気だ。
たいそう。はなはだ。
スコブ

＊□ 711 警察による**執拗**な捜査が続けられた。
しつこいこと。
シツヨウ

＊□ 712 **蓋**し名言かな。老人はそう言って微笑《ほほえ》むだけだった。
思うに。
ケダ

＊□ 713 夢と現実が**渾然**一体となり、体が宙を舞う。
異なったものが交じり合っている様子。「混然」とも書く。
コンゼン

＊□ 714 もはや**如何**ともしがたい状況です。
どのように。事の次第《しだい》。「奈何」とも書く。 異 遺憾
イカン

＊□ 715 あいつにはいまひとつ**気魄**が感じられない。
立ち向かっていく精神力。「気迫」とも書く。 異 希(稀《き》)薄
キハク

□ 716 これできみとの貸し借りは**相殺**された。
互いに差し引き・損得なしにする。×ソウサツ 共「相続」「殺生《せっしょう》」「殺到《さっとう》」
ソウサイ

＊□ 717 憐憫《れんびん》の情は**微塵**も感じられなかった。
ごくわずかなこと。
ミジン

＊□ 718 融通**無碍**の処世術を身に付けることだ。
とらわれずに自在なこと。「融通無礙」でも同意。
ムゲ

＊□ 719 帝国の**終焉**は見た目にも明らかだった。
死に向かうこと。 異 周縁(=周り。縁《ふち》)
シュウエン

＊□ 720 王は不治の病で余命《よめい》**幾許**もない。
何ほど。どれほど。
イクバク

第2章 漢字

第2章　最も点差がつく漢字700（④意識・心情）【1】

● 次の太字のカタカナを漢字に直しなさい。

□ 721　その若い学者は、稲妻走る古城で研究に**ボットウ**した。

□ 722　可愛《かわい》いと言われるほど**クツジョク**的なことはない。

□ 723　**ゲンメツ**だなんて、期待する方が悪いのよ。

□ 724　誰かを**ゾウオ**して得るものは何もない。

□ 725　**エンリョ**なんかしても得られるのは自己満足だけだ。

□ 726　彼の事は忘れ、仕事に**センネン**しようと努めた。

□ 727　彼女とのことで、あまり**ダキョウ**はしたくない。

□ 728　彼は私と**アイカン**を共にしようとは考えないのよ。

□ 729　デートの前の晩はいつも、**コウフン**して寝つけない。

意味・ポイント

721　熱中すること。共「没入」「沈没」「陥没」「頭《あたま》打ち」

722　屈服させられて辱《はずかし》めを受けること。共「屈折」「屈強」「屈伏」「不屈」

723　幻想から覚めること。共「幻影」「幻惑」「摩滅」「滅ぶ」

724　ひどく憎む。共「愛憎」「悪寒《おかん》が走る」「醜悪《しゅうあく》」

725　ひかえめにする。共「遠心力」「敬遠」「久遠《くおん》」「思慮」

726　一つに集中する。×専　共「専門」「専《もっぱ》ら」

727　折り合いをつけてまとめる。共「妥当」「妥結」「協調」

728　悲しみと喜び。異 哀感（＝もの哀《がな》しい感じ）

729　感情の高まり。共「興亡」「振興」「興《おこ》る」「奮闘」「奮《ふる》う」

解答

721　没頭
722　屈辱
723　幻滅
724　憎悪
725　遠慮
726　専念
727　妥協
728　哀歓
729　興（昂）奮*

730 いかにして彼女に近づこうかと彼は**シアン**した。
思案
あれこれと考えること。異 試案（＝試みに立てた計画）・私案（＝個人的考え）

731 なぜか僕はどうしてもその事に**コシュウ**（**コシツ**）した。
固執
自分の考え・思いを曲げない。過去の印象・行動が反復されること。

732 すまない。君のことが**ワズラ**わしくなったんだ。
煩
面倒だ。共「煩雑《はんざつ》」「煩悩《ぼんのう》（＝苦しみを生み出す本能的欲望）」

733 **カチカン**の違いを本当に認められる人は少ない。
価値観
価値判断の規準となる考え。×感

734 彼の説明でやっと**トクシン**がいったよ。
得心
心で納得すること。異 篤信（＝信仰が篤《あつ》い）

735 欠点を自分の一部として**ヨウニン**せよと彼は言った。
容認
認めて許すこと。共「容疑」「容赦」「形容」「寛容」

736 **ヘンケン**を持つなと言うのもまた**ヘンケン**だろうか。
偏見
偏《かたよ》った見解。共「偏向」「偏差」「偏在（＝偏って存在する）」「見識」

737 大人の**コンタン**など見えすいている。
魂胆
よくない意図。共「魂のこもった」「胆《きも》に銘ずる」

738 **ショウドウ**こそが目的を生み出すとスピノザは考えた。
衝動
考えることなく行動を引き起こす心の動き。共「衝突」「要衝」「折衝」

739 私は父の**シュウショウ**狼狽《ろうばい》ぶりに驚いた。
周章
あわてふためくこと。「狼狽《ろうばい》」も同意。共「周到」「円周」「紋章」

740 自分の体のことは**ジュクチ**している。
熟知
よく知っていること。共「熟練」「成熟」「熟《う》れる」「英知」「知己《ちき》」

● 次の太字のカタカナを漢字に直しなさい。

番号	問題	意味・ポイント	解答
□ 741	自分を**ヒゲ**するのは私を侮辱することにもなるのよ。	へり下《くだ》ること。 共「卑劣」「卑《いや》しい」「下《か》流域」	卑下
□ 742	もう神の御**カゴ**をいっぱい期待しちゃうよ。	神仏が力を加え護《まも》ること。 共「加害者」「加法」「保護」「護憲」	加護
□ 743	ちょっと**ユダン**するとすぐ浮気するんだから、もう。	気を許し注意を怠《おこた》る。 共「油《ゆ》脂《し》」「油《あぶら》絵」「不断」「断絶」	油断
□ 744	**ハガン**一笑する彼に戸惑いを覚えた。	顔をほころばせて笑うこと。 共「破棄」「論破《ろんぱ》」「突破」「破《やぶ》る」	破顔
□ 745	おまえのふるまいは腹に**ス**えかねる。	定着させる。定め置く。 慣「腹にーえかねる」で「怒りを我慢できない」	据
□ 746	学校での彼女のよそよそしさに僕は**コンワク**した。	どうしてよいかわからず困ること。 共「困苦」「惑乱」「惑《まど》う」	困惑
□ 747	不安はいくらでも**モウソウ**を呼び寄せた。	正しくない想《おも》い。根拠のない想《おも》い。 共「妄言《もうげん》《ぼう》」「虚妄」「愛想」「想起」	妄想
□ 748	彼は世の**シンサン**を舐《な》めつくしている。	辛《つら》い苦しみ。苦《にが》い思い。 共「辛辣《しんらつ》」「辛抱」「酸味」「酸《す》っぱい」	辛酸
□ 749	人はどんなことにも**ナ**れてしまうから。	経験により普通のことと感じるようになる。なじみとなる。	慣（馴）*

750 自分への**ケンオ**感を抱き続けるのもまた難しい。
751 この恋が**サッカク**だなんて誰に言えるの？
752 自分がいちばん**クノウ**してるとでも思ってるんでしょ？
753 何もかも**ボウキャク**してしまおうと決めた。
754 テストの結果に**コウデイ**し、デートを楽しめなかった。
755 **カイシン**の出来。満面の笑み。
756 唯一の**ケネン**は彼女が時間を遅らせたことだった。
757 **コイ**に転んで、好きな女の子の気を引こうとする。
758 彼女はわずかな可能性を生かそうと**フシン**した。
759 決定は、**ジュクリョ**のうえだ。
760 ふーん、あなたって**アンガイ**いい加減な人だったんだ。

嫌悪：にくみ嫌うこと。共「嫌疑」「機嫌」「好悪」「悪事《あくじ》」

錯覚：知覚が刺激対象の性質と一致しない現象。思い違い。異 錯角

苦悩：苦しみ悩むこと。×脳 共「苦汁をなめる」「苦渋を味わう」「苦言」「煩悩《ぼんのう》」

忘却：すっかり忘れる。共「忘我」「備忘録(＝メモ)」「退却」「却下《きゃっか》」

拘泥：拘《こだわ》ること。共「拘束」「汚泥《おでい》」「泥炭」「泥棒《どろぼう》」

会心：心にかなうこと。×快 共「会食」「会得《えとく》」「会釈《えしゃく》」「照会」

懸念：気に懸《か》かり不安に思うこと。共「懸命」「懸隔」「観念」「念願」

故意：わざとすること。共「故事」「故人」「縁故」「有意(＝意思・意味がある)」

腐心：(実現のため) 心をいため悩ますこと。異 不信・不振・不審・普請

熟慮：じゅうぶんに考えをめぐらすこと。共「熟練」「円熟」「熟《う》れる」「配慮」

案外：思いの外《ほか》。予想外。共「案出」「思案」「草案」「妙案」

● 次の太字のカタカナを漢字に直しなさい。

761 私はその時、彼に**チジョク**を与えたいとさえ思った。
762 露骨に**キョヒ**してるのになんで気づかないいんだ？
763 彼は私に自分の過去を**ソウキ**させる。
764 そろばん三級、と彼は**ジチョウ**気味に言った。
765 一晩たってもその犬は**ケイカイ**心を解かなかった。
766 財布も定期もなくて、**トホウ**に暮れた。
767 あまり、自分が**コドク**だと思わないようにしてるんだ。
768 **ガマン**は体にも、心にもよくない。
769 多くの人々に**カンメイ**を与えた、彼女の最後の踊り。

意味・ポイント

761 辱《はずかし》め。共「羞恥」「厚顔無恥」「生き恥《はじ》」「恥《は》ずかしい」「屈辱」
762 拒《こば》んではねつけること。共「否認」「諾否《だくひ》」（＝承知か不承知か）「否《いな》む」
763 過去を想《おも》い起こすこと。異 早期
764 自《みずか》ら自分を嘲《あざ》笑うこと。異 自重（＝自分の体・言動に注意する）
765 注意し用心する。異 軽快 共「戒《いまし》める」「懲戒免職《ちょうかいめんしょく》」
766 取るべきみち。方法。慣「ーに暮れる」で「困りきる」共「途中」「前途」「行方《ゆくえ》」
767 独《ひと》りぼっち。共「孤高」「孤絶」「独裁」
768 耐えること。共「我田引水」「彼我」「没我」「自慢」
769 深く感動して心に刻《きざ》まれること。異 簡明（＝簡単で明瞭なこと）

解答

761 恥辱
762 拒否
763 想起
764 自嘲
765 警戒
766 途方
767 孤独
768 我慢
769 感（肝）銘

□ 770 少しは**シンケン**に答えてちょうだい。
□ 771 こちらの意図がどうにも伝わらず**ヘイコウ**した。
□ 772 この小説が絶版になるとは、誠《まこと》に**イカン**である。
□ 773 その夜は**キンセン**に触れるすばらしい演奏だった。
□ 774 **ダンチョウ**の思いで彼女に別れを告げた。
□ 775 それが運命なら、僕は**カンジュ**しよう。
□ 776 **クジュウ**に満ちた顔で、彼女はデートに応じると言った。
□ 777 **ヒマ**になると不安が押し寄せてくるの。
□ 778 女は神の**ケイジ**を聞いた。
□ 779 これは単なる**コウキシン**で聞いているだけだ。
□ 780 男の後ろ姿が僕の**ノウリ**を過《よぎ》った。

---

770 真剣
真面目《まじめ》。
共「真理」「真打《しんうち》」「迫真」「写真」

771 閉口
(口を閉じて言葉を発しないことから)困り果てること。共「閉塞《そく》」「閉鎖」

772 遺憾
不本意で心残りなこと。残念。×感
異 如何《いかん》 共「遺棄」「遺言《ゆいごん》」

773 琴線
(琴の糸のように)感じやすい心の奥の心情。共「視線」「死線」「沿線」

774 断腸
腸がちぎれるほど悲しいこと。
共「断絶」「不断」

775 甘受
仕方ないと思って(=甘んじて)受け入れること。異 感受(=心で感じとる)

776 苦渋
うまくいかず苦しみ悩むこと。
異 苦汁(=苦しみ。苦《にが》い経験)

777 暇
空いた時間。共「暇潰し」「休暇《か》」「寸暇を惜しむ」

778 啓示
神があらわし示す。異 掲示(=目につくところに掲《かか》げ示す)

779 好奇心
未知なものへの興味。
共「好評」「同好の士」「奇特」「奇跡」

780 脳裏(裡*)
頭のなか。×悩
共「洗脳」「表裏」「裏《うら》切《ぎ》り」

第2章　最も点差がつく漢字700（④意識・心情）【4】

● 次の太字のカタカナを漢字に直しなさい。

□ 781 とんがった女の顎《あご》の美しさに、男は**トウスイ**していた。

□ 782 時代の**シチョウ**に、俺も流されていたんだ。

□ 783 できるだけ**キョシン**に文章を読むよう心がけた。

□ 784 朝顔の花は特別なんだ。**ナツ**かしいよと彼は泣いた。

□ 785 その**カンビ**な思い出も、もはや私を励まさない。

□ 786 **ケンメイ**に気持ちを伝えようとしたけど、ダメだった。

□ 787 それぞれ**オモムキ**の異なる作品を集めました。

□ 788 父と母との間の**カクシツ**に、私は全然気付かなかった。

□ 789 その美しさに、彼女は**キョウタン**の声を上げた。

意味・ポイント

781 うっとり酔うこと。共「陶器」「陶冶《とうや》」「薫陶《くんとう》（＝人を感化し良い方に導くこと）」

782 思想の流れ。共「思慕（＝恋しく・嬉しく思うこと）」「風潮」「潮流（＝潮《しお》の流れ）」

783 心にわだかまりがないこと。共「虚無」「虚勢」「虚構」「謙虚」

784 思い出されて心がひかれる。語源は「なつく」。共「懐古」「懐旧」「懐刀《ふところがたな》」

785 甘くて味がよい・快いこと。共「甘受」「甘心」「優美」

786 命がけでがんばる。力いっぱい。共「懸隔」「懸念」「任命」「寿命《じゅみょう》」

787 しみじみとした味わい。共「趣旨」「趣味」「意趣（＝意向）」

788 主張を譲らないために生まれる不和。共「確固たる」「固執《しつ》《しゅう》」「執行《しっこう》」

789 驚いて感心する。共「驚喜」「一驚《いっきょう》」「慨嘆」「嘆《なげ》く」

解答

781 陶酔

782 思潮

783 虚心

784 懐

785 甘美

786 懸命

787 趣

788 確執

789 驚嘆（歎）*

790 女の子の**カンシン**を買うためなら何だってしちゃうね。

791 彼はよく、何の脈絡もなく突然**キゲン**が悪くなった。

792 彼女が**シンコク**に受け止めないことが救いだった。

793 時には**カンショウ**的になることで自分を守れるのだ。

794 試してみた。ＯＳの**カンショク**は悪くなかったよ。

795 曇り空や雷に、なぜか私は**ミリョウ**される。

796 彼は彼女が戻ってくると訳もなく**カクシン**していた。

797 そんな思わせぶりなこと言われたら**キタイ**しちゃうよ。

798 高校の頃は太宰に**ケイトウ**していました。

799 悪い人間だとわかっていても、私は彼を**スウハイ**した。

800 **シサク**に耽《ふけ》っていた小林はプラットホームから落ちた。

歓《よろこ》び嬉しがること。異感心・甘心（＝満足する）・関心・寒心（＝ぞっとする）

気分。気持ち。×気 共「転機」「嫌悪」「嫌《きら》う」

切実で重大なこと。共「深意」「深山《しんざん》」「刻限」「刻《きざ》む」

感じて心を傷《いた》めること。「―にひたる」異観照・鑑賞・観賞・干渉・勧奨・緩衝

外界の刺激に触れて感じること。共「隔世の感」「触覚」「触発」「触《さわ》る」

心をひきつけ夢中にさせる。共「魅力」「魅惑」「完了」「了承」

かたく信じて疑わない。「―犯」で「正しいと信じて行われる犯罪」

あてにして待つ。異気体・奇態・希代（＝世にも稀《まれ》な）

心を傾けて熱中すること。共「傾斜」「傾聴」「圧倒」「倒置」

崇《あが》め敬《うやま》うこと。共「崇高」「参拝」「拝啓」「拝受」「拝《おが》む」

求めて深く考える。×策 共「捜索」「索然（＝つまらない）」「索引」

歓心　機嫌　深刻　感傷　感触　魅了　確信　期待　傾倒　崇拝　思索

● 次の太字のカタカナを漢字に直しなさい。

番号	問題	意味・ポイント	解答
□ 801	ま、**ギョウギョウ**しい挨拶は抜きにしましょ。	大げさだ。共「仰《あお》ぐ」「信仰《しんこう》」	仰々（仰）
□ 802	私にとってインスタは**キョエイシン**を満たす手段なの。	見栄を張りたがる心。共「慣 虚を衝《つ》く・虚に乗ずる（＝油断につけこむ）」	虚栄心
□ 803	あなたは拙速に**ダンアン**を下す嫌いがありますね。	最終的な案・考え（と断定すること）。共「慣 断腸の思い（＝悲しいこと）」	断案
□ 804	どれだけ**シンボウ**すればあと3キロ痩せられるの。	辛《つら》さに耐え（前向きな心を抱《いだ》き続け）ること。共「辛酸」「塩辛《から》い」「抱負」	辛抱
□ 805	君は他人の行動にまでいちいち**イキドオ**るんだね。	憤慨《ふんがい》する。共「悲憤（＝悲しみ憤り嘆く）」	憤
□ 806	あいつのチェロの音はなんか**カンノウテキ**なんだよ。	性的欲望をそそる様子。肉感的。共「官僚」「器官」「能力」「性能」	官能的
□ 807	**チョウショウ**されても私は自分の好きな服を着ます。	嘲《あざけ》って（＝馬鹿にして）笑《わら》う。異 弔鐘（＝死者を弔《とむら》って鳴らす鐘）	嘲笑
□ 808	おめーは**ホ**めるとすーぐつけあがる……。	評価してよく言う。対 貶《けな》す・謗《そし》（誹《そし》）る 共「褒《ほう》美」「名誉《よ》」	褒（誉*）
□ 809	その年の地区リーグは**コンメイ**を極めた。	混沌としてわけがわからない。混乱して見通しがつかない。共「混《ま》じる」「迷《まよ》う」	混迷

□ 810 今のうちに**ケンアン**事項はすべて洗い出そう。

□ 811 いかに**ハ**える写真を撮れるかが勝負なのよ。

□ 812 彼女の**テレンテクダ**の前にはひとたまりもなかった。

□ 813 ミスは三回でアウトって肝《きも》に**メイ**じとけ。

□ 814 人は自分は棚に上げ他人には**セイゴウセイ**を求めます。

□ 815 わたし煽《あお》り**タイセイ**ゼロに近いんで。

□ 816 わたしはこの国を**ス**べるべく生まれた。

□ 817 いったん会議に**ハカ**る必要があるな。

□ 818 **ドウヨウ**のあまり声が裏返ってしまった。

□ 819 肉親に会えて**カンルイ**にむせぶだろう。

□ 820 卑怯《きょう》な敵に**ブベツ**の言葉を浴びせた。

810 解決を迫られているのに解決されていない問題。共「懸《か》ける」「懸垂」「懸念《けねん》」

811 光を受けて輝く。引き立ってよく見える。共「映《えい》画」「反映」「映《うつ》る」

812 人を巧みにだますこと。手練。手管。

813 心に深く刻み込む。慣「肝に―ずる」 共 慣「座右の銘(=常に心に刻む格言)」

814 理論が矛盾なく整《ととの》っていること。共「合《あ》う」「相性《しょう》」

815 環境の変化に耐《た》えられる生物の性質。異 体制・大成・大勢・態勢

816 統率する。異 滑《すべ》る 共「統括(=統一してまとめる)」

817 相談する。他人の意見を聞く。共「諮《し》問(=機関・有識者に意見を聞く)」

818 平静さを失う。異 同様・童謡 共「動静(=物事の動き・行動の様子)」

819 深く感じて流す涙《なみだ》。共「感触」「血《けつ》涙《るい》(=悲しみ・憤《いきどお》りで流す涙)」「涙腺」

820 侮《あなど》って蔑《さげす》む。共「侮辱」「軽侮」「軽蔑」「蔑視」

---

810 懸案
811 映
812 手練手管
813 銘
814 整合性
815 耐性
816 統(総)*
817 諮
818 動揺
819 感涙
820 侮蔑

第2章　最も点差がつく漢字700（④意識・心情）【6】

●次の太字のカタカナを漢字に、漢字はカタカナに直しなさい。

番号	問題	意味・ポイント	解答
□821	今時、あいつの**ミレン**がましい歌ははやらない。	きっぱりと諦《あきら》められないこと。共「修練」「熟練」「練達《れんたつ》」「練《ね》る」	未練
□822	素人《しろうと》だった彼は**キョウイ**的な早さで成長していった。	異様なことに対する驚き。異脅威（＝脅《おど》かされること）共「異《こと》なる」	驚異
□823	私は生まれてから一度も**タイクツ**を感じたことがない。	嫌になる。だれる。共「退《しりぞ》く」「進退」「不屈」「屈折」	退屈
□824	利用者の気持ちを**コリョ**して作ってるから。	気にかけて心づかいをすること。共「回顧」「顧《かえり》みる（＝ふりかえる）」×顧	顧慮
□825	心から仏教に**キエ**する。	神仏などすぐれたものにすがる。共「帰着」「回帰」「依拠」	帰依
□826	彼女はクラシックギターの熟達に**シュウネン**を燃やす。	執着して動かない心。共「執行《しっこう》」「確執《かくしつ》」「固執」	執念
□827	彼はすぐ**コウオ**の感情が顔に出る。	好き嫌い。共「好奇心」「好評」「嫌悪」「憎悪」	好悪
□828	**ショウソウ**に駆られて自分を見失うのは馬鹿《ばか》げている。	いらだち焦ること。異尚早（＝時期が早すぎる）	焦燥
*□829	ガタイのいい兄ちゃんに凄まれたらそりゃ**怯**むだろ。	勢いに押されて気持ちがくじける。	ヒル

*□830 いい恰好しいだから**足掻**きたくない。
悪い状態から抜け出そうとして（どうにもならなくても）もがくこと。
アガ

*□831 早朝の体育館の**静謐**な空気が好きだ。
静かで穏やかな様子。世の中が穏やかに治まっていること。
セイヒツ

*□832 信者たちは**贖罪**のために献金をする。
犠牲や代償を捧《ささ》げて罪を贖《あがな》うこと。
ショクザイ

*□833 彼と再会し**安堵**の胸を撫《な》で下ろした。
安心すること。
アンド

*□834 彼は**倦**まずたゆまず努力してきたんだ。
嫌になる。飽きる。
ウ

*□835 彼は**猜疑**心の塊《かたまり》だから。
人をねたみ疑うこと。
サイギ

*□836 コーヒー、チョコレートなどの**嗜好**品を揃《そろ》える。
嗜《たしな》み好むこと。異 思考・志向・指向
シコウ

□837 若さには過去を**顧**みる余裕などない。
ふりかえって考える。異 省みる（＝反省する） 共「顧慮」「回顧」
カエリ

*□838 夜も眠れぬほど**煩悶**して、やっと答えが出たの。
悩み悶《もだ》えて苦しむこと。
ハンモン

*□839 作者の**厭世**観が反映された小説。
世の中を厭《いや》なものと思う。
エンセイ

*□840 それが**杞憂**であればどんなにいいだろう。
取り越し苦労。
キユウ

● 次の太字のカタカナを漢字に直しなさい。

□ 841 父親と喧嘩《けんか》するのは必ずしも**トクサク**じゃない。

□ 842 個別にではなく**ソウタイ**的に文章を捉《とら》えてください。

□ 843 そんな**チツジョ**を保つことの重要さがわかりません。

□ 844 **テンプ**の才能とは、本人自身扱いかねるものだ。

□ 845 自然の**セツリ**を、誰が把握できるというの。

□ 846 **インネン**をつけてるわけ？

□ 847 **キセイ**の概念の外部に出るには恐怖が伴う。

□ 848 彼の作品は彼の内面の**ヒョウショウ**ではない。

□ 849 丸太と共に漂流していて、**キセキ**的に発見された。

意味・ポイント

841 得になる方策。共「得失」「習得」「散策」「策略」

842 物事のすべて。総じて。異 相対（＝他との関係において在るもの）

843 筋道・規則が整っている状態。対 混沌《とん》 共「序章」

844 生まれつき。天が与えた性質・才能。共「天地」「曇天」「月賦」「賦《ふ》与」

845 神の導き。自然界の理屈。共「摂取」「包摂《ほうせつ》」「道理」

846 定め。縁。関係。慣「―をつける」で「言いがかりをつける」共「因習」「縁《ふち》」「縁故」

847 既にできあがっている。異 規制・既製・気勢・寄生

848 記号が表す意味。意識に表れる具体的な像・イメージ（image）。象徴。

849 考えられない不思議な出来事。異 軌跡（＝たどってきた跡《あと》）

解答

841 得策

842 総体

843 秩序

844 天賦

845 摂理

846 因縁

847 既成

848 表象

849 奇跡（蹟*）

□850 彼の話は**チュウショウ**的すぎて、よくわからない。

□851 幾つかの**セイヤク**の中でいかに自分らしさを出すか。

□852 誰もが**カクシン**をついた意見を言おうとムキになる。

□853 彼の怒りは**ジンジョウ**なものではなかった。

□854 ことの**シダイ**を順を追って話してください。

□855 このキャンパスの自然はあまりに**ジンイ**的で嫌だ。

□856 **フキュウ**の名作『戦争と平和』はサイコーっすねぇ。

□857 若さゆえの**ケッペキ**だと言うのは失礼だ。

□858 誰でも、**ジョウキ**を逸《いっ》した行動をとる時はある。

□859 あの頃はすごく**オクビョウ**になっていたから。

□860 彼が言ってた女って、**カクウ**の人物なのよ。

事物・表象からある性質をひきだすこと。対 具体 共「表象」「象牙《ぞうげ》」

条件をつけて制限すること。異 誓約・製薬

物事の核・中心となる大事なところ。異 確信・革新

ふつう。世の常。共「尋問」「通常」「常備」

成り行き。共「次《つぎ》の間《ま》」「席次」「及第」「落第」

人の力で行う・を加える。共「人格」「作為」「為政者」

いつまでも朽《く》ちずに残る。異 普及・不休 共「老朽(=使い古し役立たなくなる)」

不潔・不正を極端にきらう性質。共「潔白」「清潔」「性癖」「病癖」

常識にかなった道・やり方。共「尋常」「軌跡」「軌道」

ちょっとしたことにも恐れる様子。共「臆説(=仮説)」「臆面もなく」「疾病《しっぺい》」

根拠なく想像で作ること。×仮 共「架橋」「書架」「空虚」

抽象

制約

核心

尋常

次第

人為

不朽

潔癖

常軌

臆病

架空

● 次の太字のカタカナを漢字に直しなさい。

□ 861 アオられると、すぐ頭に**シショウ**を来《きた》しちゃって。

□ 862 話題が自分に及ぶと彼は突如**ユウベン**に語りだした。

□ 863 何の**インガ**で奴《やつ》と同席しなきゃならんのか。

□ 864 **ケンゼン**でない生活から彼の豊かさは生まれた。

□ 865 負けるのは**ヒッシ**だった。

□ 866 みな当然のごとく**キョギ**の申告をする。

□ 867 **カンヨウ**な人間なんか、俺は信用しない。

□ 868 彼の思想は何を**キテイ**としているんだろう。

□ 869 性の**コンゲン**にはいつも孤独がある。

意味・ポイント

861 さし支《つか》え。さし障《さわ》り。共「支柱」「支離滅裂」「気管支」「保障」「故障」

862 強い感銘を与える巧みな弁舌。共「雌雄《しゆう》を決する」「花弁」

863 原因と結果。不運なめぐり合わせ。共「因縁」「因習」「果敢」「果断」

864 全てに健《すこ》やかで危なげがない。共「健闘」「保健」「全く」「全て」

865 必ずそうなること。異 必死 共「必然」「夏至《げし》」「冬至《とうじ》」「至難」「至《いた》る」

866 うそと偽《いつわ》り。思考の誤り。共「虚無」「虚勢」「虚構」「偽造」

867 寛大でよく人を許し受け容《い》れる。共「内容」「容疑」「容認」「容易」

868 基礎となる事柄。異 規定・既定・規程（＝特定事項に関する規定の全体）

869 物事の大元《おおもと》・源《みなもと》。根本。共「根絶」「精根を使い果たす」「性根《しょうね》」

解答

861 支障
862 雄弁
863 因果
864 健全
865 必至
866 虚偽
867 寛容
868 基底
869 根源（元）

□ 870 クッキーを焼いただけで、彼は私を**キヨウ**だと思った。

□ 871 子どもが**ムジャキ**だと思っているのは大人だけだ。

□ 872 事の**チュウスウ**にはいつも彼がいた。

□ 873 彼と私は事件の前から**キチ**の間柄だ。

□ 874 自らの**キジュン**を持たなければ何一つ判断できない。

□ 875 僕らは死に**ホウカツ**されて生きている。

□ 876 古い奏法《そうほう》を**ボクシュ**するチェロ奏者のCDを聴いた。

□ 877 その悲しみを**カク**に、彼女は自らを築いていった。

□ 878 **キョクゲン**まで我慢《がまん》し、腹痛を起こした。

□ 879 どうしてそう**タンラク**的に物事をとらえるんだ。

□ 880 目が合った**シュンカン**、私は恋に落ちた。

---

870 **器用** 手先や立ち回りが巧《たく》みなこと。「有用な器《うつわ》」から。 共「器量」「大器晩成」

871 **無邪気** 邪《よこしま》な考え・深い考えがないこと。 共「邪心」「邪推」「邪悪」「風邪《かぜ》」

872 **中枢** 物事を動かす中心の部分。 共「中傷」「胸中」「枢軸（＝活動の中心）」

873 **既知** 既《すで》に知っている・知られていること。 異基地・機知 共「既成」「既製」 対未知

874 **基準** 判断の基礎とする標準。 異規準（＝行動の手本となる規範）

875 **包括** 一つにして締め括《くく》ること。 共「包摂」「内包」「総括」「括弧《かっこ》」

876 **墨守** 自説・習慣を固く守り続ける。墨子《ぼくし》が城をよく守った事から。 共「水墨画」

877 **核** 中心となるもの。核兵器。 共「核心」「原子核」「細胞核」

878 **極限** 行きついたぎりぎり限界のところ。 異局限・極言（＝極端な言い方をする）

879 **短絡** 結びつかない前提から論理的でない結論を性急に導きだすこと。

880 **瞬間** 瞬《またた》《まばた》く間くらいのわずかな時間。 共「瞬時」「一瞬」「間接」

● 次の太字のカタカナを漢字に直しなさい。

□ 881 成功の**ヘイガイ**もあることを、人は見落としがちだ。

□ 882 **コウリツ**の良すぎるオフィスでは、仕事量が落ちる。

□ 883 **コンキョ**はないけど、いけそうな気がする。

□ 884 あいつは物事を**ギャクセツ**的にしか言わない。

□ 885 彼は悪者になるのを避ける**テンケイ**的な「いい人」よ。

□ 886 そのとき**ヒガ**の境が溶けてなくなった。

□ 887 平面Qに**ニンイ**の人間A、Bが立っているとする。

□ 888 果《は》たして同じ人を一生愛せるか、という**メイダイ**。

□ 889 **キュウキョク**においては、憎悪なんてみな自己愛さ。

意味・ポイント

881 害になる悪いこと。×幣　共「悪弊」「疲弊」「語弊」「妨害」

882 有用な仕事の能率。共「効能」「時効」「確率」「百分率」

883 拠《よ》りどころ。共「根本」「平方根」「依拠（＝拠《よ》りどころとする）」

884 一見矛盾しつつ成立する考え方。対立する二者が因果関係をもつこと。

885 特徴を最も表しているもの。模範となるもの。異「天恵・天啓（＝天の教え）」

886 相手と自分。共「彼岸」「没我」「我田引水」

887 無作為に選ぶ。自由に任《まか》せる。共「任命」「放任」「意を決する」「有意」

888 真偽を判定できる文・内容。共「任命」「亡命」「寿命《じゅみょう》」「課題」

889 つきつめて極《きわ》（窮《きわ》）まったところ。共「究明」「窮余」「無窮」「極限」

解答

881 弊害

882 効率

883 根拠

884 逆説

885 典型

886 彼我

887 任意

888 命題

889 究（窮）極

□ 890 **クドク**を積むよう、心掛けなさい。

□ 891 **ユイショ**ある村上市の武家屋敷を訪ねる。

□ 892 **ガイハク**な知識なんて持ってるだけ恥ずかしいよ。

□ 893 鷗外は**ゲンカク**な家庭に育ちました。

□ 894 人の**インサン**な部分に目をおおいたくなる。

□ 895 **ジュウナン**と軽薄とは紙一重よ。

□ 896 見るからに**ブアイソウ**な人ね。

□ 897 **エイリ**な刃物を見ると彼は異常に怯《おび》えた。

□ 898 あなたは全部自分に**キケツ**させる。私は要《い》らないのね。

□ 899 小学校の時は本当に**グドン**な子だったんだ。

□ 900 彼との間にあった**イッサイ**を忘れたかった。

---

890 善行（に対する神仏の恵み）。共「功績《こうせき》」「人徳」
功徳

891 いわれ。由来。共「経由」「端緒」慣「緒《しょ》に就《つ》く（＝着手する）」
由緒

892 学問・知識の広いこと。共「該当」「当該」「博識」「博士」
該博

893 厳《きび》しくていい加減にしない態度。共「厳粛」「荘厳《そうごん》」「格調」「格子《こうし》」
厳格

894 陰気でむごたらしいこと。共「陰影」「光陰矢の如《ごと》し」「惨《みじ》め」
陰惨

895 柔《やわ》・軟《やわ》らかな性質。しなやかな性質。共「優柔不断」「懐柔策」「柔和《にゅうわ》」
柔軟

896 人づきあいや愛想の悪い性質。
無愛想

897 鋭くよく切れる性質。異 営利（＝金銭的な利益を得ようとすること）
鋭利

898 物事が落ち着くところ。論理から導き出される結論。対 理由
帰結

899 判断・行動が愚かで鈍いこと。共「愚の骨頂」「愚問」「鈍感」「鈍角」
愚鈍

900 すべて。全部。共「親切《せつ》」「切迫《せっぱく》」「切実」
一切

第2章　最も点差がつく漢字700（⑤性質・観念）【4】

● 次の太字のカタカナを漢字に、漢字はカタカナに直しなさい。

□ 901 その勝負に、彼女は**カカン**にも挑戦した。

□ 902 **ノウリツ**だけ考えてると安心できるんだけど。

□ 903 あの先生？　私は全然**キビ**しいと思わないよ。

□ 904 彼女は思い切って**ダイタン**な行動に出た。

□ 905 どんな時も**レイテツ**な目を持つことがＦＢＩの条件だ。

□ 906 彼は**ムボウ**とも言える計画を立てた。

□ 907 **インシツ**じゃない女なんていない。彼女はそう言った。

□ 908 私はけっして**ジョウチョ**の豊かな人間ではありません。

□ 909 番組の意図は、あまりにも**シイ**的で腹が立った。

番号	意味・ポイント	解答
901	思い切りがよく勇敢な性質。共「果樹園」「果断」「敢然と（＝思い切って）」	果敢
902	一定時間にできる仕事の割合。共「効能」「能楽《がく》」「効率」「確率」	能率
903	はげしく容赦がない。けわしい。共「厳格」「威厳」「荘厳《そうごん》」「厳《おごそ》か」	厳
904	度胸があり恐れない。思い切った。共「大器」「大局」「肝《かん》胆（＝心の中）」	大胆
905	冷静で本質まで見通す性質。共「冷静」「冷淡」「徹底」「貫徹」	冷徹
906	やり方・結果を考えずに行動する性質。共「無い」「無難《ぶなん》」「陰謀」「謀反《むほん》」	無謀
907	陰気でじめじめした性質。共「陰影」「光陰」「湿《しめ》る」「湿気」	陰湿
908	物・場にふれて起こる感情・気分。「ジョウショ」が本来。共「由緒」「端緒」	情緒
909	自分勝手な考え。気ままな思いつき。関係が偶然であること。異思惟《い》・示威	恣意

□910 いずれ誰もが**メイド**の旅に出る。

死者の霊魂が行く道・行き着くところ。冥府。共「途中《とちゅう》」「一途《いっと》を辿《たど》る」

冥土(途)

□911 **キワダ**った活躍を見せる。そんな彼の姿を目で追った。

(いい意味で)他との違い・区別が明瞭である。共「際限がない」「水際《ぎわ》」

際立

□912 お犬様をいじめることは、ご**ハット**だった。

禁令。おきて。共「法被《はっぴ》」「法律《ほう》」「法則」「作法」

法度

□913 父は**ホッシン**して、出家してしまった。

思い立つこと。仏を信じること。共「発句《ほっく》」「発起《ほっき》」「突発《とっぱつ》」「摘発」

発心

*□914 **敷衍**すれば男性を知ることは女性を知ることだ。

範囲を広げ(て説明す)る。わかりやすく説明する。

フエン

□915 この薬品は**禁忌**だ。使ってはいけない。

タブー(taboo)。避けて禁じること。対 適応 共「禁を犯す」「厳禁」「忌《い》む」「忌避」

キンキ

*□916 カテゴリーという語を井上哲次郎は**範疇**と翻訳した。

カテゴリー(category)。領域。最も基本となる概念・観念。

ハンチュウ

*□917 私たちは**僥倖**に恵まれました。

思いがけない幸運。

ギョウコウ

*□918 父は母と私を乗せ、**渾身**の力でペダルを踏んだ。

からだ全体。

コンシン

□919 **平生**の心がけが大切だ。彼は顔を歪《ゆが》めてそう言った。

ふだん。×ヘイセイ

ヘイゼイ

*□920 逃《のが》れられない**宿世**の定め。

前世からの因縁。

スクセ(シュクセ)

第3章　最も間違い易い漢字660（①事物・人物）【1】

● 次の太字のカタカナを漢字に直しなさい。

□ 921 本棚のカミュの「**イホウジン**」は埃《ほこり》を被《かぶ》っていた。

*□ 922 彼の悪い**ウワサ**を聞いて、急に心変わりした私。

*□ 923 今は昔、竹取の**オキナ**といふものありけり。（『竹取物語』）

□ 924 **カカイ**は細流を択《えら》ばず。

□ 925 彼が**カントク**に就任する日が来るとは思わなかった。

□ 926 おしゃれな祖父の**カンレキ**祝いに赤い手袋を買った。

□ 927 シュレーダーの弾くピアノは**クロウト**並《な》みである。

□ 928 この作品は先生のご**クントウ**を受けて完成しました。

□ 929 私の祖父は明治維新の**ゲンクン**である。

意味・ポイント

921 外国人。聖書ではユダヤ人以外の人。共「差異」「天変地異」「大同小異」

922 世間で言いふらされている話。

923 男の老人。例文は竹取物語の冒頭文。対 媼《おうな》

924 河と海。慣 例文は「大人物は度量が広い」という意味。

925 指図し取り締まること・人。×督 共「監視」「家督を継ぐ」「督促《とくそく》」

926 再び生まれた年の干支《えと》に還《かえ》る数え年六十一歳のこと。×歴

927 専門家。道に熟達した人。対 素人《しろうと》 共「玄米」

928 徳で人を感化し育て上げる。語源は香を薫らせ陶器を作ること。

929 国家に尽くした大きな功績（のある人）。共「根元」「元旦《がんたん》」「武勲」「勲章」

解答

921 異邦人

922 噂*

923 翁

924 河海

925 監督

926 還暦

927 玄人

928 薫陶

929 元勲

☐ 930 蛍は光を放ちながら暗闇に**コ**を描いて飛んでいった。
弓なりにまがった線。×孤
弧

☐ 931 札幌市内は**ゴバン**の目のように区画整理されている。
碁を打つ盤。共「基盤」「羅針盤」
碁盤

☐ 932 日本人にとって**サイジキ**は、心の歌の故郷である。
一年の行事や自然現象を書いた本。俳諧で季語を分類して解説した本。
歳時記

☐ 933 孔子の言葉は、いつの時代も**シゲン**である、ってさ。
きわめて適切に言い表した言葉。異資源・始原（＝物事の始め）
至言

☐ 934 この町の多くの**シセツ**は、彼の寄付で建てられた。
ある目的のための建物などの設備。共「実施」「施《ほどこ》す」「建設」「設《もう》ける」
施設

☐ 935 優美な**シタイ**はまるで女性のようだった。
姿。かたち。からだつき。異肢体（＝手足と体）・死体
姿態

☐ 936 デジタル化により中央と**ヘンキョウ**の差は消滅する。
中央から遠く離れた所。異偏狭（＝考えが偏《かたよ》り度量の狭い様子）
辺境

☐ 937 ロザリオは仏教で使う**ジュズ**のようなものだ。
念仏の回数を数え、108個の煩悩を消すための珠《たま》。
数珠

☐ 938 どんな**シロモノ**かを判定するのがわれわれ鑑定家だ。
商品。品物。共「代理」「代《か》わり」「万物《ばんぶつ》」「禁物《きんもつ》」
代物

☐ 939 人間は案外**シンコッチョウ**を発揮しないで生を終える。
真価を示す本来の姿。共「迫真」「真面目《まじめ》」「気骨」「骨子《こっし》」
真骨頂

☐ 940 バラライカの哀愁に満ちた**センリツ**が心に残った。
メロディー（melody）。×施
異戦慄（＝恐れで震える）
旋律

● 次の太字のカタカナを漢字に直しなさい。

問題	意味・ポイント	解答
□941 **ツバサ**があったら今すぐ飛んでいきたい。なんてね。	鳥類・飛行体の胴体から突き出た飛翔《しょう》させるための部位。	翼
□942 ここは昔盗賊が住んでいたという**ドウケツ**だ。	ほら穴。洞窟《どうくつ》。 共「洞察」「空洞」「墓穴を掘る」	洞穴
□943 ある**トクシカ**の援助で、私は絶望の淵《ふち》から救われた。	慈善に対する篤《あつ》い志を持つ人。 共「篤実(＝人情に篤く誠実)」「危篤」	篤志家
□944 **トクソク**状は、債務《さいむ》の履行《りこう》を命ずるものだった。	促《うなが》しせきたてる。×捉 共「家督」「監督」「催促」「促進」	督促
□945 **ノキバ**に吊《つ》るされた干し柿の色に秋の深まりを感じる。	軒の端・あたり。 共「一軒家」「極端」「発端《ほっ》」「端緒」	軒端
□946 お**ハキモノ**はこちらでお脱ぎください。	足に履くもの。 共「履行《りこう》(＝約束・契約などの実行)」「草履《ぞうり》」	履物
□947 この手紙は、事件の**ボウショウ**となりうる。	間接的な証拠。 共「傍聴」「傍《かたわ》ら」「証明」「保証(＝確かだとうけ合う)」	傍証
□948 彼の**ヨウボウ**が、まるで野獣のように見えた。	顔かたち。 異 要望(＝してほしいと望むこと) 共「容器」「受容」	容貌
□949 三角**ジョウウギ**とコンパスを忘れた小学生は私でした。	線を描き、物を切るのにあてがう道具。 共「定石」「定義《てい》」「規則《き》」	定規(木)

950 **トトウ**を組むと、急に強気になるんだから。
たくらみをもって集まった仲間や集団。共「徒歩」「徒労」「不備不党」
徒党

951 ロッキー山脈の**キョウコク**は世界一の規模である。
幅の狭《せま》い深い谷。異 強国
共「海峡」「渓谷《けい》（＝谷間）」
峡谷

952 この企画の成功のため**ショケン**の忌憚《きたん》なき意見を乞《こ》う。
多くの賢人。皆様。共「諸国」「諸般の事情」「賢察（＝ご推察）」「賢《かしこ》い」
諸賢

953 **リテイヒョウ**によれば、名古屋まであと五十キロだ。
道路わきに立て、距離を記した標識。
共「郷里」「日程」「過程」「程《ほど》良い」
里程標

954 **グウゾウ**にすがらず、自分の心を直視したい。
絶対的な権威として崇拝・盲信されるもの。×遇 ×象
偶像

955 彼の活躍が**ソウワ**として紹介されていた。
エピソード（episode）。挿入される短い話。共「挿《さ》す」「談話」「説話」
挿話

956 つまらぬ噂《うわさ》ほどたやすく**ゾクジ**に入りやすい。
世間の人の耳。
共「俗悪」「通俗」「耳鼻科」「地獄耳《みみ》」
俗耳

957 **トシハ**もいかぬ姉妹二人は今日も元気に学校に通う。
（幼いときの）年齢。
共「年齢」「年長」「端緒《たんしょ》を開く」
年端

958 ただの**ヒップ**が昇りつめられる社会を希望する。
身分の低い男。教養のない男。
共「匹敵」「夫婦《ふうふ》」
匹夫

959 あの柳生十兵衛は**ブゲイ**十八般に秀《ひい》でていた。
武道に関する技芸。
共「武勇伝」「武器」「武者《むしゃ》」
武芸

960 **ユカタ**と線香花火は日本の夏の風物だ。
夏に着る木綿のひとえの着物。
共「入浴」「衣装」「衣《ころも》替え」
浴衣

第3章　最も間違い易い漢字660（①事物・人物）【3】

● 次の太字のカタカナを漢字に直しなさい。

□ 961 ゲリラ達は敵の**ヨウショウ**を爆破した。

□ 962 人間は**レイチョウルイ**のホモ・サピエンスである。

□ 963 教会では男は**ボウシ**をとるのが決まりらしい。

□ 964 情報社会では個人の**トクメイ**性が失われる運命だ。

□ 965 前世紀の**イブツ**のような男。

□ 966 **カイダン**を降りてくる男の子に彼女は手を振った。

□ 967 社員の不始末に、幹部が集まって**ゼンゴサク**を練《ね》った。

□ 968 多くの富を得ても名誉を**ソコ**なえば終わりだ。

□ 969 以前は**カモク**な男がカッコイイとされた。

意味・ポイント

961 要《かなめ》となる場所。共「要領」「要《い》る」「折衝《せっしょう》」「衝動」

962 ヒトなど最も大脳の発達した動物。共「霊魂」「幽霊」「一日《いちじつ》の長《ちょう》」「一長一短」

963 頭にかぶる衣類。×帽 共「脱帽（=敬意を表す）」「君子」「扇子《せんす》」

964 実名をかくして知らせないこと。「匿」はかくすの意味。異 特命

965 前の時代から遺《のこ》された物。異 異物

966 上下の階を行き来するための段になった通路。共「階級」「格段」「段位」

967 うまく後始末するための方策。×前後

968 器物・心身を傷つける。共「損傷」「損害」「破損」

969 ことば数が少ない。「寡」は少ない・無いの意味。共「寡聞《ぶん》」「多寡（=多少）」

解答

961 要衝

962 霊長類

963 帽子

964 匿名

965 遺物

966 階段

967 善後策

968 損

969 寡黙

970	**タマシイ**が存在しないと証明することはできない。	肉体に宿り心の働きをつかさどるもの。×魂	魂
971	**ナマリイロ**の空から雪が舞い落ちる。	鉛の色に似た淡いグレー(gra(e)y)。共「鉛《えん》筆」「色即是空《しきそくぜくう》」「景色」	鉛色
972	なんか春の**イブキ**が感じられるね。	活動の気配。共「嘆息」「消息」「安息」「利息」	息吹
973	神社の**ケイダイ**で二人はひそかに待ち合わせた。	社寺の境域《きょういき》の内。共「境《きょう》界」「境遇」「環境」「逆境」	境内
974	**アマ**が素潜《すもぐ》りで獲《と》ってきたサザエだと……!	海に入って貝などをとる職業。女性の場合は「海女」とも。共「絶海《ぜっかい》」	海士(女)
975	良妻賢母という**イガタ**に私をはめ込みたいんでしょ。	溶かした金属を流し込むための型。共「典型《けい》」「判型」(=本の大きさ)」	鋳型
976	ここの蕎麦《そば》は毎日**イシウス**で挽《ひ》いてるんだ。	石で作った臼。共「脱臼《きゅう》(=骨の関節が外れること)」	石臼
977	ひとつしかない**イス**に躊躇《ちゅうちょ》なく座るタイプ。	腰をかける道具。官職・役職の地位。ポスト(post)。	椅子
978	食える声優になるのは**イバラ**の道だ。	慣「ーの道」で茨(=とげのある低木)の生えている道。苦難の多い人生・事業。	茨
979	現況で敵の**インコウ**を扼《やく》する拠点はどこだ。	慣「ーを扼する」で「喉《のど》元・重要な地点を押さえる」	咽喉
980	**ウゲン**に張られた弾幕は厚いから大丈夫だ。	右側の船べり。対左舷	右舷

第3章 漢字

第3章　最も間違い易い漢字660（①事物・人物）【4】

● 次の太字のカタカナを漢字に直しなさい。

□ 981 アルミ製**オカモ**ち縦5段セール中。

□ 982 僕派？　**オレ**派？　それともワイ派？

□ 983 家の**カギ**をなくした……。

□ 984 彼はもともと大統領の**ウツワ**ではない。

□ 985 教授の**ガクシキ**の前にただひれ伏すしかなかった。

□ 986 地獄の**カマ**の蓋《ふた》も開《あ》くときくらい帰っておいで。

□ 987 あなたの体内**キカン**に問題はありません。

□ 988 人の**キリョウ**をうんぬんする前に鏡見ろ。

□ 989 焼き鳥**クシ**からはずす人？

意味・ポイント

981 出前用の桶《おけ》。共「岡《おか》目《め》八目《はちもく》（＝第三者は当事者よりよくわかること）」

982 主に男性が使う一人称。

983 開閉するための器具。重要な手がかり。共「鍵《けん》盤」

984 入れ物。人物の大きさ。共「器量」「大器晩成」

985 学問によって得た知識。共「学《まな》ぶ」「博識（＝広く物事を知っていること）」

986 慣「地獄の—の蓋も開く」で「正月と盆の十六日は仕事を休むべきだ」

987 一定の独立した形と特定の働きをもつ生物体の一部分。異期間・機関・基幹

988 地位などにふさわしい才能（「器《うつわ》」）。顔かたち。共「機器」「大器晩成」「量《はか》る」

989 先をとがらせた細い棒。

解答

981 岡持

982 俺

983 鍵

984 器

985 学識

986 釜

987 器官

988 器量

989 串

990 あ、俺、よろこんで**コシギンチャク**になります。

ある人のそばを離れないもの。腰に下げる巾着から。共「雑巾」

腰巾着

991 自称、学年一の**サイエン**らしいヨ。

学問・才能のすぐれた女性。

才媛

992 僕の心の**サク**をぶち破って入ってきたのは君だけだ。

土地の境界などに設《もう》けるかこい。共「鉄柵」

柵

993 おごるって言ったら**シッポ**ふってついてきやがった。

動物の尾。細長い物の端。列の一番後ろ。共「尾《お》根」「尾《び》翼」

尻尾

994 お礼は**ショウチュウ**でいいよ。

酒粕《さけかす》・米などを原料とする蒸留酒。共「焼《や》く」「焼却」「燃焼」

焼酎

995 **ショサ**がいちいち大げさなんだよ。

身のこなし。しぐさ。共「所詮」「所得」「作《さく》為《い》(=作《つく》り事)」「作意」

所作

996 **シンセキ**ったっておじさん家族だけだし。

親類。みうち。共「親《した》しむ」「親族」

親戚

997 **スジョウ**も知れない男を家に入れたのか！

血筋。家柄。生まれ育った境遇。今までの経歴。共「要素《そ》」「性《せい》質」「姓《せい》名」

素性(姓)

998 自分の思考の**スソノ**を広げていきたい。

ゆるやかな傾斜面。周辺部分。共「山裾(=山の麓《ふもと》のなだらかな場所)」

裾野

999 甘い**センベイ**とかゆるせない。

小麦粉・米粒の干菓子。共「煎茶」「煎《い》り豆」「鏡餅《もち》」

煎餅

1000 **ダレ**だよ俺の参考書の中身入れ換えたやつ！

知らない人を指したり、名をたずねたりする語。

誰

第3章　最も間違い易い漢字660（①事物・人物）【5】

●次の太字のカタカナを漢字に、漢字はカタカナに直しなさい。

□ 1001 **ダンペン**的にはいいところもあるのだが。

□ 1002 俺、その度《たび》に**ドウコウ**が開いてるらしい……。

□ 1003 **ドジョウ**が悪ければいいものは育たない。

□ 1004 **ナガウタ**では細棹《ほそざお》の三味線《しゃみせん》を使います。

□ 1005 おれ、パソコンの中にしか**ハンリョ**の候補がいない。

□ 1006 **ビンセン**なんて持ってねぇよ。

□ 1007 敵の侵入を防ぐべく**ボウヘキ**をはりめぐらせる。

□ 1008 モンスターの**ホオ**にそっと触れてみた。

□ 1009 ケーキやめて**ホしガキ**にしとこ、ヘルシーだし。

意味・ポイント	解答
ちぎれた一片。わずかな一部分。共「断つ」「断定」「片雲」「片言《かたこと》(＝僅かな言葉)」	断片
光線が眼球に入る孔《あな》。瞳《ひとみ》。	瞳孔
作物を育てる土地。物事を育成する環境。共「冥土《めいど》」「土産《みやげ》」	土壌
三味線音楽の一つ。共「長屋」「特長(＝すぐれた特徴)」	長唄
仲間。つれ。配偶者。共「伴《ばん》走」「随伴」「伴《とも》う」「僧侶」	伴侶
手紙を書く紙。共「便利」「処方箋(＝薬の処方を記した書類。解決法)」	便箋
外敵や風雨などを防ぐ壁。共「防御」「防災」「絶壁《ぜっぺき》」	防壁
口・鼻と両側の耳との間の部分。「ホホ」とも言う。	頬
渋柿の皮をむき、干して甘くしたもの。	干・柿

1010 俺は**マジメ**だから、**マジメ**さに価値をおかないんだ。

本気な・誠実なこと。共「真《しん》相」「面《おも》白《しろ》い」「目《もく》礼」「面目《めんぼく／めんもく》」

真面目

1011 くるみは袋ごと**メンボウ**であらく砕きます。

麺類などを作る際にこねた粉を延ばす棒。異綿棒 共「泥棒」「棒立ち」

麺棒

1012 机とイスを積み重ねて**ヨウサイ**に見たてる。

外敵を防ぐために重要な地点に築造した堅固な建造物。砦《とりで》。異洋才・洋裁

要塞

1013 **シイカ**を生涯の友とする。

詩と歌。漢詩と和歌。「シカ」が本来。共「詩情」「詩経」「返歌」「歌詞」

詩歌

1014 **ワタクシゴト**に属するので、あえて触れたい。

「シジ」とも言う。自分一人に関係のあること。隠し事。「私」は「ワタシ」とも。対「公事《こうじ》」

私事

1015 今年は米の**サクガラ**がいいらしい。

農作物の状況。作品の品位。共「作《さ》用」「動作」「取〔り〕柄《え》（得）」

作柄

1016 **ヨクヤ**を流れる大河《たいが》の迫力に心を打たれた。

地味の豊かな平地。共「肥沃」「在野《ざいや》（＝民間・野党側にいること）」「粗野」

沃野

1017 **顎**でハエを追うような弱りようで、見ていて辛い。

慣「ーで蠅《はえ》を追う」で（蠅を手で追うこともできないほど）「体力が衰えた様子」共「顎《がく》関節」

アゴ

*1018 **東雲**の空を流れる雲がなんと美しかったことか。

東の空がわずかに明るくなる明け方。

シノノメ

*1019 この風、**未**の方に移りゆきて多くの人の歎《なげ》きなせり。（鴨長明《かものちょうめい》『方丈記』）

南南西。午後二時ころ。十二支の八番目。例文はつむじ風の描写。

ヒツジ

*1020 それはこっちの**科白**だよ。

劇中人物の言葉。言い草。「台詞」とも書く。

セリフ

第3章 漢字

● 次の太字の漢字をカタカナに直しなさい。

番号	問題	意味・ポイント	解答
□1021	作品は一部の**好事家**によって評価されている。	物好き。風流を好む人。共「好事《こうじ》（＝よい事）」「好漢（＝好ましい男）」	コウズカ
＊□1022	われわれの命はまさに風前《ふうぜん》の**灯**だ。	灯《とも》した火。「灯火」とも書く。慣「風前の―」で「滅亡寸前」	トモシビ
＊□1023	なんとトンネルから現れたのは**直垂**をつけた武士だった。	袴《はかま》と合わせる武家の代表的な衣服。	ヒタタレ
＊□1024	まったく**暖簾**に腕押しとはこのことだ。	部屋の仕切りとして垂《た》らす短い布。慣「―に腕押し」で「手応え・張り合いがないこと」	ノレン
＊□1025	おばあちゃんが**御節**料理に腕を振るってくれる。	正月・節句用のごちそうとする煮しめ料理。	オセチ
＊□1026	昔、男、人の**前栽**に菊うゑけるに…（『伊勢物語』）	庭前の植え込み。	セ（ン）ザイ
＊□1027	指を絡《から》め二人で**銀杏**の色づく並木道を歩いた。	落葉高木の一種。種子の内の核を指すときは「ギンナン」と読む。	イチョウ
□1028	彼は社長の**御曹子**だそうだ。	名門・知名人の子弟。「―司」とも書く。	オンゾウシ
＊□1029	あんな**吝嗇家**は見たことがないよ。	過度にけちな人。	リンショクカ

*□ 1030 家族で正月にお**屠蘇**をいただく。

□ 1031 **築山**の頂《いただき》に見事な松の木が植えられていたはずだ。

□ 1032 今度の劇の**端役**についた。

□ 1033 **佳人**の薄命を悼《いた》む。

□ 1034 彼は尊い**聖**だと言われていました。

*□ 1035 **鄙**には珍しい、それはとても洗練された代物《しろもの》でした。

*□ 1036 **凩**が吹き、最後の一葉が宙に舞った。

*□ 1037 親王《しんのう》はやっと**流謫**の地に辿《たど》り着いた。

*□ 1038 **酉**の時ばかりに、おとど参り給へれば…（『宇津保《うつほ》物語』）

*□ 1039 **提灯**を点《とも》してご先祖が帰ってこられるのを待った。

*□ 1040 まるで**御伽噺**の世界にいるようだった。

1030 正月の祝いとして飲む酒。平安期からある風習。　トソ

1031 庭園に山に見立てて築いたもの。 共「築城《ちく》」「建築」　ツキヤマ

1032 主要でない役・役目(をする人)。 共「年端」「極端《たん》」「端緒」「使役《しえき》」　ハヤク

1033 美人。 異 歌人・家人(=同じ家の人)　カジン

1034 聖人。優れた人。高徳の僧。 共「神聖《せい》」「聖夜」　ヒジリ

1035 都から離れた土地。田舎。　ヒナ

1036 秋から初冬に吹く強く冷たい風。「木枯らし」とも書く。　コガラシ

1037 罪によって遠方に流されること。 共「流行《りゅう》」「流転《るてん》」「流布《るふ》」　ルタク

1038 午後六時ごろ。西。十二支の十番目。例文〈大臣が参上なさったところ…〉　トリ

1039 紙張りの袋のなかに明かりを入れた照明具。　チョウチン

1040 子ども向けの昔話。非現実な話。元来「伽《とぎ》(=話相手の役目)」がする話。　オトギバナシ

第3章　最も間違い易い漢字660（②現象・行為）【1】

● 次の太字のカタカナを漢字に直しなさい。

□ 1041 私の父は**ケイセツ**の功あって、今の地位に就《つ》いた。

□ 1042 今年も除夜の鐘を聴いて**ザイショウ**を断ち切ろう。

□ 1043 遠藤周作はカトリック文学界の**シカ**を高めた。

□ 1044 終身雇用と年功**ジョレツ**は日本の会社の伝統だった。

□ 1045 彼は遊びの天才と評しても**カゴン**ではない。

□ 1046 彼の**チョウコウゼツ**が終わる頃、皆うんざりしていた。

□ 1047 年の瀬に**ヤクハラ**いに行きました。

□ 1048 懐《なつ》かしの映画「青い山脈」は青春の**ハツロ**に溢《あふ》れてる。

* □ 1049 海底トンネルは**シュンコウ**までに長い歳月を要した。

意味・ポイント

1041 苦労して勉学すること。蛍《ほたる》の光と雪明《あ》かりで書物を読んだ故事から。マジか♪
解答：蛍雪

1042 成仏《じょうぶつ》の差障《さしさわ》りになる罪過。共「謝罪」「罪を償《つぐな》う」「障害」「障子《しょうじ》」
解答：罪障

1043 紙の価値。慣「（洛陽の）ーを高める」で「書物が盛んに売れる」
解答：紙価

1044 順序（を追って並ぶ・並べること）。共「序章」「秩序」「列席」
解答：序列

1045 言い過ぎ。共「過失」「罪過」「不言《げん》実行」
解答：過言

1046 長々としゃべること。「ーをふるう」共「霊長類」「広報」「舌禍《ぜっか》」
解答：長広舌

1047 「ヤクバラい」とも言う。神仏に祈り厄難《やくなん》を払い落とすこと。共「災厄」
解答：厄払

1048 表面にあらわれ出ること。共「発揮」「摘発」「暴露」「夜露《よつゆ》」
解答：発露

1049 工事が完了すること。落成。
解答：竣工（功）*

1050 武蔵は小次郎に勝つために**ケンボウ**術策《じゅっさく》を練《ね》った。

時に応じた策。「一術策(数)」で「巧《たく》みに人をだます謀《はかりごと》」 異「謀略」

権謀

1051 自分の姓名を**コウカイ**して人生の転機とする。

改めかえること。異公開・後悔・公海・航海 共「変更」「更《さら》に」「改札」

更改

1052 **スイジ**、洗濯、家事全般はむかし女性の役割とされた。

食べ物を煮炊《にた》きする事。

炊事

1053 親などおはしてあつかひ**ウシロミ**聞え給ふ(『源氏物語』)

世話・補佐をする。共「後見人《こうけんにん》」

後見

1054 東京湾の埋め立てで漁民と都の**セッショウ**が続いた。

利害の衝突する相手と折り合いをつける。共「屈折」「要衝」「衝動」

折衝

1055 ルパンはその名も世界に知られた**セットウ**犯だ。

他人の物をそっと盗む。

窃盗

1056 何事にも無表情な男に**センリツ**が走った。

恐れで震える。「戦《おのの》く」「慄《おのの》く」ともに「恐れで震える」という意味。異旋律

戦慄

1057 若き大統領の死に**チョウモン**の列は長く続いた。

遺族を訪れ、くやみを述べること。共「弔辞」「慶弔」「弔《とむら》う」「慰問」

弔問

1058 **ビョウシャ**するためには、まず対象の観察が必要だ。

描き写すこと。共「素描」「写実」「写真」

描写

1059 この頃は、どこの家に行っても和洋**セッチュウ**だ。

適当なところを取捨して調和させる。共「折半《せっぱん》」「折衝」「折《お》り紙」

折衷(中)

1060 大**ズモウ**名古屋場所は相変わらずの満員御礼だ。

土俵内で二人が組み合って争う技。語源は「すま(争)ふ」

相撲(角力)＊＊

第3章　最も間違い易い漢字660（②現象・行為）【2】

● 次の太字のカタカナを漢字に直しなさい。

No.	問題	意味・ポイント	解答
*1061	その日常生活は**オゴ**りを極めていた。	ぜいたくをすること。	奢*
1062	**カンショウ**国と呼ばれる国がある。例えばスイス。	二つのものの間の衝突・衝撃を和らげること。異鑑賞・観賞・感傷・干渉　共「緩《ゆる》い」	緩衝
1063	社内では次期社長に**ギ**せられることとなった。	かりに定める。仮定する。×凝　共「擬人化」「擬古文」「模擬」	擬
1064	広島では平和を**キネン**して無数の鳩《はと》が大空に放たれた。	祈り念じること。祈願。共「念仏」　×祈	祈念
1065	徴兵を**キヒ**するために大学に籍を置く者もいる。	きらって避けること。共「忌《い》む」「禁忌」「逃避」「避難」	忌避
1066	**キュウ**すれば通ず。彼はにやりと笑った。	慣「ーすれば通ず」で「行き詰まると逆に方法が見つかる」	窮
1067	近頃は歯並びを**キョウセイ**する子どもが増えている。	欠点を直し正しくすること。異共生・強制・嬌《きょう》声（＝なまめかしい声）	矯正
1068	彼の学校の**コウバイ**部には、なんでも揃《そろ》っている。	買うこと。×売　異勾配（＝傾き・斜面）・紅梅	購買
1069	私の知っているテーラーは**サイダン**の名人である。	型に合わせ布・紙を切る。良し悪《あ》しを判断して裁く。共「裁判」「体裁」	裁断

1070 彼女に**ケイタイ**電話の履歴を見られた。

身に着ける・携《たずさ》える。異 形態（＝物の形。組織的に組み立てられた形）

携帯

1071 幌《ほろ》馬車隊は、草原を**シック**して難を逃れた。

（馬・車を）速く走らせる。共「疾風」「疾病《べい》」「先駆」「駆《か》ける」

疾駆

1072 この提案は私にはどうも**シュコウ**できない。

肯《うなず》く・納得すること。共「首になる」「肯定」

首肯

1073 **シッソウ**中の妻を涙ながらに捜す夫とは、私のことだ。

ゆくえをくらますこと。異 疾走（＝速く走る）

失踪

1074 日本国憲法に**ジュンキョ**した場合、これは是《ぜ》か非《ひ》か。

拠《よ》りどころとして従うこと。共「準備」「基準」「依拠」「証拠」

準拠

1075 よい演技は、脚本をしっかり**ショウアク**して生まれる。

自分のものとする。共「握手」「握《にぎ》る」

掌握

1076 監督は全国大会出場に**ショウジュン**を合わせた。

ねらいを定めること。共「照合」「照明」「参照」「準拠」

照準

1077 あなたには、この宝石を**スイショウ**します。

よいものとして人に奨《すす》めること。共「推察」「推《お》し量る」「奨励」

推奨

1078 些細《ささい》なことに目くじらを立てては男が**スタ**る、そうだ。

駄目になる。価値が下がる。共「廃屋《はいおく》」「廃棄」「改廃」

廃

1079 今年の大雪で、東北新幹線は**スンダン**された。

細かく断ち切る。「寸」は「尺」の十分の一で約3㎝。共「寸暇を惜しむ」「寸志」

寸断

1080 夢は逃げない。それが**イマシ**めの言葉だとYは語った。

悪いことをしないように諭《さと》すこと。語源は「忌《い》ましむ（＝忌み遠ざける）」

戒

第3章 最も間違い易い漢字660（②現象・行為）【3】

● 次の太字のカタカナを漢字に直しなさい。

番号	問題	意味・ポイント	解答
1081	あの土地の**タイシャク**権は私の従兄《いとこ》が持っている。	貸すことと借りること。共「賃貸」「仮借ない」	貸借
1082	上司の意向を**タイ**する部下は出世する。それだけさ。	心得ておこなう。異 対する（＝向かい合う）・帯する（＝身につける）	体
1083	彼はいつも厄介《やっかい》な問題を**タズサ**えて来る人だ。	身につけて持つ。帯する。共「携行《けいこう》」「携帯」「連携」	携
1084	政治家は口が災《わざわ》いして**ダンガイ**されることがある。	罪・不正を調べ責任を追及する。共「弾《はず》む」「弾圧」「弾力」「銃弾」	弾劾
1085	そのツバメは海上で嵐に**ホンロウ**され、迷子になった。	思うままに弄《もてあそ》ぶ。共「翻意」「翻訳」「愚弄」	翻弄
1086	この二つのレポートは内容が**チョウフク**している。	同じ物事が重なること。×複 共「慎重」「重《じゅう》厚」「複雑」「複製」	重複
1087	陸上競技の中で**チョウヤク**は日本の不得意種目だった。	跳び上がる・跳ねること。共「躍動」	跳躍
1088	それは、法律に**テイショク**する行為だった。	触れる・さし触《さわ》る・違反すること。共「抵抗」「抵当」「接触」「触発」	抵触
1089	木の実を詰め込んだリスの頰が**フク**れている。	内から外へ張り出す。不平・不満を顔に出す。共「膨張」	膨（脹）*

*□1090 手紙の最後は、涙で**ニジ**んでいた。

□1091 核**ハイキ**物の処理は、常に大きな問題となる。

□1092 彼女は田中夫妻の**バイシャク**で無事結婚式を挙《あ》げた。

□1093 熱帯雨林の**バッサイ**は、人間を危機へと導いている。

□1094 新商品の見本を路上で**ハンプ**していた。

□1095 怪我で化膿《かのう》した親指が**ヒダイ**している。

□1096 彼は眠る前に必ず部屋の床を**フ**く習慣がある。

*□1097 噂《うわさ》はあっという間に日本国中に**デンパ**した。

□1098 お湯が**フットウ**したら、火を止めておいてください。

□1099 不法滞在者を国外へ**ホウチク**する。それでいいの?

□1100 車に突っ込まれた八百屋には、野菜が**シサン**していた。

液体が滲《し》み広がる。ぼやける。

不用なものとして棄《す》てる。効力を失わせる。共「廃《すた》る」「放棄」

結婚をとりもつこと。仲人《なこうど》。共「媒介」「媒体」「触媒」「酌《く》む」

竹・木などを伐《き》り取ること。共「濫《らん》伐《ばつ》」「討伐」「採用」「採決」「採《と》る」

広く配り、いきわたらせること。共「毛布」「布教」「布告」「布地《ぬのじ》」

肥《こ》えて大きくなる・正常よりも大きくなること。共「肥沃」

布・紙などで汚れをとる。共「拭《ぬぐ》う」「払拭《ふっしょく》」

伝わり広まること。「デンパン」とは言わない。異電波

沸《わ》く。煮え立つ。激しく盛んになる。共「沸点」「高騰（＝値が高くなる）」

追い払うこと。×遂 共「放物線」「奔放」「放《はな》つ」「駆逐」

四方に散乱すること。共「再三再四」「発散」「閑散」「散《ち》る」

滲*　廃棄　媒酌　伐採　頒布　肥大　拭　伝播*　沸騰　放逐　四散

第3章 漢字

● 次の太字のカタカナを漢字に直しなさい。

□ 1101 核**カクサン**防止条約に則《のっと》って米ソは核兵器を削減した。

□ 1102 神は全てを**チョウエツ**しているが、全てに内在している。

□ 1103 友達の**エイキョウ**ねと母は決めつけた。

□ 1104 シェークスピアの詩を**アンショウ**して皆を驚かせた。

□ 1105 天使の**カナ**でる竪琴《たてごと》の調べがひびきわたる。

□ 1106 神は人を**キュウダン**する為《ため》でなく、救う為に働かれる。

□ 1107 いかにして地震に強い建造物にするかの策を**コウ**じる。

□ 1108 先輩たちは新入生に愛校心を**コスイ**した。

□ 1109 折からの大雪に釧路方面の交通は**トゼツ**した。

意味・ポイント

1101 ひろがり散る・濃度が一様になること。共「拡張」「軍拡」「四散」「閑散」

1102 程度・基準・自然界をはるかに超《こ》・越《こ》えること。共「超然」「卓越」

1103 他に作用が及ぶこと。「影が形に従い、響が音に応ずる」が原義。

1104 暗記した文章を唱えること。異 暗礁（＝隠れた、水面下の岩・困難）

1105 楽器を演奏する。共「奏上《そうじょう》（＝天皇・国王に申し上げる）」「奏功（＝功を奏する）」

1106 罪・責任を追及し非難すること。共「糾明」「弾劾《だんがい》」「弾《はず》む」

1107 とりはからう。手段をとる。共「講義」「講釈」「講和」

1108 考えを宣伝し、吹きこむこと。「太鼓を打ち笛を吹く」が原義。異 湖水

1109 ふさがり絶えること。共「途上」「前途」「隔絶」「一途を辿《たど》る」

解答

1101 拡散

1102 超越

1103 影響

1104 暗唱（誦）*

1105 奏

1106 糾弾

1107 講

1108 鼓吹

1109 途（杜）*絶

□ 1110 全国制覇《せいは》という彼の**ショキ**の目的は達せられなかった。

期待すること。 異 初期・暑気・書記

所期

□ 1111 会計報告にあたっては**ソウサイ**をして帳尻《ちょうじり》を合わせる。

互いに差し引き・損得なしにする。×ソウサツ 共「相続」「殺生《せっしょう》」「殺到《さっとう》」

相殺

□ 1112 ハタキとホウキを持って**ソウジ**していた昔が懐《なつか》しい。

ごみやほこりなどを掃《は》いたり拭いたりしてとり除く。 共「清掃《せいそう》」「排除《はいじょ》」

掃除

□ 1113 この頃の建築は**ソセイ**乱造で、すぐ雨漏《も》りがする。

つくり方が粗雑なこと。 対 精製（＝つくり方が精密なこと） 共「粗《あら》い」

粗製

□ 1114 五郎さんの家では布団を**タタ**むのはお母さんである。

折り返して重ねる。 共「重畳《ちょうじょう》（＝幾重《いくえ》にも重なっていること）」

畳

□ 1115 山の頂上から景色を**ナガ**める。

見渡す。 共「眺望《ちょうぼう》」

眺

□ 1116 年齢に**ゲンキュウ**するのは無粋《ぶすい》というもの。

話があることにまで及ぶこと。 異 減給（＝賃金を減らすこと 対 加給）

言及

□ 1117 母の投稿した短歌が新聞に**ノ**ってうれしい。

書かれる。報道される。 異 乗る 共「掲載《けいさい》」「転載」

載

□ 1118 上野の美術館にユトリロの絵が**ハンニュウ**された。

運び入れる・持ち込むこと。 対 搬出 共「運搬《うんぱん》」

搬入

□ 1119 社長は企業の**シンコウ**に尽くした苦労人だそうだ。

盛んにする・なること。 異 新興 共「振動」「振《ふ》る」「興《おこ》す」「興味《きょうみ》」

振興

□ 1120 私の心には過去の思いが**チンデン**していた。

溶けないものが液体の底に沈む。 共「沈潜」「浮沈」「殿上人《てんじょうびと》」

沈殿（澱）*

第3章　最も間違い易い漢字660（②現象・行為）【5】

● 次の太字のカタカナを漢字に直しなさい。

□1121 子どもには両親を**フヨウ**する務めがあるのだろうか？

□1122 趣味は音楽**カンショウ**と散歩、と彼は小声で言った。

□1123 **キョウゴウ**店がないからって値段設定強気すぎ。

□1124 今年の**シュウカク**は彼のデビュー作だろう。

□1125 大晦日《おおみそか》には明治神宮にたくさんの人々が**モウ**でる。

□1126 **キタ**えれば筋肉って簡単に付くのね。

□1127 **コウソウ**に巻き込まれるのは馬鹿《ばか》げている。

□1128 沈没した船を何とか**フヨウ**させようと海に潜《もぐ》った。

□1129 文明は常に資源を**コカツ**させる危険をもつ。

意味・ポイント

1121 世話をし養うこと。共「扶助（＝経済的に助ける）」「教養」「養殖」

1122 芸術などを味わう。異 観照・観賞・干渉・感傷・緩衝

1123 競《せ》り合《あ》う。色々な要素が密接に絡み合っている。異 強豪（＝強くて手ごわいこと・人）

1124 農作物の取り入れ。成果。×獲 共「撤収《てっしゅう》」

1125 神仏に参拝に行く。共「参詣《けい》」「造詣（＝知識・理解が優れていること）」

1126 練習を重ね強固にする。共「鍛錬《たんれん》（練）」

1127 はりあって争うこと。共「抗議」「抵抗」「競争」

1128 浮かび上がる・上がらせること。異 不要・扶養

1129 枯れてなくなること。共「栄枯盛衰」「渇望」「渇《かわ》く」

解答

1121 扶養

1122 鑑賞

1123 競合

1124 収穫

1125 詣

1126 鍛

1127 抗争

1128 浮揚

1129 枯（涸）渇*

□ 1130 米国の株の**ボウラク**が不況のきっかけとなった。

値が急に下落する。共「横暴」「暴露《ばくろ》」「暴《あば》く」 対 暴騰《ぼうとう》

暴落

□ 1131 **ツイラク**していく機影から目が離せなかった。

高いところから落ちる。共「失墜」「陥落」「落成《せい》」

墜落

□ 1132 あの空き地には雑草が**ハンモ**している。

生《お》い茂《しげ》ること。共「繁栄」「繁殖」「繁盛《じょう》」

繁茂

□ 1133 何度**ホウヨウ**しても忍び寄る孤独感を消せなかった。

抱き合うこと。

共「抱負」「介抱」「擁護」「擁立」

抱擁

□ 1134 父は私を自分の色に**ソ**めようとした。

色を変える。慣「手を―」で「物事にとりかかる」 共「汚染《おせん》」「感染」

染

□ 1135 店舗《てんぽ》を**カクチョウ**しても利益は上がらなかった。

範囲・勢力を広げる。異 格調（＝品格や風格） 共「拡散」「張《は》り出す」

拡張

□ 1136 父はずっと犯人の行方を**タンサク**している。

探《さぐ》り・探《さが》し求める。

共「探検」「探求」「捜索」「思索」

探索

□ 1137 **フクザイ**した悪事を暴《あば》こうとＦＢＩは活動を開始した。

ひそんで隠れていること。潜在。

共「潜伏《せんぷく》」

伏在

□ 1138 目を**コクシ**して視力が落ちた。

こき使うこと。共「酷《こく》な練習」

酷使

□ 1139 一度はウィーンのオーケストラを**シキ**してみたい。

指図《さしず》する。演奏・合唱を統率する。

共「指導」「発揮」「揮発性」

指揮

□ 1140 **テイハク**している白いヨットが彼の住まいだった。

船が碇《いかり》をおろして停止すること。

共「停滞」「停戦」「宿泊」

停（碇*）泊

第3章　最も間違い易い漢字660（②現象・行為）【6】

● 次の太字のカタカナを漢字に直しなさい。

□ 1141 **サギ**にひっかかるのもひっかけるのも御免《ごめん》だ。

□ 1142 どんなに澄んだ水も、流れていなければ**フハイ**する。

□ 1143 商売人は絶えず品物の**レッカ**防止に励むべし。

□ 1144 プロは素材を**ギンミ**する。

□ 1145 いつものようには手を振らず彼女は**エシャク**だけした。

□ 1146 新しい法律が**シコウ**（**セコウ**）される。

□ 1147 あの一点を**ギョウシ**する彼の癖。

□ 1148 接触によるアレルギー抑制効果を**ケンショウ**した。

□ 1149 俺のレアカードと**コウカン**しない？

意味・ポイント

1141 偽《いつわ》り欺《あざむ》く。共「詐称《さしょう》（＝氏名・学歴・職業などを詐《いつわ》って言う）」

1142 物質が腐る。精神が堕落する。共「腐心（＝心を悩ます）」「陳腐」「敗《やぶ》れる」

1143 品質が低下する。共「劣悪」「優劣」「愚劣」「化《ば》ける」

1144 詳しく調べて選ぶ。共「吟唱」「味読《みどく》（＝味わって読む）」

1145 軽くうなずく。軽いおじぎ。共「会《かい》食」「会《かい》心（＝満足）」「解釈」「釈明」

1146 実際に行う。法律の効力を発生させる。異 試行　共「施《ほどこ》す」「施設」

1147 目を凝《こ》らしてじっと見つめる。共「凝固」「凝縮」「視界」「監視」

1148 真偽を確かめる。直接調べる。異 懸賞・憲章・健勝（＝体が元気なこと）

1149 互いにやりとりする。異 好感・高官・交歓（＝互いに歓《よろこ》び合う）共「換《か》える」

解答

1141 詐欺

1142 腐敗

1143 劣化

1144 吟味

1145 会釈

1146 施行

1147 凝視

1148 検証

1149 交換

1150 Xボタンでテンポよく**コウゲキ**を繰り出せ！

相手側を攻める。共「攻略」「速攻」「拙攻《せっこう》（＝拙《つたな》い攻撃）」「撃破」「撃《う》つ」

攻撃

1151 自分の**サイリョウ**を増やして欲しいんだろう。

自分の意見で判断し処理すること。異最良・宰領（＝取り締まること・人）

裁量

1152 この世は**サクシュ**するかされるかだ。

資本家が労働者の成果を取り上げる。共「搾《しぼ》る」「取《と（り）》〔り〕柄（得）」「摂取」

搾取

1153 ほんとに地獄の**サタ**も金次第なんだな……。

行い。しわざ。

沙汰

1154 いつの時代も若者の言葉の乱れは**イナ**めないと言う。

否定する。ことわる。共「否認（＝事実と認めない）」「拒否」「諾《だく》否」

否（辞）*

1155 何年前まで**ソキュウ**して請求できますか？

過去に遡《さかのぼ》ること。共「遡行」「遡航」

遡（溯）*及

1156 だいじょうぶっす、**ソデ**の下はしっかり渡したっす。

慣「ーの下」で「賄賂《わいろ》」共「領袖《りょうしゅう》（＝人の頭に立つ人）」

袖

1157 誰かを**ツブ**すことに意味なんてない。

力を加えて形を崩す。共「潰滅《かいめつ》」

潰

1158 **テイサイ**を整えるのだけは得意なんだ。

見かけ。外観。一定の形式。共「体《たい》育」「身体」「裁判」

体裁

1159 私は彼女こそ最強だという説を**テイショウ**している。

新しいことを人に先立って主張し呼びかけること。共「提案」「暗唱」「唱和」

提唱

1160 人を**トウギョ**しようっていう発想が傲慢だよ。

全体をまとめ思い通りに動かす。共「統一」「御する（＝思い通り動かす）」

統御

第3章　最も間違い易い漢字660（②現象・行為）【7】

● 次の太字のカタカナを漢字に直しなさい。

□ 1161 俺は強い、俺は強いと**トナ**える。
□ 1162 町に着いたら酒場へ行って、**トバク**場について訊《き》け。
□ 1163 会計なんて**ドンブリ**勘定でいいよ。
□ 1164 **ナベモノ**をつついてこたつでごろごろしたい。
□ 1165 彼女と会う時間をなんとかして**ネンシュツ**する。
□ 1166 雀《すずめ》が思いがけない力強さで**ハ**ねる。
□ 1167 傷口にそっと**ハ**ってください。
□ 1168 メダル**ハクダツ**って、マジか。
□ 1169 **ロウジョウ**の準備を整え、ゲームの封を切った。

意味・ポイント

声に出して読む。提唱（＝先立って主張）する。共「暗唱」「唱和」

金や物を賭けて勝負事をすること。共「該《がい》博《はく》（＝学問・知識の広いこと）」「博士」

慣「ー勘定」で「大雑把なお金の使い方」 共「天丼」

鍋で煮ながら食べる料理。共「事物《じぶつ》」

捻《ひね》り出すこと。共「捻挫」「慣出藍《しゅつらん》の誉《ほま》れ（＝弟子が先生より優れている）」

跳び上がる。はじける。共「跳《と》ぶ」「跳躍《ちょうやく》」

のりなどでつける。共「貼付《ちょうふ》《てんぷ》」

剥《は》がし奪うこと。共「剥離」「剥製」 異 剥脱（＝剥げおちる）

閉じ籠《こ》もって外に出ないこと。共「虫籠《かご》」

解答

唱
賭博
丼
鍋物
捻出
跳
貼
剥奪
籠城

□ 1170 女子とわかったとたん態度を**ヒルガエ**す。

ひらひらさせる。身を躍らせる。急に変える。共「翻《ほん》意（＝決心を変える）」

翻

□ 1171 **フホウ**が報道された時にだけあふれるつぶやき。

死亡の報。訃音《ふいん》。共「報《むく》いる」

訃報

□ 1172 かわいい子ばっかり**ヘンチョウ**しないでくださーい。

一方ばかりを偏《かたよ》って重んじること。異変調 共「偏差」「偏在」「重力」「重心」「重臣」

偏重

□ 1173 親の**ホゴ**下にあるうちは世界が見えない。

守る・かばうこと。共「保《たも》つ」「保留」「担保」「警護」

保護

□ 1174 対象を肉眼で**ホソク**。これより行動に移ります。

捉《とら》え・捕《と》らえること。共「把捉《は》（＝しっかりつかむ）」

捕捉

□ 1175 今にもD組との戦いが**ボッパツ**しそうだった。

突然起こること。共「勃興（＝突然勢力を得て盛んになる）」「発起《ほっき》」

勃発

□ 1176 **ホニュウ**類を特別視する意味がわからない。

乳を子に飲ませること。

哺乳

□ 1177 彼の言っていることを**ホンヤク**してくれ。

ある言語を他の言語に訳す。共「翻《ひるがえ》す」「翻案（＝原作を生かした改作）」「翻意」

翻訳

□ 1178 世界を**マタ**に掛ける仕事がしたいですっ。

慣「ーに掛ける」で「各地で活躍する」共「股《こ》関節」

股

□ 1179 **ラチ**られたとかいう言葉づかいする人、好きじゃない。

むりやり連れてゆくこと。共「極致《きょく》（＝最高の境地）」「一致」

拉致

□ 1180 **ワイロ**にチキンやっただろ！

不正な意図で金品を贈ること。袖の下。

賄賂

● 次の太字のカタカナを漢字に直しなさい。

番号	問題	意味・ポイント	解答
□1181	ここまでお**ゼン**立てしたんだ、あとはコクるだけだ。	慣「お━立て」で「物事の準備」 共「配膳」	膳
□1182	君に**ア**てて書いた曲です、聴いてください。	相手に向ける。	宛
□1183	賞賛の**アラシ**待ちなんだが。	激しい風。感情の揺れ。事態や社会を揺るがす重大事。	嵐
□1184	おこづかいアップの希望を**イッシュウ**される。	はねつけること。共「蹴《け》る」	一蹴
□1185	さいしょは**インペイ**したという意識はなかったんです。	蔽い隠すこと。共「隠匿(＝かくまう。秘密にする)」「遮蔽《しゃへい》」	隠蔽
□1186	模試の復習を**オコタ**るなって、じいちゃんが……。	怠《なま》ける。さぼる。共「怠惰《たいだ》」「怠慢」	怠
□1187	心配になって自分のTシャツのにおいを**カ**いでみた。	においを感じる。×臭 共「嗅《きゅう》覚」	嗅
□1188	**カジ**は自分の装備品を作れるのがいいよな。	金属を鍛《きた》えて器具を作ること・人。	鍛冶
□1189	結局同じような**カセ**ぎの人とだけつるむようになる。	精を出して働く。働いて金を得る。点数を得る。時間をひきのばす。	稼

1190 **カブキ**も一幕《ひとまく》見《み》ならけっこう安いよ！

歌舞伎

江戸時代に成立した日本独特の庶民劇。**共**「歌《うた》う」「舞台」「舞《ま》う」

1191 **カンシ**じゃないよ、ただ眺めてただけだよ。

監視

見張ること。**共**「監督」「白眼視」 **異**看視・環視「衆人ー」・漢詩・冠詞

1192 自分の評判を自ら**キソン**してどうすんだ。

毀損

傷をつける・損《そこ》なうこと。**共**「毀《き》誉《よ》(=悪口と誉《ほ》め言葉)」 **異**既存

1193 **キンコ**と執行猶予の関係がわかりません。

禁錮(固)

刑務所に拘《こう》置《ち》すること。**共**「禁忌《き》(=避けて禁じること)」「厳禁」

1194 トンビが空に大きな輪を**カ**いて飛んだ。

描

図・絵などを記《しる》す。文字・記号などを記す場合は「書く」。**共**「描《びょう》写」「素描」

1195 キミと**カカ**わりがあったことを知られたくないんだ。

関

関係する。**共**「関《かん》節」「関《せき》取《とり》」

1196 ふいに女が腕を**カラ**めてきた。

絡

まきつける。**共**「脈絡《みゃくらく》」「連絡」

1197 センパイに**カンガ**みてデートに屋上はあかんの？

鑑

先例や他と比べて考える。**共**「鑑《かん》賞」「鑑定」「図鑑」

1198 どうしてわたしのお願いに**コタ**えてくれないの？

応

応答をする。反応する。**共**「呼応《おう》」「応用」

1199 もう君に手を**サ**し**ノ**べる人はいないだろう。

差・伸

差し出す。**共**「僅《きん》差(=僅《わず》かの差)」「伸縮」「背伸び」

1200 僕にはキャプテンなんて**ツト**まりません。

務

任務を果たす。役目に堪えられる。**共**「勤務《む》」「事務」

第3章　最も間違い易い漢字660（②現象・行為）【9】

● 次の太字のカタカナを漢字に直しなさい。

	問題	意味・ポイント	解答
1201	**トウゲイ**教室でマグカップ作りたい。	陶磁器を作る技芸・工芸。共「陶冶《や》（＝一人前に育てる）」「薫陶」	陶芸
1202	サイトの**エツラン**履歴が残らないよう設定する。	書物などを調べ読む。共「検閲」「遊覧」	閲覧
1203	本屋さんが好きだから書店で**コウニュウ**する。	買い入れること。共「購買」「入《はい》る」	購入
1204	箔《はく》をつけるために文化人とやらを**ショウライ**するんだ！	結果を引き起こす。人を招き来させる。異将来 共「招致」「来《きた》す」「来歴」	招来
1205	女が**ショタイ**じみるのって悪いことなのかな。	独立した生計を営む集団。共「所構《ところかま》わず」「帯同」「帯《お》びる」	所帯
1206	こないだお前はキープ要員って**センコク**された。	決定的な事を告《つ》げる。異先刻 共「宣伝」「告訴」	宣告
1207	破れた所を自分で**ツクロ**うと逆に愛着沸《わ》いてさ。	修繕《ぜん》する。（上辺を）整える。	繕
1208	日本の**ドウヨウ**に裏拍って無くね？	子供のための歌。異動揺・同様 共「童歌《わらべうた》」「謡《うた》う」	童謡
1209	すぐかかとを**フ**むから靴が台無しじゃないか。	足を置く。経験する。のっとる。共「踏《とう》襲」「踏査」「踏破」「雑踏」	踏

1210 あまりのことに怒りが毛穴から**フンシュツ**しそう。

噴《ふ》き出る。噴き出す。【共】「噴霧《む》」「出納《すいとう》」「出藍《しゅつらん》の誉《ほま》れ」

噴出

1211 最も自分の**リョウチ**を拡大させた者が勝ちだ。

領有（＝自分のものとして所有）している土地。【共】「横領」「地《じ》震」

領地

1212 これも**クウシュウ**に含まれるという理解でいいですか？

航空機から地上を襲撃する。【共】「空《そら》」「空《あ》く」「空《から》っぽ」「襲《おそ》う」「世襲（＝子孫が代々継ぐ）」

空襲

1213 この機械を**クドウ**するにはパーツが足りないようだ。

動力を与えて動《うご》かす。【共】「駆《か》ける」「駆使」「先駆」「疾駆」

駆動

1214 意味ありげな**ゲンジ**を弄《ろう》するのはやめろ。

意見・感情に基づく言葉《ことば》（づかい）。悪い意味で使うことが多い。【共】「言《い》う」「辞《や》める」

言辞

1215 **ユウゼイ**に飛び回った顔がこんがり焼けていた。

意見を各地に説《と》いて回る。【共】「遊子（＝旅人）」「遊学（＝留学）」「遊《あそ》ぶ」「説《せつ》明」

遊説

1216 ギターを**ヒ**く形に背骨が曲がってきちゃって。

弦楽器や鍵盤楽器を鳴らす。【異】引く・惹く（＝注意・心を向けさせる）【共】「弾《だん》圧」「弾《はず》む」「弾《たま》」

弾

1217 魚を**シヨウ**するハート形の池を作ろう。
飼って養う。【異】使用・仕様・私用・止揚（＝矛盾の発展的統合）
飼養

1218 日々ラインで**サイソク**してくるんだもん、参るよ。

早く実行するようにと促《うなが》す。「矢の―」【共】「促進」「催《もよお》し」「開催」

催促

1219 ゲームのプレイヤー名で**コショウ**し合う謎集団。
呼び称《たた》えること。呼び名。【異】湖沼・故障・古称・誇称（＝自慢して言う）
呼称

1220 **マタタ**く間《ま》に世界は彼女の魅力の虜《とりこ》となった。

まぶたを開閉する。明滅する。元来は「目《ま》叩《たた》く」。【共】「瞬間」「一瞬」

瞬

● 次の太字のカタカナを漢字に、漢字はカタカナに直しなさい。

□ 1221 変わらない笑顔に心の針が**フ**れた。

□ 1222 彼女の家が近づくにつれ鼓動が**ハヤ**まる。

□ 1223 先生はその日に眠るように**ユ**かれたのだった。

□ 1224 休日に惰眠を**ムサボ**る。それはすっごく幸せな気分♪

□ 1225 そのとき僕の瞼《まぶた》から星が**シタタ**り落ちたかのようだった。

□ 1226 素人《しろうと》だからといって**アナド**るなよ。

□ 1227 理解しえない物事への敬意なしに愛は**ハグク**めない。

□ 1228 あの子は悪い友達に**ソソノカ**されたに決まっています。

□ 1229 候補者として彼を**オ**す。

意味・ポイント

1221 揺れ動く。共「振《しん》動」「振興（＝盛んにする・なること）」

1222 速度や周期が速くなる。×早 共「敏速《そく》」「速《すみ》やか」

1223 亡くなる。共「逝去《せいきょ》（＝亡くなる）」

1224 欲深くほしがる。共「貪欲《どんよく》」

1225 滴《しずく》となって落ちる。みずみずしさが溢《あふ》れる。元来は「下垂《た》る」。

1226 軽くみて馬鹿にする。みくびる。共「侮辱《ぶじょく》」「侮蔑」「軽侮」

1227 養い育てる。共「育《いく》児」「発育」

1228 （よくない行動をするように）誘惑してすすめる。

1229 推薦・推挙・推論する。異押す

解答

1221 振　1222 速　1223 逝　1224 貪　1225 滴　1226 侮　1227 育　1228 唆　1229 推

□1230 **タイセキ**した地層の断面から過去が露《あら》わになった。

□1231 今は**クッサク**作業は機械で行います。

*□1232 話す前から俺の真意を**穿**つなよ。

□1233 俺の銃はすぐに弾《たま》を**充塡**できるぜ。

*□1234 久しぶりに兄弟で**喧嘩**をした。

□1235 一日**中**君のことばかり考えていた。

□1236 規則を**遵守**できなければ……わかるな？

□1237 なぜ神は私達を孤独に**創**られたのだろう。

*□1238 彼の忠告を**反芻**してみる。

□1239 女の子は**放**っておいちゃいかん。

*□1240 裏返しに着るというスタイルが**蔓延**中です。

1230 **堆積**　積み重なること。
共「堆肥」「累積」「積載《せきさい》」

1231 **掘削**　地面・岩盤を掘ること。
共「発掘」「削除」「添削」「削《けず》る」

1232 **ウガ**　穴を開ける。的確に指摘する。真相・機微をしっかりとらえる。

1233 **ジュウテン**　物を詰めて満たすこと。
共「拡充」「補塡」「装塡」

1234 **ケンカ**　争い。

1235 **ジュウ**　そのあいだ。…のうち。×チュウ
共「胸中《きょうちゅう》」「中毒」「中庭《なかにわ》」

1236 **ジュンシュ**　決まり・法律などに従い、それをよく守ること。×ソンシュ

1237 **ツク**　つくる。こしらえる。
共「独創《そう》」「創造」

1238 **ハンスウ**　繰り返し味わうこと。一度飲み込んだ食べ物を胃から口に戻して噛《か》むこと。

1239 **ホウ**　すておく。放置する。×ホオ
共「放送《ほう》」「追放」「放《はな》つ」

1240 **マンエン**　はびこる・延《の》び広がること。

第3章　最も間違い易い漢字660（②現象・行為）【11】

● 次の太字の漢字をカタカナに直しなさい。

番号	問題	意味・ポイント	解答
*□ 1241	山中に**隠棲**する男は何者だろう？	世俗をのがれてひっそり暮らす。	インセイ
□ 1242	**雪崩**に巻き込まれて遭難しました。	斜面の積雪が崩《くず》れ落ちる現象。 共「雪辱《せつじょく》」「崩《ほう》壊」	ナダレ
*□ 1243	組織において権威が必要なのは**抗**えない事実だ。	否定・抵抗する。	アラガ
*□ 1244	彼が**凋落**する日も近いさと男は嬉しそうに笑った。	落ちぶれる。	チョウラク
*□ 1245	善人はいつもどこか悪人的よと彼女は**呟**いた。	小声で言う。	ツブヤ
*□ 1246	いたずらに奇を**衒**った表現は嫌だな。	ひけらかす。慣「奇を―」で「変わったことをしてみせる」。元来は「照らふ」。	テラ
*□ 1247	俺は**直截**に彼に考えをぶつけてみようと思う。	ためらわずきっぱりと。×「チョクサイ」は慣用読みで間違い。	チョクセツ
*□ 1248	この沢には多くの魚が**棲**む。	巣を作って生活する。	ス
*□ 1249	汗と涙で**購**われた成功と言われても、嬉しくなかった。	手に入れる。「贖《あがな》う（＝罪を償《つぐな》う）」と区別。	アガナ

＊□1250 **喋**る暇があったら仕事しなさい、だって。
話す。
シャベ

＊□1251 荒野を**彷徨**する旅人の姿があった。
さまよう・うろつくこと。
ホウコウ

＊□1252 人目を**憚**らず大声で泣き出した彼がうらやましかった。
気がねする。差し控える。のさばる。
ハバカ

＊□1253 彼女は婚礼の着物を**誂**えたのだった。
注文して作らせる。
アツラ

□1254 いいか、確実な**言質**を取ってこい。
証拠となる言葉。×「ゲンシツ」「ゲンシチ」は慣用読みで間違い。
ゲンチ

＊□1255 彼に会えた日は、いつもより勉強が**捗**るの。
順調にすすむ。
ハカド

＊□1256 書かれている内容をよく**咀嚼**して判断してください。
かみくだく。かみくだいて味わう。
ソシャク

□1257 **読経**をする僧侶たちのこの迫力。
声を出して経文を読む。
ドキョウ

＊□1258 手製のジャムを**拵**えました。
作り上げる。
コシラ

＊□1259 若さを**謳歌**することにどうしようもない照れがあった。
声をそろえてほめたたえる。心おきなく楽しむ。
オウカ

＊□1260 体の奥から力が**漲**るようだった。
あふれるほど満ち広がる。
ミナギ

第3章 最も間違い易い漢字660（③状況・様子）【1】

● 次の太字のカタカナを漢字に直しなさい。

番号	問題	意味・ポイント	解答
□1261	当時は生存中に**キャッコウ**を浴びる画家は稀《まれ》だった。	舞台の足元の照明。慣「—を浴びる」で「目立たぬものが注目の的となる」	脚光
□1262	創立当時は理想的だった校訓も今は**ケイガイ**化した。	中身のない形ばかりのもの。共「造形」「人形《ぎょう》」「形相」「骸骨」	形骸
□1263	嫌な奴《やつ》が来た。**コウジ**魔多しとはこのことだ。	よい事。慣「—魔多し」で「よい事には妨害が入りやすい」 共「好事家《こうずか》」	好事
□1264	砂漠での**ショネツ**は軍隊の装備をも劣化させた。	夏のきびしい暑さ。共「暑気《しょき》」「避暑」「熱中」	暑熱
□1265	この素晴らしい光景は**ヒツゼツ**に尽くし難《がた》い。	書き言葉と話し言葉。慣「—に尽くし難い」で「書いても話しても表現しにくい」	筆舌
□1266	結果は**チクジ**報告を受けることになっている。	順を追って次々に。×遂 共「駆逐」「次第《しだい》（=成り行き）」	逐次
□1267	君の構想は、まるで砂上の**ロウカク**のようだ。	重層の建物。慣「砂上の—」で「実現不可能な物事」	楼閣
□1268	事件のあまりのむごたらしさに思わず**ゼック**した。	言葉が詰まること。起承転結から成る四句の漢詩。共「隔絶」「絶《た》える」	絶句
*□1269	道化師は**アイキョウ**をふりまきながら退場した。	にこやかでかわいらしい様子。	愛嬌*（敬*）

□1270 拍手**カッサイ**をあびてアンコールにこたえる。
ほめまくること。共「喝《かっ》破《ぱ》(=誤りを退け真実を鋭く指摘する)」「風采」「采配」
喝采

□1271 ローマ帝国はその勢いによって**ハント**を最大に広げた。
一国の領土。共「版画」「出版」「意図」「図《ず》鑑」
版図

□1272 親の**カンショウ**に耐えられず、私は家を出ることにした。
立ち入る。複数の波動が強め合うと同時に弱め合うこと。異 鑑賞・感傷 共「干《ほ》す」
干渉

□1273 物事に**ジュクタツ**するには、長い年月が必要だ。
慣れて上手になること。共「熟練」「熟《う》れる」「到達」「達成」
熟達

□1274 時間や欲望に**ソクバク**されない生活がしたい。
まとめて、つなぎ捕えること。共「拘束」「束《たば》ねる」「捕縛」「縛《しば》る」
束縛

□1275 天候不順で野菜が**フッテイ**した。
(底を払っても何もないほど) 物が欠乏すること。
払底

□1276 あたりの風景など**イッコ**だにせず、ひたすら走った。
少し注意を払う。慣「ーだにしない」で「少しも注意を払わない」共「顧慮」
一顧

□1277 目上にただ**モウジュウ**すればよい時代は終わった。
言われるままに従う。共「盲点」「盲信」「従容《しょうよう》(=ゆったりと落ち着いている)」
盲従

*□1278 **アツ**い病《やまい》の床《とこ》に臥《ふ》す。
病気が重い(=重篤《じゅうとく》)。気持が深い。
篤

□1279 あんな評価に**ウチョウテン**になって、幸せな人ねぇ。
慣 有頂天(=色界《しきかい》の最上階)に登るように、夢中になり我を忘れる。×点
有頂天

□1280 河川の**オダク**が激しく、もはや魚は棲《す》めない。
汚《よご》れ濁《にご》ること。
共「汚点」「汚辱」「濁流」「濁点」
汚濁

第3章 漢字

● 次の太字のカタカナを漢字に直しなさい。

□1281 彼女はその手を**イッタン**止めた。
□1282 一般常識とはいえ、**カブン**にして知らない。
*□1283 恋人と踊るリーズルは**カレン**な十六歳の少女だった。
□1284 上司とはいえ、あの**ゴウガン**無礼ぶりは我慢ならない。
□1285 君の言っていることは、**カンペキ**に狂っているよ。
□1286 **ダイジョウブ**と彼は笑ったのに。
□1287 今出ていっても巨人の**エジキ**になるだけだ。
□1288 いろんな欲が**オウセイ**なお年頃なのよ。
□1289 そのロバは**ガンジョウ**で、たいそう働き者だった。

意味・ポイント

1281 ひとたび。一度。異 一端 共「元旦」「旦那《だんな》」
1282 見識が狭い。共「寡黙」「多寡」「新聞」「醜《しゅう》聞」
1283 かわいらしい様子。×隣
1284 威張って見下す様子。共「傲慢」「海岸」「岸壁《べき》」
1285 欠点がなく優れている。×壁
1286 危なくない・心配がない様子。古代中国で一人前の男性を「丈夫《じょうふ》」と呼んだことから。
1287 ねらわれて犠牲となる。共「好餌《こうじ》（＝いい餌《えさ》。餌食）」「食餌《しょくじ》療法」
1288 非常に盛んな様子。共「隆盛《りゅうせい》（＝勢いの盛《さか》んな様子）」「繁盛《はんじょう》」「盛《も》る」
1289 堅固で丈夫なこと。共「頑固」「大丈夫」

解答

1281 一旦
1282 寡聞
1283 可憐*
1284 傲岸
1285 完璧
1286 大丈夫
1287 餌食
1288 旺盛
1289 頑丈（岩乗）

*1290 僕は仲間の代表として**コウゼン**と胸を張って参加した。

意気盛んで自信にあふれている。×昂

昂然*

1291 俺**カイショ**はだめだけど草書ならうまく書けるんだよ！

字画を崩さない漢字の字体。対 草書(=字画を最も崩した漢字の字体)

楷書

1292 2次リーグは**カレツ**を極めた。

きびしく烈《はげ》しい。共「苛酷」「慣 烈《れっ》火《か》の如く怒る(=ものすごく怒る)」

苛烈

1293 **カンダン**なく降り注ぐ雨に、心は重く沈んでいった。

絶え間。異 寒暖・歓談(=うちとけた談話)・閑談(=のんびり話す。むだ話)

間断

1294 わずかな**カンゲキ**を突かれて形勢を逆転された。

ひま。隙間《すきま》。異 感激 共「間接」「昼間」

間隙

*1295 神宮球場は観客で**リッスイ**の余地もない。

錐《きり》を立てること。慣「—の余地もない」で「混雑密集している」

立錐*

1296 先生は騒ぐ生徒たちに**セイシュク**を要求して怒鳴った。

静かにつつしみ深くしている。共「静寂」「安静」「厳粛」「粛然」

静粛

1297 噺家《はなしか》の**ゼツミョウ**な話術に客は喝采《かっさい》を送った。

この上なくうまい。共「絶景」「拒絶」「絶《た》える」「巧妙」

絶妙

1298 物の仕上がりは、姑息《こそく》では**セツレツ**に終わる。

下手で劣ること。共「稚拙」「優劣」「愚劣」

拙劣

1299 整数はむろん有理数に**フク**まれる。

内に包みもつ。共「含有」「含蓄」「包含」

含

1300 その考古学者は**コウハン**な知識を持っていた。

範囲の広い様子。共「広報」「模範」「範例(=模範となる例)」

広範(汎)

● 次の太字のカタカナを漢字に直しなさい。

□ 1301 事件は、**ビンワン**な刑事により解決された。

*□ 1302 知識と剛毅《ごうき》と賢明に**ソウメイ**が加われば鬼に金棒さ。

□ 1303 ロシアの大地は**ソホウ**農業に適している。

□ 1304 彼の行動や考えは常に**タクバツ**している。

□ 1305 そんな**チンプ**な話は聞きたくもない。

□ 1306 その分野に**ツウギョウ**している人材を探している。

□ 1307 **カンジャク**さをたたえた寺の境内《けいだい》に腰を下ろした。

□ 1308 彼は気難しく、**ヒトスジナワ**ではいかない。

□ 1309 私の今の心は**サクバク**たる荒れ野にも似ている。

意味・ポイント

1301 てきぱきと処理する能力があること。共「敏感」「機敏」「手腕」「辣《らつ》腕」

1302 頭の働きが鋭い。耳がよく聞こえ（聡）目がよく見える（明）ことから。

1303 大まかで綿密でない。共「粗暴」「粗略」「粗《あら》い」「放《はな》つ」 対綿密

1304 抜きん出て優れている。共「卓越」「食卓」「選抜」「抜群」

1305 ありふれていて古くさい。共「陳列」「新陳代謝」「腐《ふ》敗」「腐《くさ》る」

1306 くわしく知りぬいている。共「通夜《つや》」「暁《ぎょう》光（＝夜明けの光）」「暁《あかつき》の空」

1307 ひっそりとして寂しい様子。共「深閑」「等閑に付す」「静寂」

1308 ふつうの方法。共「縄《なわ》」「縄文時代」「自縄自縛《じじょうじばく》」

1309 もの淋《さび》しい。共「索引」「索然（＝つまらない）」「広漠」「漠然」

解答

1301 敏腕

1302 聡明*

1303 粗放

1304 卓抜

1305 陳腐

1306 通暁

1307 閑寂

1308 一筋縄

1309 索漠（莫*）

□1310 彼女は今やその事件の**カチュウ**の人となった。

□1311 彼女の**アイマイ**な態度に私は引きずられ傷ついた。

□1312 自由**ホンポウ**な性格も、時にはおさえるべきだ。

□1313 彼は**イギ**を正して式に臨んだ。

□1314 一生「出会いの**キカイ**が無い」って言ってろ。

*□1315 **モチロン**今度の選挙には立候補するつもりだ。

□1316 **ユウエン**のかなたに思い出など消え失せた。

□1317 白鳥のように**ユウガ**に大空を飛びたい。

*□1318 彼の小説は、**ユウコン**な文章で魅力的だ。

*□1319 彼は**ヨウヤ**く意識をとり戻した。

□1320 田舎には、都会に見られない**ジュンボク**さがあった。

もめている事件の中。×禍 共「渦《うず》巻き」「中庸」
渦中

はっきりしない。「曖」も「昧」も暗いという意味。×味 共「愚昧」「蒙昧」
曖昧

常識にとらわれず思うままふるまう様子。共「奔走」「放任」「放免」
奔放

作法にかなった振る舞い。異 意義・異議 共「威厳」「権威」「脅威」「儀式」
威儀

ちょうど良い時機。チャンス(chance)。異 機械・器械(＝単純で小型の機械)
機会

言うまでもなく。
勿*論

時間的・空間的にはるかに遠い様子。共「悠久」「悠然」「敬遠」「久遠《くおん》」
悠遠

上品で雅《みやび》な様子。共「優美」「優秀」「典雅」「風雅」
優雅

雄大で勢いのある様子。
雄渾*

しだいに。やっと(のことで)。
漸

素朴で飾り気がない。共「純粋」「朴念仁《ぼくねんじん》(＝無口で無愛想な人)」
純(淳*・醇*)朴

第3章　最も間違い易い漢字660（③状況・様子）【4】

● 次の太字のカタカナを漢字に直しなさい。

☐ 1321 乗っ取り犯は、当然**リフジン**な要求を突きつけてきた。

☐ 1322 お前は**キンサ**で敗れたと思っているようだが。

☐ 1323 副都心に**リンリツ**する超高層の建物は森のようだった。

☐ 1324 つぶれた会社をたて直そうと**クニク**の策を練《ね》った。

☐ 1325 **クマ**さんみたいで好き。って言っとけばいいのよ。

☐ 1326 **クラヤミ**で何かがうごめく気配がした。

☐ 1327 あいつ**ケタ**違いに強いんだよ。

☐ 1328 私は**スコ**やかな娘だった自分をどこかに捨ててきたの。

☐ 1329 大物だけあって、いつも泰然《たいぜん》**ジジャク**としている。

意味・ポイント

1321 道理に合わない。「理に尽くせず」ということから。

1322 僅《わず》かの差。×謹　共「僅少」「差別」

1323 （林のように）多くの物が立ち並ぶこと。共「竹林」「建立《こんりゅう》」「立役者《たてやくしゃ》」

1324 慣「ーの策」で「敵を欺《あざむ》くため自分の身を苦しめる策略」共「苦汁」「苦《にが》い」「肉親」

1325 体の大きい哺乳類の動物の一つ。

1326 光がないこと・時・所。共「暗唱」「暗礁」「暗雲」

1327 慣「ー違い」で「他と非常にかけはなれている」　共「橋桁《はしげた》」

1328 心や体が健康なこと。共「健《けん》闘」「保健」

1329 どんなときも落ち着いている様子。共「自在」「出自」「傍若無人」「若干」

解答

1321 理不尽

1322 僅差

1323 林立

1324 苦肉

1325 熊

1326 暗闇

1327 桁

1328 健

1329 自若

□ 1330 物価のコウトウを嘆く庶民をよそに交通費は値上がりだ。

値段が高くなる。対低落(=値段・評価が低くなる) 共急騰

高(昂)*騰

□ 1331 『東海道中膝栗《くり》毛』は十返舎一九《じっぺんしゃいっく》のコッケイ話だ。

おもしろおかしい様子。共「滑《すべ》る」「滑《なめ》らか」「稽古」

滑稽

□ 1332 年号暗記にはやっぱゴロあわせ最強。

発音したときの言葉の調子。共「風呂」

語呂(路)

□ 1333 自分のサクゴを絶対認めない連中なのさ。

誤り。間違い。共「交錯(=入り混じる)」「誤用」

錯誤

□ 1334 請求書はサンイツしないようココに入れてね。

散らばってなくなる。共「散髪」「飛散」「逸話(=エピソード episode)」

散逸

□ 1335 命拾いをした彼はシンジンなる感謝の祈りを捧《ささ》げた。

意味・気持ちがとても深い様子。共「深意」「深刻」「深追い」

深甚

□ 1336 そこに立たれるとめっちゃジャマ。

妨げになる物・様子。共「邪推(=ひがんで悪い方に推測する)」「魔法」

邪魔

□ 1337 耳のよい人はタイテイの場合、語学に向いている。

おおよそ。共「抵抗」「抵触(=触れる・さし障《さわ》る・違反する)」

大抵

□ 1338 その次はサンロクにあるカフェでお茶だ。

山の麓《ふもと》。共「沢山」「山積《さんせき》(=たくさん積《つ》み上げた・課題がたまった状態)」

山麓

□ 1339 必要に応じてズイジ会いましょう、と彼女は微笑《ほほえ》んだ。

いつでも。時に応じて。共「随伴(=付き従う・伴って起こること)」「随行」「付随」

随時

□ 1340 ハナハだ遺憾なことに彼女の作品は没《ぼつ》にされた。

たいそう。共「深甚《しんじん》」「幸甚《こうじん》」「甚大(=(良くない)程度が甚《はなは》だ大きい)」

甚

第3章　最も間違い易い漢字660（③状況・様子）【5】

● 次の太字のカタカナを漢字に直しなさい。

□ 1341 彼の目はそのとき確かに**ウル**んでいた。
□ 1342 死者の世界は社会的に**ゲンゼン**と存在している。
□ 1343 エミリー・ブロンテは**カサク**な作家の一人である。
□ 1344 **タクエツ**した技術で彼は試合を有利に進めた。
□ 1345 **ヒサイ**地からの映像は悲しみをも奪った。
□ 1346 この雪は**キョクチ**的なものらしいよ。
□ 1347 彼女はむしろ市井《しせい》に**マイボツ**していたかった。
□ 1348 最初は誰でも**ミジュク**な存在だった。
□ 1349 心が**クモ**るって、どういうこと？

意味・ポイント

1341 湿り気を帯びる。共「潤沢《じゅんたく》（＝潤《うるお》い・ゆとり・豊富）」「利潤」
1342 動かしがたい様子。「ーたる」「ーとして」異現前「ーしている」
1343 作品を少ししか作らないこと。対多作 共「寡聞《ぶん》（＝見識が狭い）」
1344 他よりはるかに優れている。共「卓抜」「超越」「越境」「越える」
1345 災難を被《こうむ》ること。共「被膜」「被写体」「災厄《さいやく》」「災《わざわ》い」
1346 限られた範囲の土地。異極致 共「局所」「局面」「境地」「地獄《じごく》」
1347 埋《うも》れかくれること。共「埋葬」「陥没」「没落」
1348 未《いま》だ熟達していないこと。対成熟 共「熟語」「熟《う》れる」
1349 かげる・ぼんやりすること。共「曇天《どんてん》」

解答

1341 潤
1342 厳然
1343 寡作
1344 卓越
1345 被災
1346 局地
1347 埋没
1348 未熟
1349 曇

□1350 俺に**チクイチ**報告しろと部長は怒鳴った。

□1351 **カコク**な試練だったよ。そう言って彼は涙を拭《ぬぐ》った。

□1352 彼は足でボールを**ヘンゲン**自在に操《あやつ》った。

□1353 少しくらいそこの**フウチ**を害しても仕方あるまい。

□1354 ソクラテスは**ショウヨウ**として死に就《つ》いた。

□1355 **シュン**の食べ物はみずみずしさが違う。

□1356 宿題の**シンチョク**状況はまったくはかばかしくない。

□1357 寝正月の**ダイショウ**として筋肉がとろけていた。

□1358 **ダンガイ**絶壁とか実際に見たことない。

□1359 4月に立てた学習計画が早くも**トンザ**していた。

□1360 何度メッセージを送ってもナシの礫《つぶて》だった。

1350 **逐一** 一つ一つ詳しく。順を追って。「チクイツ」とも。×遂 共「逐次」

1351 **過酷** 酷《むご》過ぎること。異苛酷(=非常にきびしい「苛酷な刑罰」)

1352 **変幻** 変化がすばやい・現れたり消えたりすること。共「変貌」「幻惑」

1353 **風致** 趣《おもむき》のある景色。共「合致」「一致」

1354 **従容** ゆったりと落ち着いている様子。異商用・称(賞)揚(=ほめたたえる)

1355 **旬** 一番良い時期。共「上旬《じゅん》」

1356 **進捗** 物事・仕事などが進み捗《はかど》ること。共「進度」「推進」

1357 **代償** 損害の埋め合わせとして代価を出す。異大小 共「代用」「償《つぐな》う」「補償」

1358 **断崖** きりたってけわしい崖《がけ》。共「切断」「断絶」「断定」「断《ことわ》る」「断《た》つ」

1359 **頓挫** 中途で行き詰まること。共「無頓着」「捻挫」「挫折」

1360 **梨** 慣「一の礫《つぶて》」で(梨に無しを掛けて)「全く音沙汰のないこと」

● 次の太字のカタカナを漢字に直しなさい。

□ 1361 **ナラク**の底までお付き合いしてね。
□ 1362 外側にもう一本**ニジ**がかかっているのが見える？
□ 1363 **ハシ**にも棒にもかからないのは自分でもわかってた。
□ 1364 バナナは黒い**ハンテン**が出てくるまで置いておく。
□ 1365 **ヤ**せているという定義の、男女間の溝は深い。
□ 1366 三月生まれじゃないけど、**ヤヨイ**っていうの。
□ 1367 自分の中から熱い何かが**ユウシュツ**していた。
□ 1368 東洋と西洋が**ユウワ**した音作りを目指す。
□ 1369 **スベ**ては貴女の御心のままに。

意味・ポイント

- 永久に浮かびあがることのできないところ。共「堕落」
- 大気中の水滴に光があたってできる七色の弓状の帯。
- 慣「ーにも棒にもかからない」で「ひどすぎて手がつけられない」
- 斑《まだら》な点。ぶち。×班
- 体が細くなる。土地が不毛となる。共「痩身《そうしん》」
- 陰暦三月の別称。共「生殺《せいさつ》与奪《よだつ》（＝思いのままにできる）」
- 湧《わ》き出ること。共「湧水（＝湧き水）」
- 一つに溶け合って交り合う・打ちとけて仲良くすること。共「金融」「融点」
- ことごとく。全部。共「完全」「全《まった》く」

解答

- 奈落
- 虹
- 箸
- 斑点
- 痩（瘠*）
- 弥生
- 湧出
- 融和
- 全（凡*・統*）

□ 1370 **ヒトゴ**みにいるとスリップダメージをくらう。

人混(込)

人の混み合う場所。共「混迷」「混《ま》じる」

□ 1371 彼は**シッペイ**に備《そな》えてさまざまな保険に入った。

疾病

病気。共「疾患」「疾走」「疾駆」「看病《びょう》」

□ 1372 彼女の怒りの**ホコサキ**がこっちに向けられた。

矛先

攻撃の方向。鋭い勢い。共「矛盾《むじゅん》」「先駆者《せんくしゃ》」

□ 1373 彼女の**シンラツ**な言葉は友人を寄せつけなかった。

辛辣

手厳しい様子。「味がすごく辛い」から。共「辣《らつ》腕《わん》(=てきぱきと的確に処理する能力がある)」

□ 1374 彼は余りに食べ物の好みが**カタヨ**っている。

偏

片方へ寄る。元来は「片寄る」。共「偏差」「偏在(=偏《かたよ》って存在する)」

□ 1375 まったく**ダキ**すべき行為だよ。

唾棄

(唾《つば》を吐き棄《す》てるように)ひどく嫌い軽蔑する。共「眉唾《まゆつば》(=信用できないこと)」

□ 1376 **チョウメイ**な月明かりの海岸をずっと二人で歩きたい。

澄明

澄みきって明るい。共「清澄」「明澄(=くもりなく澄《す》みわたる)」

□ 1377 そこには**コタン**な味わいがあった。

枯淡

あっさりした中に趣《おもむき》があること。共「枯渇」「枯れ葉」「冷淡」「淡白」

□ 1378 そのときは君に**シンク**の薔薇《ばら》を贈ろう。

深(真)紅

本当の紅《べに》色。共「紅《くれない》の薔薇」「紅顔《こうがん》(=若いつやつやした顔)」

□ 1379 **タク**みに客を誘導するガイド。

巧

手際が良い。共「技巧」「巧妙」「巧拙《せつ》」

□ 1380 チームの**イチヨク**を担《にな》う選手となった。

一翼

一つの持ち場・役割。慣「一を担う」で「一つの大事な持ち場を引き受ける」共「翼《つばさ》」

● 次の太字のカタカナを漢字に、漢字はカタカナに直しなさい。

□ 1381 これで彼も面目《めんもく／めんぼく》**ヤクジョ**といったところだね。

□ 1382 **ツタナ**いながら無心で描いた子どもの絵には暖かみがある。

□ 1383 これで証拠の**インメツ**は完璧さ。

□ 1384 当時は**カクイツ**化された教育の功罪と言われた。

□ 1385 この辞書は研究者に**チョウホウ**がられている。

□ 1386 秋風が**ソウカイ**ですこし元気が出てくる。

□ 1387 **ガンシュウ**の微笑《ほほえ》み。それこそが彼の武器だった。

*□ 1388 **熾烈**なレギュラー争いに早くも心が折れそうだ。

*□ 1389 彼女のスカート姿は**稀**だ。

意味・ポイント

1381 いきいきとしている様子。
共「躍動」「活躍」「欠如」「如《にょ》実」

1382 巧《たく》みでない。
共「拙《せつれつ》劣」「稚拙」「巧拙」

1383 隠《かく》れて見えなくすること。
共「不滅」「明滅」「滅《ほろ》ぶ」

1384 一様にそろえること。
共「画策」「企画」

1385 使って便利なこと。×「ジュウホウ」とは読まない。

1386 爽《さわ》やかで気持ちがよい。
共「快《こころよ》い」「快適」

1387 恥じらい。はにかみ。
共「含《ふく》む」「羞恥」

1388 勢いが盛んで激しい様子。

1389 めったにない様子。「希」とも書く。

解答

1381 躍如
1382 拙
1383 隠滅
1384 画一
1385 重宝
1386 爽快
1387 含羞
1388 シレツ
1389 マレ

＊□ 1390 **苟**も人の長たる者が不正を強要するのは許しがたい。
かり(そめ)にも。
イヤシク

＊□ 1391 親の愛情が**桎梏**となることもある。
束縛するもの。手かせ足かせ。
シッコク

＊□ 1392 酒は**嗜**む程度がよい。
好んで親しむ。身につける。
タシナ

□ 1393 実家が**老舗**のそば屋らしく、腰が低いやつだった。
代々続いて繁盛する格式と信用のある店。**共**「老《ろう》成」「店舗《ぽ》」
シニセ

＊□ 1394 その約束は**反故**にされた。
無効・役立たないもの。「反古」とも書く。
ホゴ

＊□ 1395 それはさまざまな意味を**孕**む言葉だった。
みごもる。中に含んでもつ。
ハラ

＊□ 1396 その詩は世界で**遍**く知られている。
広く。すべてにわたって。
アマネ

＊□ 1397 **畢竟**、感性を伴わぬ知性は何も創造しえないだろう。
結局。所詮。
ヒッキョウ

＊□ 1398 **夥**しい数のカラスが都会に生息している。
非常に多い。
オビタダ

＊□ 1399 では、**誤謬**の訂正を行います。
誤り。間違い。
ゴビュウ

＊□ 1400 批評の**俎上**に載せるほどの作品はなかった。
俎板《まないた》の上《うえ》。**慣**「—に載せる」で「話題として取り上げて論じる」
ソジョウ

第3章　最も間違い易い漢字660（③状況・様子）【8】

● 次の太字の漢字をカタカナに直しなさい。

	問題	意味・ポイント	解答
□1401	さあ行くぞ。**下手**の考え休むに似たり。	慣 例文は「知恵がないのに考えても、時間ばかり経《た》って効果がない」	ヘタ
*□1402	僕らは**賑**やかな大通りに出た。	はなやかで陽気な様子。	ニギ
*□1403	視界にあるのは**紺碧**の海と彼の笑顔だけだった。	深い青色。	コンペキ
*□1404	**密**かに金を受け取っていたらしいよ。	知られないように。隠れて。	ヒソ
*□1405	あたしは**迂闊**にも親にメールするのを忘れていた。	注意がたりない。うっかりしている。	ウカツ
*□1406	彼は英語は苦手だが、**流暢**にフランス語を話す。	言葉づかいがよどみないこと。	リュウチョウ
*□1407	財政がいよいよ**逼迫**している。	余裕がない・困窮すること。	ヒッパク
*□1408	彼は風邪を引いているのか。**頻**りに咳をしている。	短期間に同じことがくり返し起こる様子。	シキ
*□1409	彼は**萌黄**色のセーターを着て現れた。	「萌葱」とも書く。葱《ねぎ》の萌え出る色を連想させる、黄色みを帯びた緑色。	モエギ

*□1410 私は**悄然**として家路《いえじ》に着いた。
打ちしおれて元気がない様子。
ショウゼン

*□1411 内心**忸怩**たるものがあります、と彼は俯《うつむ》いた。
反省して深く恥じ入ること。
ジクジ

*□1412 さすがは**稀代**の大泥棒ルパン。
世にも稀《まれ》である。「希代」とも書く。
キタイ（キダイ）

*□1413 **徒**に時を過ごす。それが大切なときもある。
無益。むなしく。
イタズラ

*□1414 それはちょっと**大袈裟**だよ。
誇張している。元来は「大きな袈裟《けさ》」。
オオゲサ

*□1415 その本の第三章**乃至**九章に引用されている。
あるいは。
ナイシ

*□1416 **強靱**な肉体と幼稚な精神を持った男に虫酸《むしず》が走った。
強くてしなやかで粘りがあること。
慣「虫酸が走る」は「ひどく不快だ」
キョウジン

*□1417 事件の経緯を**詳**らかに述べよ。
詳《くわ》しい様子。「審らか」とも書く。
ツマビ

*□1418 努力をすれば道は**自**ら開ける。
自然に。文脈から「ミズカラ」と読む場合もある。「自ずから」とも書く。
オノズカ

*□1419 そんな**些細**なこと、気にするなよ。
小さな取るに足りないこと。
ササイ

*□1420 時を稼《かせ》ぎ、**磐石**の備《そな》えで敵を迎え撃つ。
大きな岩。きわめて堅固なこと。「盤石」とも書く。
バンジャク（バンセキ）

第3章　最も間違い易い漢字660（④意識・心情）【1】

● 次の太字のカタカナを漢字に直しなさい。

□1421 彼の話でその作品に**キョウシュ**が増した。
□1422 名人に戦いを**イド**むのは四度目である。
□1423 友人なのだから、**フクゾウ**なくものを言ってくれよ。
□1424 役所は諸事情を**カンアン**して結論を出すと言うだけだ。
□1425 自分の心だけは完全には**アザム**けないのか。
□1426 こんな時、ふと人生の**フジョウリ**を感じる。
□1427 若者が**センパク**な知識を振り回すとは限らない。
□1428 **カホウ**は寝て待てって言うだろ。
□1429 戦いの前に**オド**しをかけるのが、奴《やつ》らのやり方だ。

意味・ポイント

1421 味わいのある面白み。共「興味」「興奮《こうふん》」「情趣」「趣《おもむき》深い」
1422 挑戦する。張り合う。共「挑発（＝相手を刺激して唆《そそのか》す）」
1423 心の中に包みかくすこと。共「腹案」「山腹《さんぷく》」「所蔵」「蔵書」「蔵《くら》出し」
1424 あれこれと考え合わせること。共「勘定」「勘がいい」「腹案」
1425 だます。共「詐欺《さぎ》」
1426 筋道が通らない。道理に反する。人生が非合理・無意味である状態。
1427 考えが浅く薄っぺらなこと。共「浅学」「深浅」「薄《はく》情」
1428 幸運。幸せ。原義は「因果応報」。共「果敢」「吉報《きっぽう》」「報道」「報《む》いる」
1429 恐れさせること。「嚇し」は「声で恐れさせること」。

解答

1421 興趣
1422 挑
1423 腹蔵
1424 勘案
1425 欺
1426 不条理
1427 浅薄
1428 果報
1429 脅（威*・嚇*）

□ 1430 物語はいよいよ**カキョウ**に入った。

佳境

味わいの深い所。すばらしい場面。 共「佳人」「佳作」「環境」「境内《けいだい》」

□ 1431 **ネバ**って勝利したことが大きな収穫だ。

粘

柔らかでちぎれない。根気強く取り組む。 共「粘《ねん》着」

□ 1432 傍若無人な振舞いに多くの人は怒り**シントウ**に発した。

心頭

心の中。念頭。 慣「怒り━に発す」で「激しく怒る」

□ 1433 自己の歴史を**カエリ**みて、現在の自分を見つめる。

顧

ふりかえって考える。×顧 異省みる(=反省する) 共「顧慮《こりょ》」「回顧」

□ 1434 罪を他人に**カ**する行為は許し難い。

嫁

なすりつける。転嫁する。 異科する・化する・課する

□ 1435 いかに魅力的な**クワダ**てでも、悪事には加担しかねる。

企

もくろみ。計画。 共「企図《きと》」「企画」「企業」

□ 1436 彼女への恋慕《れんぼ》の情を**ケソウ**文にしたためた。

懸想

恋い慕うこと。 共「懸念《けねん》」「懸隔《けんかく》」「懸垂」「想起」

□ 1437 **ケツダン**力があっても実行力が伴《ともな》わなければ駄目だ。

決断

きっぱり決めること。 共「決裂」「決死」「間断」「断然」

□ 1438 部分部分を見るのではなく全体を**ソウカツ**して見よう。

総括

全体をまとめてしめ括《くく》ること。 共「総裁」「括弧《かっこ》」

□ 1439 恨《うら》みを負ふ**ツ**もりにやありけむ。(紫式部『源氏物語』)

積

意図。考え。例文〈～であったのだろうか。〉 共「積載《せきさい》」「累積」「蓄積」

□ 1440 ロボットを導入して仕事の合理化を**ハカ**る。

図

意図する。工夫する。 異謀る・諮る・量る・測る・計る

第3章　最も間違い易い漢字660（④意識・心情）［2］

● 次の太字のカタカナを漢字に直しなさい。

	問題	意味・ポイント	解答
□1441	もう決心したのに、**マド**わすようなことは言わないで。	分別を失わす。共「誘惑」「迷惑」「惑乱」	惑
□1442	お陰様で、山の空気を**マンキツ**しました。	じゅうぶんに味わって満足すること。堪能《たんのう》。共「満《み》ちる」「喫茶店」	満喫
□1443	意見を持たずに付和雷同する**ジダイ**主義では駄目だ。	強い者に従い安全をはかること。共「師事」「好事家《こうずか》（＝物好きな人）」	事大
□1444	日常を離れ静かに人生を**カン**ずることも必要だ。	思いめぐらして真理を観察する。異 感ずる	観
□1445	政治家たる者は一般庶民の気持ちを**ドガイシ**できない。	問題にしないこと。「度外」は「範囲の外」。	度外視
□1446	決勝戦を前にして監督は選手達の士気を**ハツヨウ**した。	奮《ふる》い立たせる。共「突発《とっぱつ》」「抑揚」「揚力（＝垂直上向きに働く力）」	発揚
□1447	祖父の**アイセキ**の品だったパイプが形見となった。	失いたくないと惜《お》しんで大切にする。異 哀惜（＝悲しみ惜しむ）共「割愛」	愛惜
□1448	僕は彼への**イケイ**の念に打たれた。	畏《かしこ》まり敬《うやま》うこと。共「畏怖」「畏縮」「尊敬」「敬愛」	畏敬
□1449	はっきり言って、その笑顔に**ゲンワク**されました。	目先を惑《まど》わすこと。幻に惑うときは「幻惑」に限る。共「変幻」	幻（眩）惑*

□ 1450 夏休み、そこにあるのは**アンイツ**な日々だった。
気楽に楽しむこと。 共「安泰《あんたい》」「安穏《あんのん》」「散逸」「逸脱」
安逸

□ 1451 祖父母の離婚は**イソウガイ**の事件だった。
思いもよらないこと。予想外。
意想外

□ 1452 最優秀女優賞を受賞した彼女は**キエツ**の表情だった。
心からの喜び。心から喜ぶこと。
共「歓喜」「満悦」「悦楽」
喜悦

□ 1453 **アイガン**していた動物を捨てる人は信じない。
大切にしてかわいがる。 異 哀願(=同情に訴える) 共「玩具」
愛玩

*□ 1454 私には**エンキョク**的な言い方しかできなかった。
表現が遠まわしであること。×腕
対 露骨
婉*曲

□ 1455 今度はダンスに**コ**るんだって。
熱中・工夫する。筋肉が固くなる。
共「凝固」「凝縮」「凝視」
凝

□ 1456 **ケイソツ**な振る舞いで人からの信用をなくしてしまった。
軽はずみ。×卒
共「軽薄」「軽蔑」「統率」「率直」
軽率

□ 1457 他人に酒を**シ**いる酔っ払いは最悪だ。
押し付ける。
共「強制《きょうせい》」「強情《ごうじょう》」
強

□ 1458 **カイコン**の情が彼の性格を変えることなどなかった。
後悔し残念に思うこと。
共「悔《く》いる」「悔悟」「恨《うら》む」「怨恨《えんこん》」
悔恨

□ 1459 僕らは魂の存在さえ**カイギ**する。
疑いをもつこと。異 会議 共 懐刀《ふところがたな》(=秘密の計画などにたずさわる部下)
懐疑

□ 1460 塾の先生が入試会場に変な格好で**ゲキレイ**に来た。
励まし気を引き立てる。
共「激動」「感激」「勉励」「奨励」
激励

● 次の太字のカタカナを漢字に直しなさい。

□ 1461 どうして不安が**ネントウ**を去らないんだろう。

□ 1462 **アイセツ**きわまりない旋律が私を過去に引き戻した。

□ 1463 その夜は**キョウキン**を開き互いの思いを打ち明けた。

□ 1464 **ケイベツ**の眼《め》を向けられるのが心地よかったあの頃。

□ 1465 他人に**イフ**の念を持つことを知らない人も多いからね。

□ 1466 いったい君の**ネラ**いは何なのだ？

□ 1467 俺に**オンネン**オーラ出すのやめてくんない？

*□ 1468 奴《やつ》は**カイギャク**を弄《ろう》することばっか考えてるからなぁ。

□ 1469 遮断機が降りるのを**カタズ**をのんで見ていた。

意味・ポイント

1461 心・胸のうち。 異 年頭

1462 哀れでもの哀《がな》しいこと。 共「哀願」「悲哀」「切迫」「切実」

1463 胸（のうち）。 共「度胸」 慣「襟《えり》を正す（＝気持ちを引きしめる）」

1464 軽んじて見下すこと。 共「軽《けい》侮《ぶ》」「侮蔑」「蔑視」「蔑《さげす》む」

1465 恐れおののくこと。 共「畏敬」「恐怖」「怖《こわ》い」

1466 達成しよう・命中させようとするもの。 共「狙《そ》撃《げき》（＝狙い撃つこと）」

1467 怨《うら》みのこもった思い。 共「怨《えん》恨《こん》（＝恨み）」

1468 面白い気のきいた言葉・冗談。

1469 慣「ーをのむ」で「息をこらして成行きを見守る」 共「凝固」「唾《だ》棄《き》」

解答

1461 念頭

1462 哀切

1463 胸襟

1464 軽蔑

1465 畏怖

1466 狙

1467 怨念

1468 諧謔*

1469 固唾

□ 1470 彼女はナチュラルに**カマ**かけてくっから怖ぇ。

□ 1471 それが**ニシキ**の御旗《みはた》になるとでも思ってるの？

□ 1472 土下座して許しを**コ**えば考えてやらんでもない。

□ 1473 **シット**という怪物がみるみる膨れあがる。

□ 1474 私は先生に少なからぬ**シボ**の念を抱いていた。

□ 1475 君と出会って僕の魂は**ジョウカ**されたんだ。

□ 1476 永遠にここにはない世界に**ショウケイ**してるがいいさ。

□ 1477 **ショセン**私は自分の優位を証明したいだけだった。

□ 1478 いい加減自分は特別だという**シンコウ**捨てたら。

□ 1479 さあ、我々の**シンボク**を大いに深めようではないか。

□ 1480 俺の才能はまだ**カクセイ**してないだけなんだよ、うん。

慣「━をかける」で「本音を吐かせるために誘いをかける」

慣「━の御旗」で「自分の主張を権威づけるもの」 共「錦秋《しゅう》(＝紅葉が鮮やかな秋)」

お願いする。 共「命乞《ご》い」

優れたものを妬《ねた》む気持ち。愛情が他に向くのを憎む気持ち。

思い慕う・恋い慕うこと。 共「思想」「恋《れん》慕(＝恋い慕うこと)」

清めること。正常な状態に戻すこと。 異「城下」 共「浄土」「洗浄」「清浄」

憧《あこが》れること。「ドウケイ」とも。

つまるところ。結局は。 共「詮索(＝細かいところまで調べ求める)」

神仏などを敬《うやま》って信じること。 異「進行・親交・振興・侵攻」 共「仰《あお》ぐ」

親しみ睦《むつ》まじくすること。 共「親切」「肉親」「和睦」

目が覚めること。迷いから覚めること。「醒」も「醒《さ》める」と読む。

鎌

錦

乞(請)

嫉妬

思慕

浄化

憧憬

所詮

信仰

親睦

覚醒

● 次の太字のカタカナを漢字に直しなさい。

□ 1481 **セイキュウ**に結果を求めるな。

□ 1482 みんなの**センボウ**の眼差《まなざ》しが気持ちいい……！

□ 1483 **ツウネン**に逆らって生きるには覚悟がいる。

□ 1484 **テイカン**するのがかっこいいとでも思っているのか。

□ 1485 僕は情熱が**ナ**えるのを相手のせいばかりにしてきた。

□ 1486 **ナグサ**められると余計みじめになる。

□ 1487 怒ってるのがわからないの？ **ニブ**い人ね。

□ 1488 負けた俺に、**ハ**れ物に触るように接してきてウザい。

□ 1489 何度**ヒジ**鉄砲を食らっても俺はあきらめないぜ！

意味・ポイント

1481 気短かで落ち着きがないこと。異 請求・制球 共「性質」「特性」「気性《しょう》」「急速」

1482 羨《うらや》ましく思うこと。共「望《のぞ》む」「眺望」「所望《しょもう》（＝欲しいと望む）」

1483 一般に共通した考え。異 通年（＝一年を通じてのこと） 共「記念」「祈念」「念仏」

1484 諦めること。共「諦念」「観察」「観ずる（＝思いめぐらして真理を観察する）」

1485 ぐったりする。気力がなくなる。共「萎縮《いしゅく》（＝しぼんで縮む）」

1486 不満な心をしずめ満足させる。悲しみや苦しみをなだめる。共「慰安」

1487 切れ味が悪い。頭の働き・反応・動作が遅い。光や音がはっきりしない。

1488 慣「ーれ物に触るよう」で「びくびくしながら取り扱う様子」 共「腫瘍《しゅよう》」

1489 慣「ー鉄砲」で「手ひどく断られること」 共「肘掛け」

解答

1481 性急
1482 羨望
1483 通念
1484 諦観
1485 萎
1486 慰
1487 鈍
1488 腫
1489 肘

□ 1490 私を**ブジョク**して気が済むのならいくらでもどうぞ。

侮《あなど》り辱《はずかし》めること。 [共]「侮蔑」「軽侮」「恥辱」「屈辱」

侮辱

□ 1491 **フソン**な答弁とされ騒ぎになった。

思い上がっている。横柄。 [対]謙遜 [共]「遜色（＝見劣り）」

不遜

□ 1492 なぜアイツの方がモテるのかと日々**マクラ**を濡らす。

[慣]「ーを濡らす」で「寝ながらひどく泣き悲しむ」

枕

□ 1493 読モとか**マユツバ**だろ。

信用できないこと。 [共]「眉目《びもく》《みめ》（＝顔かたち）」「眉間《みけん》」「唾棄《だき》」

眉唾

□ 1494 けっして**ミダ**らな気分にはなりません。

性的に乱れている。ふしだらなこと。 [共]「淫《いん》乱」

淫

□ 1495 この**ミツゲツ**がいずれ失われるのはわかっていた。

両者が親密な関係を保っていること。×密

蜜月

□ 1496 今**ムショウ**にヤキソバが食べたい。

「ーに」むやみに。ひたすら。 [異]無償（＝報酬が無い。無料である）

無性

□ 1497 どうしてそう次から次へと**メンドウ**を起こせるんだ。

手間がかかること。世話。 [共]「真面目《まじめ》」「倒《たお》す」「傾倒（＝心を傾け熱中する）」

面倒

□ 1498 **ルイセン**がゆるく、自分が弱っていると感じた。

涙を分泌する腺。×線 [共]「汗腺《かん》」

涙腺

□ 1499 彼は育ちがよく、つまり**ワキ**が甘かった。

[慣]「ーが甘い」で「相手につけこまれやすい」 [共]「脇腹」「脇役」

脇

□ 1500 **セイサン**な現実は決して報道されない。

目を背《そむ》けたくなるほど痛ましい。×凄 [共]「凄絶」「惨《みじ》め」

凄惨

●次の太字のカタカナを漢字に、漢字はカタカナに直しなさい。

1501 固定電話しかない時代とか、**カクゼツ**の感があるな。

1502 早すぎる友の死を**イタ**む。

1503 手には人を**イ**やす力がある。

1504 猫の**イカク**かわいい。

1505 **イキ**であろうとするその心がすでに**イキ**じゃない。

1506 私は煩悩《ぼんのう》から**ゲダツ**することができなかったよ。

1507 彼は**ドゴウ**の乱れ飛ぶ中を無表情に歩いていった。

1508 わたしの人生にも復活の**ジュモン**ください。

1509 あー、あした月曜だと思うと**憂鬱**だ……。

意味・ポイント

1501 隔たりがひどくかけ離れていること。共「隔離」「懸《けん》隔」「絶対」「絶《た》つ」

1502 人の死を悲しみ嘆く。異痛む・傷む（＝腐り始める）共「追悼《ついとう》」「哀悼」

1503 病・苦しみ・飢えなどを解消する。共「癒《ゆ》着」「治癒」

1504 威《おど》・嚇《おど》かすこと。共「権威」「威力」

1505 さっぱりとあかぬけている。対野暮《やぼ》 共「粋人《すいじん》」「純粋」

1506 束縛を脱して自由になる。共「解熱」「解剖《かいぼう》」「離脱」「脱《ぬ》ぐ」

1507 怒り叫ぶこと・声。風や波の激しい音。共「怒気《どき》」「喜怒哀楽」

1508 まじない。呪《のろ》いの文句。共「呪縛」「文献」

1509 気持ちが晴れない。共「陰鬱（＝陰気でうっとうしい）」

解答

1501 隔絶
1502 悼
1503 癒
1504 威嚇
1505 粋
1506 解脱
1507 怒号
1508 呪文
1509 ユウウツ

* □ 1510 声が**微**かにふるえていた。
わずかに感じられる程度である様子。
カス

* □ 1511 自らの罪を余すところなく**懺悔**します。
神に罪を告白して悔い改める。
ザンゲ

* □ 1512 いつも**高邁**な理想を追い求めるのは疲れるよ。
気高く優れている。
コウマイ

* □ 1513 わたしたちはあの頃その店を**贔屓**にしていた。
特別に目をかけ力添えすること。
ヒイキ

* □ 1514 彼は**苛立**ちを隠せないようだった。
いらいらすること。
イラダ

* □ 1515 村人たちは若者を**訝**しい目で見つめた。
不審だ。疑わしい。
イブカ

□ 1516 なんだか**面映**ゆい心持ちです。
照れくさい。きまりが悪い。
オモハ

* □ 1517 彼の大泣きに皆**辟易**として、その場を去った。
閉口・うんざりすること。「辟」は「避ける」。
ヘキエキ

* □ 1518 **嗚咽**の声を漏《も》らす者が何人もいた。
むせび泣くこと。「鳴」と間違えないように。
オエツ

* □ 1519 **忌憚**なく意見を言ってくれたまえ。
遠慮すること。忌《い》み（=恐れて避ける）憚《はばか》る（=さしひかえる）こと。
キタン

* □ 1520 **邪**な考えを彼女に見抜かれちゃった。えへっ。
正しくない。邪悪な。語源は「横さま」。
ヨコシマ

●次の太字のカタカナを漢字に直しなさい。

□1521 人生を冷静に**カンショウ**することはとても難しい。

□1522 ハートの形は「愛」を**グショウ**化したものです。

*□1523 若い時ほど理想と現実の**ハイチ**に深く悩むかも。

□1524 詩は常に**アンユ**に満ちている。

□1525 彼は**トウテツ**した論理で皆を納得させようとした。

□1526 そろそろ**オウギ**を披露する時が来たな……。

□1527 彼こそが本協会の活動の**キジク**を握る人物である。

□1528 **キンキ**となっている物を含む薬品の使用には注意せよ。

□1529 人間の欲望の**ゲンセン**が情報であるのは明らかだ。

意味・ポイント

1521 対象を客観的に眺め見極める。異 鑑賞・観賞・感傷・干渉・緩衝・勧奨

1522 固有の形を具《そな》える。形をもって現れる。具体。対 抽象

1523 背《そむ》く・反対になること。異 配置

1524 暗示的に喩《たと》える方法。隠喩。メタファー（metaphor）。対 明喩・直喩

1525 透き通るように明晰《せき》に見抜いていること。共「浸透」「貫徹」「徹底」

1526 大事なところ。極意《ごくい》。異 扇 共「深奥」「内奥」「義理」「義務」「講義」

1527 活動の中心。中心的役割。計画。異 基軸（＝物事の基準・土台）

1528 タブー（taboo）。避けて禁じること。共「禁を犯す」「厳禁」「忌《い》む」「忌避」

1529 水・物事の生ずる源《みなもと》。共「資源」「泉《いずみ》が湧く」

解答

1521 観照
1522 具象
1523 背馳*
1524 暗喩
1525 透徹
1526 奥義
1527 機軸
1528 禁忌
1529 源（原）泉

□ 1530 二人の画家の作風は**タイキョク**的だ。

対極

反対・対立する極点。共「対策」「絶対」「極《きわ》める」「極意」

□ 1531 **ダクヒ**の意思表示は、はっきりしなければならない。

諾否

承諾するか否かということ。共「快諾」「賛否《さんぴ》」「否認」「否《いな》む」

□ 1532 彼は若者の**セイタイ**に精通しているんだそうだ。

生態

生活形態。社会生活の実態。共「生硬《せいこう》」「発生」「生涯《しょうがい》」「態度」

□ 1533 かつては詩こそが文学の**セイズイ**とされた。

精髄

最もすぐれた大切なところ。共「精通」「精進《しょうじん》」「骨髄」「真髄」

□ 1534 象のような**ニュウワ**な目の先生。

柔和

性質・態度がやさしくおとなしい。共「柔《やわ》らかい」「柔順」「和《なご》やか」

□ 1535 生活の安定を**オビヤ**かされるのは耐え難い。

脅

脅《おど》して恐れさせる。共「脅迫《きょうはく》」「脅威」

□ 1536 この秘湯の**コウヨウ**はなんですか？

効用

効能。用途。効き目。異 昂(高)揚(＝精神・気分を高める・が高まる)

□ 1537 **カンチョウ**を意図した映画など見たくもない。

勧懲

善を勧《すす》め悪を懲《こ》らしめる。「勧善懲悪」の略。

□ 1538 社会問題であるいじめは**ジンリン**にもとる行為だ。

人倫

人間として守るべき道。客観化された理性的意志。共「倫理」

□ 1539 臓器移植の**ゼヒ**を論じるのは無駄なのか。

是非

良し悪《あ》し(の判断)。ぜひとも。共「是認」「是正」「非難」「非行」

□ 1540 哺乳類は脊椎《せきつい》動物に**ホウセツ**される。

包摂

ある概念がより一般的な概念に含まれること。共「内包」「摂理」

第3章　最も間違い易い漢字660（⑤性質・観念）【2】

● 次の太字のカタカナを漢字に直しなさい。

□ 1541 本質を見極めるには無駄な要素を**シャショウ**すべきだ。

□ 1542 **スウジク**となって活躍したのは米国だけではない。

□ 1543 御**タクセン**を並べられて閉口したよ。

□ 1544 精神の**ゾクセイ**は思惟《しい》、物質の**ゾクセイ**は延長である。

□ 1545 皇帝は**ボウギャク**の限りをつくしました。

□ 1546 市民は財産・職業・学歴などで**カイソウ**に分けられた。

□ 1547 俺がいつもTシャツにチェックシャツはおってた**コロ**。

□ 1548 え～ん、アルデンテを目指して**シン**が残りすぎたよ～。

□ 1549 その**セツナ**私は恋に落ちた。

意味・ポイント

1541 ある側面・性質を抽象する際に、他の側面・性質を排除する作用。対 抽象

1542 活動の中心となる大切なところ。共「中枢」「機軸」「基軸」

1543 神のお告げ。慣「御ー」で「くどくど言う言葉」。「御託」とも言う。

1544 本質的な性質。例文はデカルトによる。共「従属」「金属」「天性」「性能」

1545 酷《むご》く虐《しいた》げる。×虐 共「暴落」「暴露《ばくろ》」「暴《あば》く」「虐待」

1546 建物の階。社会経済的地位の上下の層。異 回想・快走・海草・改装・改葬

1547 だいたいの時間。共「日頃」「年頃」「頃合い（＝ちょうどよい時期・程度）」

1548 中心にあるもの。根本。

1549 きわめて短い時間。瞬間。×殺 共「名刹《さつ》（＝名高い寺）」「古刹《さつ》（＝古い寺）」

解答

1541 捨象

1542 枢軸

1543 託宣

1544 属性

1545 暴虐

1546 階層

1547 頃

1548 芯（心）

1549 刹那

□ 1550 ここは負け犬の**ソウクツ**だな。

□ 1551 あの本翻訳が**チクゴ**的で読みにくいんだよね。

□ 1552 描写が**チミツ**過ぎてもはやキモいレベル。

□ 1553 なぜこの状況で笑えるのか**ナゾ**。

□ 1554 すれ違った時いい**カオ**りがした。

□ 1555 カラコンは**ヒッス**、ないとヤバい。

□ 1556 奴《やつ》の優しさは下心を**ホウガン**してるんだよなぁ。

□ 1557 「**ミゾウ**の災害」がまた起きた。

□ 1558 別にハロウィンの**ユライ**知らなくたっていいじゃん。

□ 1559 女は**ヨウエン**な笑みをたたえていた。

□ 1560 **スウコウ**な理念の医者なんていないと思ってた。

悪者などの隠れ家。
共「蜂の巣《す》」「洞窟」

原文の一語一語を忠実にたどること。
「―訳」 ×遂 共「逐次（＝順次）」

細かく行き届いていること。
共「精緻」「密着」

正体などの分からないこと。不可解。

（いい）におい。品格。共「薫陶（＝徳で人を感化し育て上げる）」「芳香」

必ずなくてはならないこと。共「必定《ひつじょう》（＝必ずそうなるに決まっていること）」

中に含《ふく》むこと。
共「包《つつ》む」「包摂」「含有」 異 砲丸・判官・方眼

未《いま》だ曽《かつ》て有《あ》ったことがない。
共「曽《そう》祖父（＝祖父の父）」

事の起こり。伝えられて来た道筋。共「来歴（＝たどって来た歴史・経歴）」「往来」

艶《つや》やかで妖《あや》しい美しさ。
共「妖怪」「艶《えん》を競う」

気高くて尊い。高い境地で近寄り難い。
共「崇拝」「尊崇（＝純粋に崇《あが》め尊《たっと》ぶ）」

巣窟

逐語

緻密

謎

薫（香）

必須

包含

未曽有

由来

妖艶

崇高

第3章 漢字

第3章　最も間違い易い漢字660（⑤性質・観念）【3】

● 次の太字のカタカナを漢字に、漢字はカタカナに直しなさい。

	問題	意味・ポイント	解答
□1561	僕は**ハンヨウ**性の高い人間になりたいんだ。	広くいろいろの方面に用いる。「汎」は「広くその全てにわたる」という意味。	汎用
□1562	日本には古来より**コトダマ**信仰がある。	言葉に宿っている超自然的な力。 共「不言《げん》実行」「言上《ごんじょう》」「怨霊《おんりょう》」	言霊
□1563	パッケージ**ウラガワ**の原材料名をチェック！	隠れた部分。 対 表側 共「表裏一体」「片側」	裏側
□1564	それはもう帰れないことを**ガンイ**していた。	意味を持つ・持たせること。 異 願意（＝願いの趣旨） 共「包含」「含《ふく》む」	含意
□1565	**タグ**いまれなツッコミのセンスに舌を巻いた。	同じ種類・程度のもの。 共「類型」「種類」	類（比）*
□1566	それただの整髪料の**ニオ**いだから。	かおり。臭《くさ》み。 ×臭 共「俗臭《しゅう》（＝世俗的で気品のない感じ）」	臭（匂）
□1567	**ホカ**に言い訳は？	べつ。よそ。 共「排他的」	他
□1568	お願いだから、迷わず**ジョウブツ**してください。	死んで仏に成る。 共「成就《じょうじゅ》」「育成《せい》」「仏法《ぶっぽう》」「仏道」	成仏
□1569	人の心を**モテアソ**ぶような言葉は使いたくない。	慰みもの・思いのままにする。 共「愚《ぐ》弄《ろう》」「翻弄《ほんろう》（＝思うままに弄ぶ）」	弄

□1570 人類は**ダイタイ**エネルギーを開発する必要があった。
他のもので代わりにする。共「交代」「交替（＝くり返される交代）」
代替

*□1571 **崇り**や罰を恐れる心は、洋の東西を問わない。
神仏・怨霊《おんりょう》（＝恨みを抱いて死んだ人の霊）などが災いをすること。
タタ

*□1572 人間関係の**軋轢**に耐えかねて私は部活を休んだ。
（内輪の者の）仲が悪くなること。元来は「車輪が軋《きし》る音」。
アツレキ

*□1573 理想と現実の**乖離**に悩むだけでは意味がない。
そむき離れること。
カイリ

*□1574 侍としての**矜持**は失いたくない。
自負。プライド（pride）。
キョウジ

*□1575 その街は**猥雑**さが魅力だと言われていたが…。
雑多なもので入り乱れた感じがすること。
ワイザツ

*□1576 **洒落**の通じない奴だと彼は本気で腹を立てた。
たわむれ。気がきいた様子。「酒」と間違えないように。
シャレ

□1577 **瑠璃**色に輝く小さな虫を、ふたりでしばらく眺めた。
光沢のある青い宝石。「ガラス」の古称。共「浄瑠璃」
ルリ

*□1578 集団を離れたとき、その人の**為人**が伺《うかが》える。
生まれつきの人柄。
ヒトトナリ

*□1579 今さら**障碍**を排除するのは難しい。
妨《さまた》げ。身体器官が機能しないこと。「障害」も同じ。
ショウガイ

*□1580 **形而上**学的な議論は畳の上の水練《すいれん》、つまり無益だ。
感覚的現象としては存在せず、理性的思考で捉《とら》える存在。対形而下
ケイジジョウ

常用漢字（身体）

身体の重要性が言われる現代社会を背景に、身体の各部位を示す字や傷・病気に関わる字が常用漢字に採用されました。

●次の□に漢字を入れなさい。

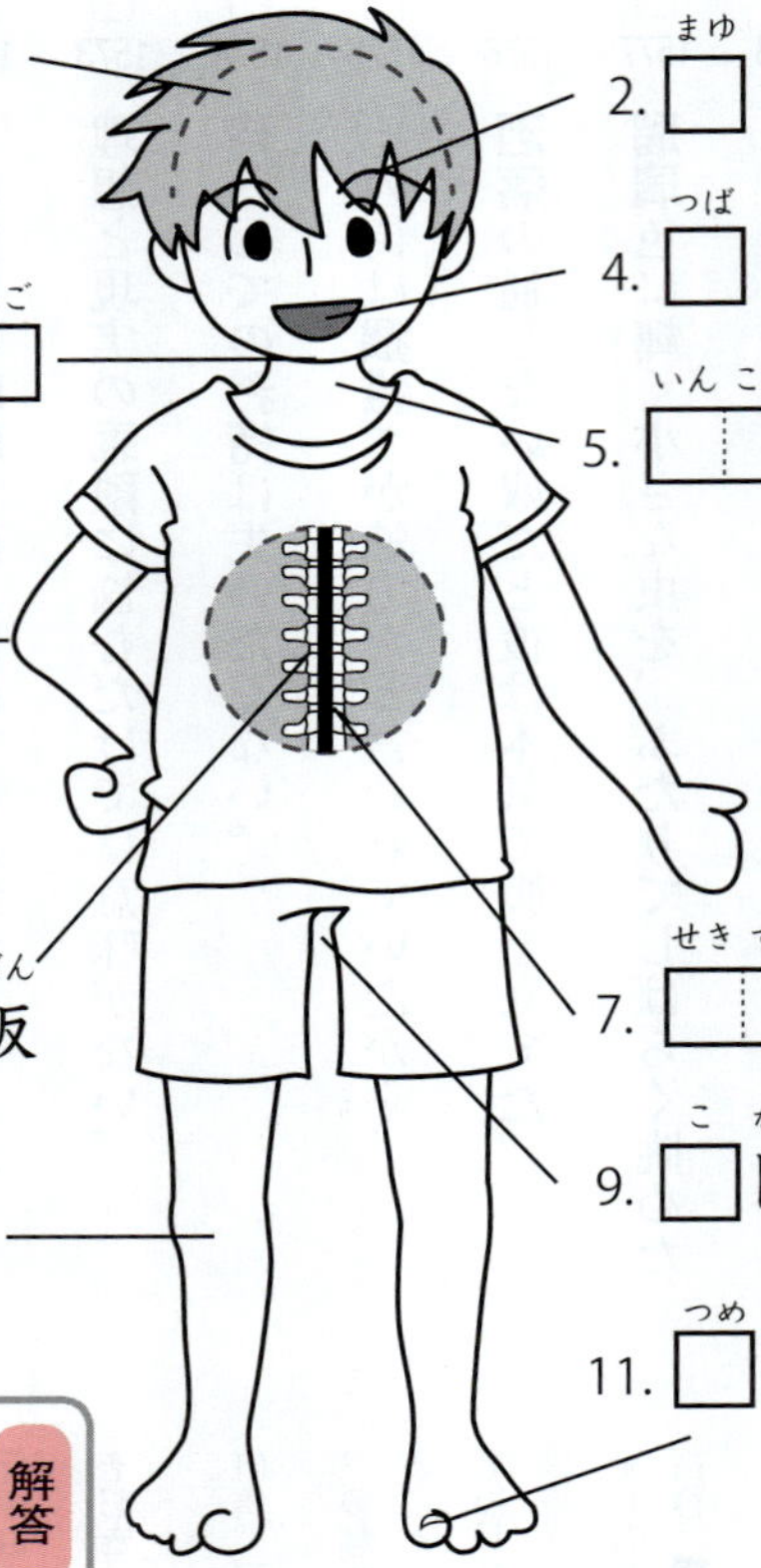

1. 頭《ず》□《がい》骨《こつ》

2. □《まゆ》

3. □《あご》

4. □《つば》

5. □□《いんこう》

6. □《ひじ》

7. □□《せきずい》

8. □《つい》間板《かんばん》

9. □《こ》間《かん》

10. □《ひざ》

11. □《つめ》

12. □□《かいよう》（＝皮膚・粘膜の組織がくずれ、内部にまで傷が及ぶこと。）

13. 脱《だっ》□《きゅう》（＝骨の関節がはずれること。）

14. 脳《のう》□□《こうそく》（＝脳の動脈が詰まり、血液が流れにくくなる疾患。）

解答

1. 蓋
2. 眉
3. 顎
4. 唾
5. 咽喉
6. 肘
7. 脊髄
8. 椎
9. 股
10. 膝
11. 爪
12. 潰瘍
13. 臼
14. 梗塞

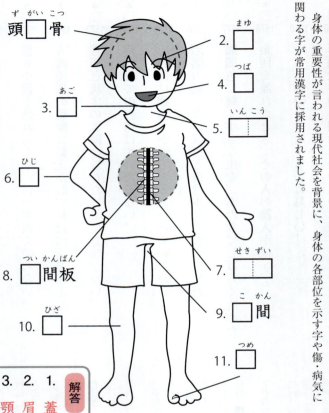

第4章　セットで覚える語300

同音異義語・同訓異義語は、「大学入学共通テスト」のマーク式においても、私立大・国立大二次試験の書き取りにおいてもよく狙われる語彙なので大切と言える。知らない漢字が出題されることはめったにないが、意味の違いがわかっていなければ正解にたどりつけない。「対象」か「対照」のどちらを書くべきかは意味で判断するしかない。また「厳然」と「現前」、「阻害」と「疎外」などの違いを知ることは正確な読解の基礎となる（同音異義語の多さは日本語の特性です）。これは類義語・対義語においても同様で、特に抽象的な文章や哲学的な文章、評論文が苦手な人はぜひしっかりとこの章を学習して欲しい。

第4章　セットで覚える語300（①同音異義語）【1】

●次の太字のカタカナを①・②の意味に合う二つの漢字に直しなさい。 意味

□1 **タイショウ** ①意識・感情・行為が向く所 ②比べる・相違が際立っていること
□2 **ケイキ** ①きっかけ ②引き続いておこること
□3 **フキュウ** ①優れていて後世まで残る ②広く行き渡る
□4 **ショウチョウ** ①事物で概念を表現する・シンボル（symbol） ②衰えたり盛んになったり
□5 **コウショウ** ①語り継がれる ②実現のため話し合う
□6 **コウショウ** ①知性・品性の程度がたかい ②昔のことについて研究する
□7 **ヘンコウ** ①改めること ②考え方がかたよっていること
□8 **シコウ** ①この上なく優れている ②実際に行う・法律の効力を発生させる
□9 **シコウ** ①人間の知的作用 ②意識を目的へむけること

解答

1 ①対象 ②対照
2 ①契機 ②継起
3 ①不朽 ②普及
4 ①象徴 ②消長
5 ①口承 ②交渉
6 ①高尚 ②考証
7 ①変更 ②偏向
8 ①至高 ②施行
9 ①思考 ②志向（指）

□10 カンシン ①恐ろしくてぞっとする ②こころを動かされる・驚きあきれる

□11 カンシン ①喜んでうれしいと思う ②興味をもち、気にかける

□12 ジコウ ①四季それぞれの陽気 ②ときを経て現状が合法化されること

□13 カンキ ①非常によろこぶ ②よびおこす「注意を―する」

□14 カテイ ①推理の出発点となる条件 ②ある期間に修得させられる学習・仕事

□15 カテイ ①生活を共にする所 ②変化・発展の道筋・プロセス（process）

□16 キセイ ①決まり（によって従わされる） ②意気込んだ思い

□17 キセイ ①すでにそうなっている ②すでに商品として作られている

□18 カンキョウ ①周りの状況 ②面白み・趣《おもむき》をかんじること「―が湧く」

□19 ジュヨウ ①商品購入の欲望 ②うけ入れて取り込むこと

□20 セイサイ ①こまかく詳《くわ》しいこと ②いきいきしていること

---

10 ①寒心 ②感心
11 ①歓心 ②関心
12 ①時候 ②時効
13 ①歓喜 ②喚起
14 ①仮定 ②課程
15 ①家庭 ②過程
16 ①規制 ②気勢
17 ①既成 ②既製
18 ①環境 ②感興
19 ①需要 ②受容
20 ①精細 ②精彩（生）

第4章 セット

● 次の太字のカタカナを①・②の意味に合う二つの漢字に直しなさい。

意味

□21 **シュコウ**　①うなずくこと「―しがたい」　②おもしろくするための工夫

□22 **シンチョウ**　①注意深く落ち着いた　②奥ふかく含蓄がある「意味―な」

□23 **ケイショウ**　①けしきがすぐれていること　②良くない事態を知らせるもの

□24 **ケイショウ**　①心に成立する像・イメージ　②先人のものをうけつぐこと

□25 **ゲンゼン**　①動かしがたいさま「―たる」　②実際にここにある「―する」

□26 **ショウソウ**　①いらだちあせること　②行うにはまだはやすぎること

□27 **ギャクセツ**　①条件と結果が食い違う関係　②矛盾しつつ成立する考え方

□28 **ショウガイ**　①そとの世界とやり取りをすること　②いきている間

□29 **ショウガイ**　①きずつける・そこなうこと　②邪魔をする・機能をはたさないこと

解答

21 ①首肯　②趣向
22 ①慎重　②深長
23 ①景勝　②警鐘
24 ①形象　②継承
25 ①厳然　②現前
26 ①焦燥　②尚早
27 ①逆接　②逆説
28 ①渉外　②生涯
29 ①傷害　②障害（碍）*

□30 カンヨウ ①非常に大切だ ②心が広くとがめない

□31 ソウゾウ ①初めて生み出すこと ②心に思い描くこと

□32 カンゲン ①いいかえること ②相手の気に入ることば「―を弄《ろう》する」

□33 カンゲン ①楽器（を演奏すること） ②根本的なものに置き直すこと

□34 ケンメイ ①力を尽してがんばること ②道理にかなった判断を下せること

□35 カンショウ ①見て楽しむ ②芸術などを味わう

□36 カンショウ ①積極的にすすめる ②対象のあるがままの姿を眺め見極める

□37 カンショウ ①立ち入ること ②二者がぶつかるのを和らげること

□38 コウリョウ ①かおりをつけるための物 ②団体の基本方針を要約した文書

□39 ハンエイ ①勢いがあってさかえる ②光や色がうつる・影響が他に現れる

□40 イヨウ ①堂々たる姿・ようす ②普通とは変わったようす

---

30 ①肝要 ②寛容
31 ①創造 ②想像
32 ①換言 ②甘言
33 ①管弦（絃）* ②還元
34 ①懸命 ②賢明
35 ①観賞 ②鑑賞
36 ①勧奨 ②観照
37 ①干渉 ②緩衝
38 ①香料 ②綱領
39 ①繁栄 ②反映
40 ①威容（偉） ②異様

第4章 セット

第4章　セットで覚える語300（①同音異義語）【3】

●次の太字のカタカナを①・②の意味に合う二つの漢字に直しなさい。

意味

□41 **シュウチ**　①理解が広がっていること　②多くの人が持っている判断・処理の仕方

□42 **カイコ**　①過去を振り返ってみる　②過去をなつかしく思う

□43 **ホショウ**　①大丈夫だと請け合う　②責任をもって地位・状態を守る

□44 **キョウイ**　①おびやかすこと　②不思議でびっくりすること

□45 **コウギ**　①反対の意見・苦情　②学問などを解説すること

□46 **イサイ**　①詳《くわ》しいこと　②きわだって違う・優れていること

□47 **イドウ**　①違い　②位置を変えること

□48 **イショウ**　①着る物・晴れ着　②趣向・デザイン（design）

□49 **ヒナン**　①責めてとがめること　②災いをさけて他の場所へ逃れること

解答

41 ①周知　②衆知（智）*

42 ①回顧　②懐古

43 ①保証　②保障

44 ①脅威　②驚異

45 ①抗議　②講義

46 ①委細　②異彩

47 ①異同　②移動

48 ①衣装　②意匠

49 ①（批）非難　②避難

□ 50 シュウシュウ ①混乱をおさめる ②物をあつめる・コレクション(collection)

□ 51 シンギ ①論理的な正誤 ②良いか悪いかを会でくわしく検討すること

□ 52 ヒョウハク ①言葉で述べあらわす ②一定の住居・仕事がなくさまよう

□ 53 テンカ ①過《あやま》ち・責任を押し付ける ②他のものを付けくわえる

□ 54 キテイ ①きそとなっている事 ②ある形にするように決めたきそく

□ 55 カントク ①深遠な道理などを悟《さと》る ②指図《さしず》をして取り締まる

□ 56 ソウサ ①さがして取り調べる ②あやつって働かせる・都合よく処理する

□ 57 ヒロウ ①広く人々に知らせること ②つかれる・くたびれること

□ 58 ケントウ ①よく調べて考えること ②未知の事柄についての予想

□ 59 フシン ①疑わしく思い・確かには解《わか》らない ②(実現のため)こころを痛めて悩ます

□ 60 キセキ ①先人の言動のあと ②常識では理解できないような出来事

第4章 セット

---

50 ①収拾 ②収(蒐)*集
51 ①真偽 ②審議
52 ①表白 ②漂泊
53 ①転嫁 ②添加
54 ①基底 ②規定
55 ①感得 ②監督
56 ①捜査 ②操作
57 ①披露 ②疲労
58 ①検討 ②見当
59 ①不審 ②腐心
60 ①軌跡 ②奇跡(蹟)*

第4章　セットで覚える語300（①同音異義語）【4】

● 次の太字のカタカナを①・②の意味に合う二つの漢字に直しなさい。

意味

□ 61 **イギ**　①反対の意見　②重々しい・作法通りの態度「―を正す」
□ 62 **カゴ**　①あやまち・あやまり　②神仏などが守り助けること
□ 63 **キョウチョウ**　①一部をつよめて言う　②異なる者が力を合わせる
□ 64 **ソウギョウ**　①仕事の基礎を築くこと　②機械を動かして仕事すること
□ 65 **コジ**　①かたく断る　②自慢して見せる
□ 66 **ルイケイ**　①すべてを加えていった数　②共通の性質を明瞭に示す代表的なもの
□ 67 **キョクチ**　①限られた範囲の場所　②到達しうる最高の状態・趣《おもむき》
□ 68 **キロ**　①分かれ道　②かえり道・戻る道
□ 69 **キチ**　①すでにしっていること　②その場に応じて働く才・ウイット（wit）

解答

61 ①異議　②威儀
62 ①過誤　②加護
63 ①強調　②協調
64 ①創業　②操業
65 ①固辞　②誇示
66 ①累計　②類型
67 ①局地　②極致
68 ①岐路　②帰路
69 ①既知　②機知（智）*

□70 ツイキュウ ①責任などを問いただす ②つきつめて深く考える

□71 セイコウ ①細かくてたくみな ②未熟でごつごつした・頑固な

□72 ソウイ ①新しい思いつき ②互いにちがっていること

□73 チュウショウ ①共通面を引き出す ②根拠のないことを言い他人の名誉をそこなう

□74 ソガイ ①邪魔をする ②よそよそしくする・人間性を奪う

□75 シイ ①心で深く考えること ②自分勝手な・気ままな考え

□76 ヘンキョウ ①心・考えがせまいこと ②中央から遠く離れた土地

□77 トウヒ ①適切かどうか ②困難をさけてのがれること

□78 ジタイ ①成り行き「緊急―」 ②へりくだって断ること

□79 オウシュウ ①互いにやり取りする ②証拠物などを占有・確保する

□80 シュウセイ ①いきている間 ②くせ・動物種に特有の行動様式

---

①追及 ②追究（窮）

①精巧 ②生硬

①創意 ②相違

①抽象 ②中傷

①阻害 ②疎外

①思惟* ②恣意

①偏狭 ②辺境

①当否 ②逃避

①事態 ②辞退

①応酬 ②押収

①終生（世） ②習性

第4章　セットで覚える語300（②同訓異義語）

● 次の太字のカタカナを①・②の意味に合う二つの漢字に直しなさい。

意味

□81 **トく**　①解《わか》るように話して聞かす　②かたまったものを液状にする

□82 **オカす**　①法・道徳などにそむく　②困難を乗り越えて行動する「風雪を―」

□83 **タえる**　①屈せずがまんする　②途中で切れる・尽きる

□84 **イタむ**　①人の死を悲しみ嘆く　②そこなわれる・腐り始める

□85 **アツい**　①病気が重い・気持ちが深い　②同一物の面から面までの距離がある

□86 **サく**　①無理に引き離す　②一部を他の用途に振り分ける

□87 **ツぐ**　①すぐに続く　②（前を受けて）一続きのものとする

□88 **ワズラう**　①病気になる「胸を―」　②悩む・苦しむ「思い―」

□89 **ススめる**　①誘う・促《うなが》す　②前へ移動させる

解答

説① 溶②

犯① 冒②

耐① 絶②

悼① 傷②

篤*① 厚②

裂① 割②

次① 継②（接）

患① 煩②

勧①（奨*） 進②

□90 ツく
①とがった物で刺す ②魔性のものが人にとりつく

□91 ツく
①場所に至る・届く・身を置く ②地位・役職に身を置く

□92 コえる
①基準・数値・限度を上回る ②障害・時間・境界を通り過ぎる

□93 オサめる
①平定・管理する ②学問・技芸を身につける

□94 オサめる
①受け取り手に渡す ②結果として手に入れる「手中に―」

□95 カタい
①容易に離れない「―絆《きずな》」 ②容易に形状を変えない

□96 カタい
①信用できる ②むずかしい「想像に―くない」

□97 トる
①つかまえる ②とりおこなう・引き受ける「政務を―」

□98 トる
①選ぶ・集める ②写真を写す・映像を記録する

□99 キする
①最後にはそうなる ②実現しようと決意する

□100 ハカる
①計画・工夫する ②おしはかる・推定する「真意を―」

---

90 突①（衝）* *憑②
91 着① 就②
92 超① 越②
93 治① 修②
94 納① 収②
95 固① 硬②
96 堅① 難②
97 捕① 執②
98 採① 撮②
99 帰① 期②
100 図① 測②（量）

第4章 セット

● □に漢字を入れて類義語を作りなさい。

問題	解答
□101 倹□（無駄づかいしない）＝□約	倹約＝節約
□102 交□（実現のためかけあう）＝□判	交渉＝談判《だんぱん》
□103 消□（状況を伝える便り）＝□信	消息＝音信
□104 □解（言い訳・言い訳する）＝□明	弁解＝釈明
□105 雑□（きちんと整っていない）＝□雑	雑然＝乱雑
□106 □答（相手に答える）＝□事	応答＝返事
□107 思□（いろいろ考える）＝分□	思慮＝分別
□108 □所（優れているところ）＝□点	長所＝美点
□109 □者（血・婚姻で繋《つな》がった者）＝同□	縁者＝同族

問題	解答
□110 対□（上下・優劣がない）＝互□	対等＝互角
□111 従□（逆らわないこと）＝素□	従順＝素直
□112 進□（動くこと・身の処置）＝去□	進退＝去就
□113 日□（ふだん）＝□素	日常＝平素
□114 気□（気立て・気性）＝性□	気質＝性格（性分《しょうぶん》）
□115 □衰（浮き沈みすること）＝消□	盛衰《せいすい》＝消長《しょうちょう》
□116 □品（死者の残した物）＝形□	遺品＝形見
□117 案□（予想と違う）＝□外	案外＝意外
□118 他□（死ぬこと）＝死□	他界＝死去（死亡）

□119 用□（つかい道）＝□途

用途＝使途

□120 □教（教えを広める）＝伝□

布教＝伝道

□121 □走（うまくいくようにする）＝□力

奔走《ほんそう》＝尽力《じんりょく》

□122 □命（命ぜられたこと）＝任□

使命＝任務

□123 滋□（生命維持のための物）＝□養

滋養《じよう》＝栄養

□124 □果（行為の最終状態）＝□尾

結果＝首尾《しゅび》

□125 □然（思いがけず）＝□意

突然＝不意

□126 示□（それとなく示す）＝□示

示唆《しさ》＝暗示

□127 資□（価値ある保有物）＝□産

資産＝財産

□128 沿□（移りかわり）＝□遷

沿革＝変遷

□129 親□（人情をもって尽くす）＝□意

親切＝好意（厚意）

□130 冷□（落ち着いている）＝□着

冷静＝沈着

□131 □白（はっきりしている）＝□的

明白＝端的

□132 □構（内部の構造）＝組□

機構＝組織

□133 □然（物事に動じない）＝自□

泰然＝自若

□134 □病（病気をしない）＝□災

無病＝息災

□135 □病（病人の世話）＝看□

看病＝看護

□136 □理（物を直す）＝修□

修理＝修繕

□137 □心（腎）（とても大切なこと）＝肝□

肝心（腎）＝肝要

□138 □問（問いただす）＝質□

質問＝質疑

□139 徒□（何も持っていない）＝□拳

徒手《としゅ》＝空拳《くうけん》

□140 □案（考えをめぐらす）＝考□

思案（勘案）＝考慮

第4章 セット

● □に漢字を入れて類義語を作りなさい。

□141　□励（励まし元気づける）＝鼓□
□142　□情（思いやりがない）＝冷□
□143　達□（やり遂げる）＝成□
□144　無□（存在を認めない）＝黙□
□145　我□（辛抱すること）＝忍□
□146　□願（同情に訴える）＝愁□
□147　意□（趣向をこらすこと）＝工□
□148　周□（行き届いている）＝□密
□149　□泰（穏やかで無事だ）＝□穏

解答

激励＝鼓舞
薄情＝冷淡
達成＝成就《じょうじゅ》
無視＝黙殺
我慢＝忍耐
哀願＝愁訴《しゅうそ》
意匠＝工夫
周到＝綿密
安泰《あんたい》＝平穏《へいおん》（安穏《あんのん》）

□150　遺□（心残りなこと）＝□念
□151　□行（印刷して世に出す）＝出□
□152　風□（世の中の流れ）＝□勢
□153　傾□（傾いている）＝□配
□154　□健（体が丈夫なこと）＝□強
□155　外□（世間の評判）＝□面
□156　□量（物事を行ううまさ）＝手□
□157　□能（十分満足する）＝満□
□158　軽□（考えず行動する）＝□動

解答

遺憾＝残念
刊行＝出版
風潮＝時勢
傾斜＝勾配《こうばい》
頑健《がんけん》＝屈強
外聞《がいぶん》＝体面《たいめん》
技量＝手腕
堪能《たんのう》＝満喫《まんきつ》
軽挙《けいきょ》＝妄動《もうどう》（盲動）

□ 159 計□（だます謀《はかりごと》）＝□謀
計略＝策謀《さくぼう》

□ 160 高□（世俗をぬけ出る）＝□俗
高踏《こうとう》＝超俗《ちょうぞく》

□ 161 流□（根拠のない噂《うわさ》）＝□語
流言《りゅうげん》＝飛語《ひご》

□ 162 □任（処理を任《まか》せる）＝委□
委任＝委託

□ 163 規□（基準となるおきて）＝□紀
規律＝綱紀《こうき》

□ 164 □曲（詳しいこと）＝詳□
委曲《いきょく》＝詳細

□ 165 □栄（栄《は》えあること）＝名□
光栄＝名誉

□ 166 □人（亡くなった人）＝□者
故人＝死者

□ 167 官□（官公庁に勤める人）＝□人
官吏＝役人

□ 168 納□（理解し認める）＝了□
納得＝了解

□ 169 中□（中に含まれる物）＝内□
中身（中味）＝内容

□ 170 厚□（ずうずうしいこと）＝無□
厚顔＝無恥

□ 171 □定（数えること）＝計□
勘定＝計算

□ 172 集□（集まったり別れたり）＝□合
集散《しゅうさん》＝離合《りごう》

□ 173 □逆（逆《さか》らいそむく）＝謀□
反逆＝謀反《むほん》

□ 174 □土（主権を行使する土地）＝版□
領土＝版図《はんと》

□ 175 □念（心を集中させる）＝没□
専念＝没頭

□ 176 □有（自分のものとする）＝□占
占有＝独占

□ 177 □指（特に優れている）＝□数
屈指＝有数

□ 178 □播（次々に広まる）＝波□
伝播《でんぱ》*＝波及

□ 179 横□（見下す態度）＝高□
横柄《おうへい》＝高慢《こうまん》

□ 180 □工*（功）（工事が完成する）＝落□
竣工《しゅんこう》*（功）＝落成《らくせい》

第4章　セットで覚える語300（④対義語）【1】

● □に漢字を入れて対義語を作りなさい。

□181 □門（弟子になること）⇕□門
□182 □告（裁判で訴える者）⇕□告
□183 □定（妥当だとする）⇕□定
□184 □在（見える形で現れる）⇕□在
□185 □数（現存する数）⇕□数
□186 □刊（初めて発行する）⇕□刊
□187 □極（進んで働きかける）⇕□極
□188 □意（望み通りで満足だ）⇕□意
□189 □遇（大切にもてなす）⇕□遇

解答

入門⇕破門
原告⇕被告
肯定⇕否定
顕在⇕潜在
実数⇕虚数
創刊⇕廃刊
積極⇕消極
得意⇕失意
優遇⇕冷遇
（厚遇）

□190 □然（ととのっている様子）⇕□然
□191 □作（出来のいい作品）⇕□作
□192 □楽（こころよく楽しむ）⇕□痛
□193 □情（思いやりのある心）⇕□淡
□194 干□（考えを押し付ける）⇕□任
□195 □造（新たな物を作る）⇕□倣
□196 □勝（一方的に勝つこと）⇕惨□
□197 □可（願いをゆるすこと）⇕□止
□198 □細（くわしい事情）⇕概□

解答

整然⇕雑然
傑作⇕駄作
快楽⇕苦痛
温情⇕冷淡
干渉⇕放任
創造⇕模倣
（摸*倣）
圧勝⇕惨敗
許可⇕禁止
詳細⇕概略
（委細）（概要）

第4章 セット

□199 親□（交際が親しい様子）⇔□遠　親密⇔疎遠

□200 □然（予測できない）⇔□然　偶然⇔必然

□201 □視的（視野が大きい）⇔□視的　巨視的⇔微視的

□202 □視（大切と考える）⇔□視　重視⇔軽視

□203 過□（集まり過ぎている）⇔過□　過密⇔過疎《かそ》

□204 □対（独立に存在する）⇔□対　絶対⇔相対

□205 □動（自己の作用を及ぼす）⇔□動　能動⇔受動

□206 □決（提案を認め決定する）⇔□決　可決⇔否決

□207 普□（すべてに共通なこと）⇔□殊　普遍⇔特殊

□208 歓□（喜んでむかえる）⇔歓□　歓迎⇔歓送

□209 利□（もうけ・得）⇔損□　利益⇔損害（利潤）（損失）

□210 □読（声を出して読む）⇔□読　音読⇔黙読

□211 □長（予定よりのばす）⇔短□　延長⇔短縮

□212 □生（物事が生ずる）⇔消□　発生⇔消滅

□213 過□（極端であること）⇔□健　過激⇔穏健

□214 分□（幾つかに分かれる）⇔□合　分裂⇔統合

□215 債□（給付請求できること）⇔債□　債権《さいけん》⇔債務《さいむ》

□216 □従（支配・権力に従う）⇔反□　服従⇔反抗

□217 巧□（やり方がうまいこと）⇔拙□　巧妙⇔拙劣《せつれつ》

□218 □説（矛盾しつつ成立する）⇔□説　逆説⇔定説

□219 □屈（自由に動けないこと）⇔自□　窮屈⇔自在

□220 絶□（この上なくほめる）⇔酷□　絶賛⇔酷評（絶讃*）

第4章　セットで覚える語300（④対義語）【2】

● □に漢字を入れて対義語を作りなさい。

問題	解答
□221　□相（うわべ・うわっつら）⇕□相	皮相⇕真相
□222　独□（一部の者による統治）⇕民□	独裁⇕民主
□223　□純（こみいってない様子）⇕□雑	単純⇕複雑
□224　□護（かわいがり保護する）⇕□待	愛護⇕虐待
□225　高□（知性・品性が高い）⇕低□	高尚⇕低俗
□226　興□（気持ちが高ぶる）⇕鎮□	興奮⇕鎮静
□227　獲□（手に入れる）⇕喪□	獲得⇕喪失
□228　□決（判決が確定している）⇕□決	既決⇕未決
□229　□会（ふたたび会うこと）⇕□別	再会⇕決別（＊訣別）

問題	解答
□230　多□（口数が多いこと）⇕寡□	多弁⇕寡黙《かもく》
□231　□心（中心に近づく）⇕□心	求心⇕遠心
□232　内□（内部の心配事）⇕外□	内憂《ないゆう》⇕外患《がいかん》
□233　□観（明るい見通しを持つ）⇕□観	楽観⇕悲観
□234　□歩（良くなる・発展する）⇕□歩	進歩⇕退歩
□235　□会（会議・集会を始める）⇕□会	開会⇕閉会
□236　□利（利益を主張する資格）⇕□務	権利⇕義務
□237　□信（こちらから出す通信）⇕□信	往信⇕返信
□238　□信（通信をおくること）⇕□信	送信（発信）⇕受信

□ 239 □然（あるがまま）⇕人□

天然⇕人工
（自然）（人為）

□ 240 □放（自由を与えること）⇕束□

解放⇕束縛

□ 241 □張（張り詰めている）⇕弛□

緊張⇕弛*緩《しかん》

□ 242 □観（認識する側の意識）⇕□観

主観⇕客観

□ 243 □失（物を失《な》くすこと）⇕□得

遺失⇕拾得《しゅうとく》

□ 244 □近（手ぢかで俗っぽい）⇕□遠

卑近⇕高遠

□ 245 □諾（認めて引き受ける）⇕□否

承諾《しょうだく》⇕拒否

□ 246 栄□（いい地位に変わる）⇕左□

栄転⇕左遷

□ 247 □論（純粋な体系的知識）⇕□践

理論⇕実践

□ 248 熟□（慣れていてうまい）⇕稚□

熟練⇕稚拙《ちせつ》

□ 249 不□（ずっと変わらない）⇕流□

不易《ふえき》⇕流行
（不変）

□ 250 発□（物事のはじまり）⇕□末

発端《ほったん》⇕結末
（終末）

□ 251 □平（平らであること）⇕□直

水平⇕垂直

□ 252 □感（感覚が鋭い）⇕□感

敏感⇕鈍感

□ 253 □全（害を受けない状態）⇕□険

安全⇕危険

□ 254 記□（覚えていること）⇕忘□

記憶⇕忘却

□ 255 □速（動きがすばやい）⇕□慢

敏速⇕緩慢《かんまん》

□ 256 需□（商品購入の欲望）⇕供□

需要⇕供給

□ 257 □勢（勢いがまさっている）⇕□勢

優勢⇕劣勢

□ 258 重□（落ち着きがある）⇕軽□

重厚⇕軽薄

□ 259 派□（命じて行かせる）⇕召□

派遣⇕召還《しょうかん》

□ 260 □象（共通面を引き出す）⇕具□

抽象⇕具象
（具体）

第4章　セットで覚える語300（④対義語）【3】

●□に漢字を入れて対義語を作りなさい。

□261　容□（たやすい様子）⇔困□
□262　□福（生活が豊かな様子）⇔□乏
□263　□重（注意深く落ち着いた）⇔軽□
□264　□理（守るべき道理）⇔人□
□265　分□（要素に分ける）⇔総□
□266　吸□（吸い取ること）⇔発□
□267　開□（開けはなつこと）⇔閉□
□268　□疑（疑問の点を尋ねる）⇔□答
□269　□進（進むようにする）⇔抑□

解答

容易⇔困難
裕福《ゆうふく》⇔貧乏
慎重⇔軽率《けいそつ》
義理⇔人情
分析⇔総合
吸収⇔発散《はっさん》
開放⇔閉鎖
質疑⇔応答
推進⇔抑圧
（促進）（抑制）

□270　□勉（精を出して励む）⇔□惰
□271　精□（細部まで巧《たく》みなこと）⇔粗□
□272　□実（内容が豊かである）⇔□虚
□273　建□（作り備える・建てる）⇔破□
□274　曖□（はっきりしない様子）⇔明□
□275　□*騒（騒がしい音声・こと）⇔静□
□276　□人（専門家）⇔□人
□277　保□（古いものを尊重する）⇔革□
□278　□薄（密度・濃度が薄い）⇔□厚

解答

勤勉⇔怠惰
精密⇔粗雑
充実⇔空虚
建設⇔破壊
曖昧⇔明瞭
喧*騒《けんそう》⇔静寂
玄人《くろうと》⇔素人《しろうと》
保守⇔革新
希*薄⇔濃厚
（稀薄）

□ 279 興□（勢いが盛んになる）⇔□亡　興隆《こうりゅう》⇔衰亡（興起《こうき》）

□ 280 高□（心が気高く清い）⇔□劣　高潔《こうけつ》⇔卑劣《ひれつ》

□ 281 □実（本当のこと）⇔□偽　真実⇔虚偽

□ 282 □過（大目に見て見逃す）⇔摘□　看過《かんか》⇔摘発

□ 283 □遅（うまいが完成が遅い）⇔□速　巧遅《こうち》⇔拙速《せっそく》

□ 284 □理（こころの働き）⇔□理　心理⇔物理

□ 285 □喜（大いに喜ぶこと）⇔□哀　歓喜⇔悲哀

□ 286 □容（心が広くとがめない）⇔□狭　寛容⇔偏狭

□ 287 □勝（苦労せず勝つこと）⇔□勝　楽勝⇔辛勝《しんしょう》

□ 288 □共（社会が共有する）⇔□間　公共⇔民間

□ 289 浪□（無駄づかいをする）⇔□約　浪費⇔節約（倹約）

□ 290 □減（けずって減らす）⇔□加　削減《さくげん》⇔追加（添加《てんか》）

□ 291 近□（近くにある）⇔遠□　近接⇔遠隔《えんかく》

□ 292 □結（交渉がまとまる）⇔□裂　妥結《だけつ》⇔決裂

□ 293 □繹（原理からの推測）⇔□納　演繹*⇔帰納

□ 294 □骨（むきだしなこと）⇔□曲*　露骨⇔婉曲*

□ 295 強□（強い態度で屈しない）⇔□弱　強硬⇔軟弱

□ 296 受□（受け入れを認める）⇔□絶　受諾《じゅだく》⇔拒絶

□ 297 受□（届けを受けつける）⇔却□　受理⇔却下《きゃっか》

□ 298 □進（いそいで進むこと）⇔□進　急進⇔漸進《ぜんしん》

□ 299 簡□（簡単で要領を得た）⇔冗□　簡潔⇔冗漫《じょうまん》

□ 300 老□（経験を積み巧《たく》みだ）⇔幼□　老練*⇔幼稚（老獪《ろうかい》*）

第4章 セット

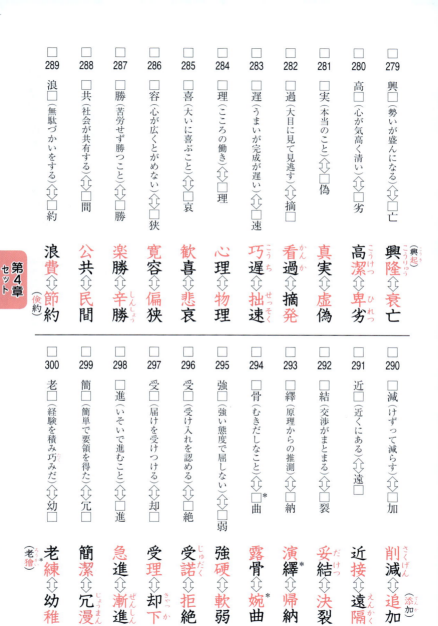

常用漢字（地名）

●次の□に漢字を入れなさい。

常用漢字の追加により、すべての都道府県名および隣国名を表す字が常用漢字となりました。ただ地域差による不公平が生じるため、地名自体の漢字を問う出題は少ないでしょう。社会常識と思ってください。

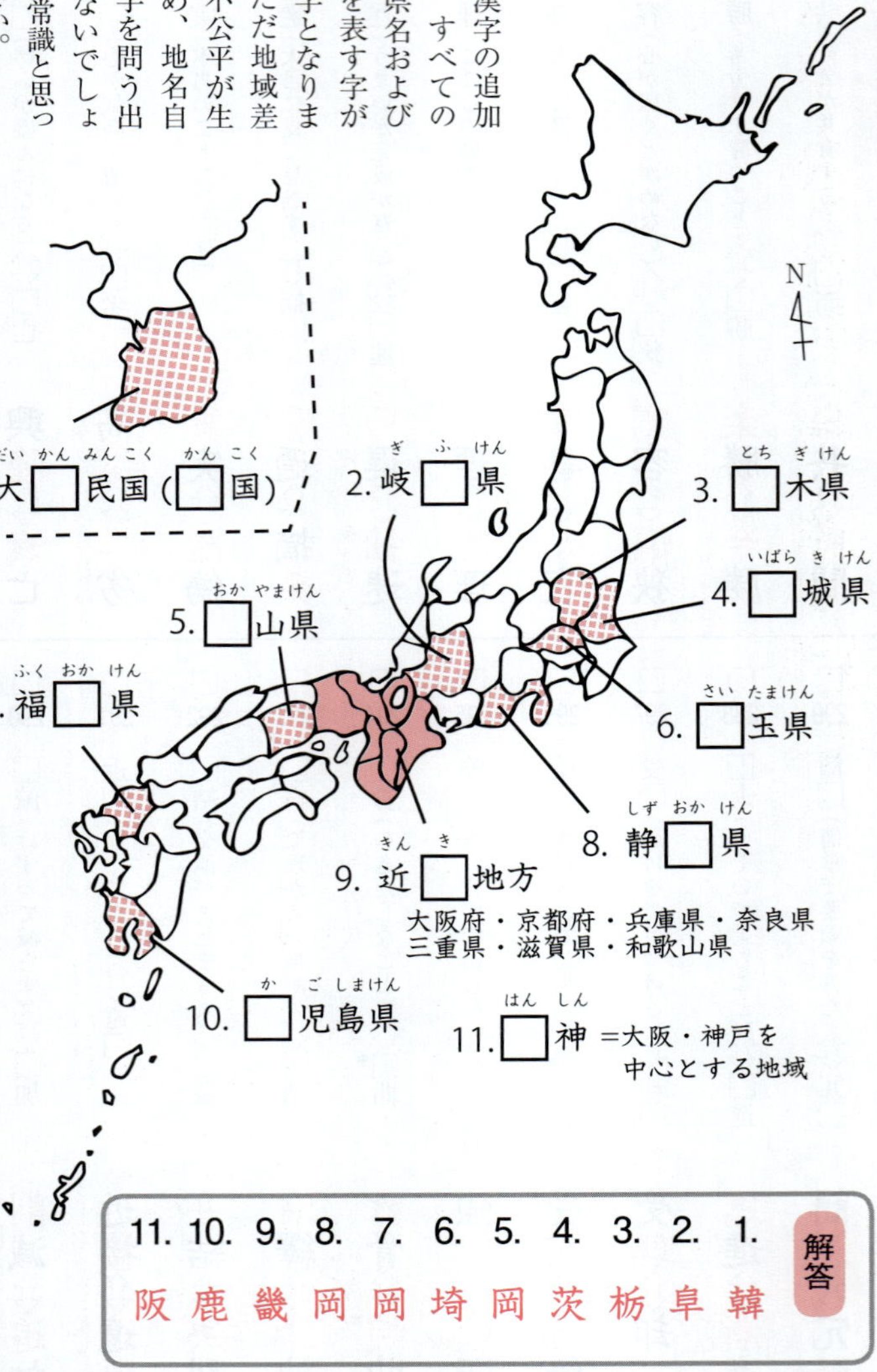

1. 大《だい》□《かん》民国《みんこく》（□《かん》国《こく》）

2. 岐《ぎ》□《ふ》県《けん》

3. □《とち》木《ぎ》県《けん》

4. □《いばら》城《き》県《けん》

5. □《おか》山《やま》県《けん》

6. □《さい》玉《たま》県《けん》

7. 福《ふく》□《おか》県《けん》

8. 静《しず》□《おか》県《けん》

9. 近《きん》□《き》地方
大阪府・京都府・兵庫県・奈良県
三重県・滋賀県・和歌山県

10. □《か》児島《ごしま》県《けん》

11. □《はん》神《しん》＝大阪・神戸を中心とする地域

解答

11.	10.	9.	8.	7.	6.	5.	4.	3.	2.	1.
阪	鹿	畿	岡	岡	埼	岡	茨	栃	阜	韓

第5章 最も重要な四字熟語180

四字熟語とは、長い年月の間に漢字文化圏のなかで熟成されてできあがった、四つの漢字で構成される呪文のような不思議な語彙である。そこには先人のさまざまな考えも凝縮されているため、漢文や文語文の読解のためだけでなく、さまざまな文章を読むための重要な語彙となる。「大学入学共通テスト」のような形式だけでなく、空欄補充、書き取り・読み取り、意味選択など幅広い形式で出題される。空欄に適切な漢字を補いつつ、読みや意味にも注意を払って学習して欲しい。また、古典的な文学作品の用例も取り入れることにより、生きた表現に触れられるように考慮した。

第5章　最も重要な四字熟語180（①同一漢字を含む）

● 次の□に漢字を入れて太字の四字熟語を完成しなさい。

□1　夢のためなら、□**行**□**行**に耐える覚悟です。

□2　**徹**□**徹**□この調子なの。ったく。

□3　**自**□**自**□じゃないの。ケチンボだから罰《ばち》が…（太宰治『お伽草紙』）

□4　**正**□**正**□、まぎれもない水だった。

□5　□□**堂堂**たる悟空がそこに立っていた。

□6　世界の□**象**□**象**がここに集まって来るんですよ。

□7　**自**□**自**□になっても、男にはもう失うものがなかった。

□8　あの昂然《こうぜん》とした**独**□**独**□の足どりで…（島崎藤村『夜明け前』）

□9　蟹《かに》や寄生貝は眩《まばゆ》い干潟《ひがた》を□**往**□**往**に歩いている。（芥川龍之介『少年』）

意味・ポイント

1　困難・苦痛の多い修行。ひどい苦労。

2　始めから終わりまで。あくまでも。

3　自分のした悪事の報いを受けること。

4　嘘《うそ》や偽りのないこと。×証明

5　威厳があって堂々とした様子。

6　有形無形のすべての物。世の中のさまざまなつまらない者たち。

7　（自分の思うようにならないので）自分は駄目だと自分を粗末に扱うこと。

8　他に頼らず支配されず自分の道を歩んでいくこと。

9　混乱してあちらへ行ったりこちらへ行ったりする。「―の大騒ぎ」

解答

1　難行苦行《なんぎょうくぎょう》

2　徹頭徹尾《てっとうてつび》

3　自業自得《じごうじとく》

4　正真正銘《しょうしんしょうめい》

5　威風堂堂《いふうどうどう》

6　有象無象《うぞうむぞう》

7　自暴自棄《じぼうじき》

8　独立独歩《どくりつどっぽ》

9　右往左往《うおうさおう》

□10 ああ、□念□想の結果を見よ。（太宰治『道化の華』）

□11 □□済済のこの会議をどうやって乗り切ろう。

□12 僕も人だから常に不□不□であるとか無理。

□13 男を…自□自□の苦い目にあわせているに違いない。（有島武郎『或る女』）

□14 彼女が行ってしまったなんて、まだ半□半□なんだ。

□15 そりゃあ、もう適□適□ってことがあるからね。

□16 不□不□という曖昧な態度が彼を狂わせた。

□17 良い地位を□□眈眈《たんたん》とねらっている連中ならば…（織田作之助『青春の逆説』）

□18 私たち、□心□心できる仲だから。

□19 犯人は絶□絶□と思ったらしく、裸で逃げ出したようだ。

□20 私は奇妙に思った。まるで、□画□賛ではないか。（太宰治『作家の手帖』）

雑念が無く、何も想《おも》わないこと。思慮が無いこと。

すぐれた人物が多くいること。×斉斉

いずれの主義・党派などにも味方しないこと。

自分の言動が自分を束縛して苦しむこと。

半ば信じ、半ば疑うこと。

性格・能力に適した地位・仕事につけること。

二つのものが付かず離れずの関係にあること。

虎のような鋭い視線で機会をねらうさま。「眈眈《たんたん》」は下を見る様子。

言葉によらず心から心に伝える。

追いつめられて命が危ない立場・状態。「—の窮地」×絶対

自分で自分（のしたこと）をほめること。

無念無想《むねんむそう》

多士済済《たしせいせい》《さいさい》

不偏不党《ふへんふとう》

自縄自縛《じじょうじばく》

半信半疑《はんしんはんぎ》

適材適所《てきざいてきしょ》

不即不離《ふそくふり》

虎視眈眈《こしたんたん》*

以心伝心《いしんでんしん》

絶体絶命《ぜったいぜつめい》

自画自賛《じがじさん》（讃）*

第5章　最も重要な四字熟語180（②漢数字を含む）【1】

●次の□に漢字を入れて太字の四字熟語を完成しなさい。

□21 あなたのことは諦《あきら》めます。□□**一会**だとでも思って。

□22 授業は今日も謎の□**編**□**律**な話で始まった。

□23 □□**専心**思いを書いてメールした。

□24 □**変**□**化**錯綜《そう》して現今のように混乱した…現象（夏目漱石『現代日本の開化』）

□25 彼の仕業であることは□□**瞭然**だ。

□26 「自由意志が存在するか」は□□**背反**で決定不能だ。

□27 **危機**□□で第三次世界戦争は回避された。

□28 □□**両得**だというような、愚劣な者の常として…（二葉亭四迷『平凡』）

□29 僕等《ら》はその□□**夜行**の姿をランプの下に見て…（森鷗外『ヰタ・セクスアリス』）

意味・ポイント

一生にただ一度会う機会。茶道では、出会いは一生に一度と思えという心得。

物事がみな同じようで、変化がなく面白みのない様子。

一つの事に意志を集中させて**専**念すること。

さまざまに**変化**すること。

一目《ひとめ》見ただけではっきりわかる。

二つの相**反**する命題が等しく論理的に主張される。例文はカントによる。

髪一本ほどのすきまの距離にまで**危**険が迫る状態。×一発

一つのことをして、同時に二つの利益を**得**ること。＝**一石二鳥**

得体の知れない多くの者が我が物顔に振る舞うこと。

解答

一期一会《いちごいちえ》

千編（篇）*一律《せんぺんいちりつ》

一意専心《いちいせんしん》

千変万化《せんぺんばんか》

一目瞭然《いちもくりょうぜん》

二律背反《にりつはいはん》

危機一髪《ききいっぱつ》

一挙両得《いっきょりょうとく》

百鬼《ひゃっき》夜行《やぎょう・やこう》

□ 30 □□両断 の解決などは思いもよらぬことである。
（夏目漱石『三四郎』）

□ 31 □望□里 に自分の心を知ることはできない。

□ 32 宇宙の森羅□□ の中でも、私には特別なものなのです。

□ 33 彼には私と会えるのを□日□秋 の思いで待ってもらおう。

□ 34 □□*托生、死なば諸共、捻平待ちゃれ、捻平待ちゃって…（泉鏡花『歌行灯』）

□ 35 傍目□□ で、他人の欠点ばかりが見えちゃって。

□ 36 □里□中 のなか事件の捜査は進められた。

□ 37 心機□□、これからは真っ当な人生を歩みたい。

□ 38 朝□暮□ の満足を与えんと欲するに非ず。
（中江兆民『天事的必要人為的必要』）

□ 39 一朝□□ にゃ到底分かりません。
（夏目漱石『坊っちゃん』）

□ 40 まさに□□即発 のこの時、天は絶妙な…
（中島敦『光と風と夢』）

第5章 四字熟語

一太刀で真っ二つ（両）にすること。物事をすみやかに決断し処理すること。

一目で遠くまで見渡せること。

天地の間に存在する全てのもの・現象。

一日会わないと長年会わないかのように、待ち遠しい。×いちにち

最後まで行動・運命をともにすること。×一連

（碁で八目先が読めるように）第三者は当事者より正確に判断できる。

（五里四方に渡る霧の中のように）手がかりがなく迷う。×夢中

ある動機から心ががらりと転じること。×心気

目先の差異にこだわり、同じ結果に気付かない。うまい言葉で人をだます。

わずかの時間。

ちょっと触れると爆発しそうな危険な状態。

一刀両断　いっとうりょうだん

一望千里　いちぼうせんり

森羅万象　しんらばんしょう

*一蓮托（託）生　いちれんたくしょう

*一日千（三）秋　いちじつせんしゅう

傍（岡）目八目　おかめはちもく

五里霧中　ごりむちゅう

心機一転　しんきいってん

朝三暮四　ちょうさんぼし

一朝一夕　いっちょういっせき

一触即発　いっしょくそくはつ

第5章　最も重要な四字熟語180　（②漢数字を含む）［2］

● 次の□に漢字を入れて太字の四字熟語を完成しなさい。

	問題	意味・ポイント	解答
□ 41	兄さんの□□一動を心配する人から見たら… （夏目漱石『行人』）	一つ一つの動作。「―を見守る」	一挙一動 いっきょいちどう
□ 42	思索的なところがない。□□美人である。	誰とでも愛想よく付き合う人。	八方美人 はっぽうびじん
□ 43	□転□倒の苦しみが人格をも変えたのだろう。 （宮本百合子『海流』）	何度も転び倒れ苦しむこと。	七転八倒 しちてんばっとう
□ 44	文化祭は彼女に近づく□載□遇の好機だ。	千年に一度しかないほどの、めったにない好機。×せんさい	千載一遇 せんざいいちぐう
□ 45	戦況に一喜□□することが国民国家の意識を高めた。	一連の変化に対して喜んだり憂えたりすること。	一喜一憂 いっきいちゆう
□ 46	みんな波瀾□□のドラマが好きだからね。	波が乱れ高いように変化がはげしいこと。	波瀾(乱)万丈 はらんばんじょう
□ 47	先祖代々の瓦落多を□束□文に売った。	（数が多くて）とても値段が安いこと。	二束三文 にそくさんもん
□ 48	武田と上杉の戦いは一進□□で情勢は変わらない。 （夏目漱石『坊っちゃん』）	進んだり退いたりすること。	一進一退 いっしんいったい
□ 49	□知□解の者までも、彼の作をもてはやす… （坪内逍遥『マクベス評釈』）	わずかに知っているだけで十分に解っていないこと。	一知半解 いっちはんかい

□50 鼻をかんでやるやら、□面□臂のすさまじい働き…（太宰治『桜桃』）

□51 □□楚歌となっても卑屈にはなりたくない。

□52 親子と恋愛と性は、□位□体の問題だろう。

□53 □心□体なんて、どこにあるのだろう？

□54 このことが知れれば□□争鳴の騒ぎとなるだろう。

□55 海も空も、世界は渾然□□となって輝いた。

□56 吾々《われわれ》の生活は□差□別であるから、吾々の惰性《だせい》も…（夏目漱石『趣味の遺伝』）

□57 □□代言で他人を動かし、自己陶酔に浸《ひた》りたいのか。

□58 この渡《わたり》の風景□刻□金ともいひつべく、…（幸田露伴『水の東京』）

□59 組織は□□打尽に壊滅させられたらしい。

□60 一□一□のすべてが太陽を求める。

一人であらゆる方面に数人分の活躍をする様子。
八面六臂《はちめんろっぴ》*

四方八方みな敵であること。
四面楚歌《しめんそか》*

別々の三つのものが一致すること。三者が一体になること。
三位一体《さんみいったい》

心が一つとなり体が同一と感じるような結びつき。
一心同体《いっしんどうたい》

多くの者が自由に意見を言い論争すること。
百家争鳴《ひゃっかそうめい》

すべてが混じり合って一つになる様子。
***渾《こん》（混）然一体《ぜんいったい》**

さまざまな差異や区別がある。
千差万別《せんさばんべつ》

口先で人をごまかす事・者。
三百代言《さんびゃくだいげん》

一時《ひととき》が大金に値するほどすばらしいこと。＝春宵《しゅんしょう》一刻値千金
一刻千金《いっこくせんきん》

一度に全部を捕まえ尽くすこと。
一網打尽《いちもうだじん》

一本の草と一本の木。
一草一木《いっそういちぼく（もく）》（一木一草《いちぼくいっそう》）

第5章　最も重要な四字熟語180（③対の漢字を含む）【1】

●次の□に漢字を入れて太字の四字熟語を完成しなさい。

□61　□□**応報**とは言え、淋《さび》しい晩年ですと彼は笑った。

□62　みんな止《や》めてよ、□**口**□**音**に。

□63　あたしって**牛**□**馬**□なの。牛丼なら三杯はいけるかも。

□64　それは、俺にとって**起**□**回**□の言葉だった。

□65　おのずから□**炉**□**扇**のきらいあり。（泉鏡花『義血俠《きょう》血』）

□66　今や維新と言い、□**進**□**歩**の時（島崎藤村『夜明け前』）

□67　彼を罰するなんて□□**転倒**だろう。

□68　作品はどれも□**工**□**曲**の作風だ。

□69　**酔**□**夢**□の徒《と》と呼んで唾棄《だき》するかも知れない。（有島武郎『惜みなく愛は奪ふ』）

意味・ポイント

61　行いが原因となり、結果として必ずそれに応じた報いが現れること。

62　みんなが口をそろえて同じことを言うこと。×異句

63　（牛が水を飲み馬が食べるように）沢山《たくさん》のものを飲み食いする。

64　死にかかった・駄目になった人やものを生き返らせること。

65　夏の火ばち（「炉」）や冬のうちわ（「扇」）のように役に立たないもの。

66　日ごと月ごとにどんどん進歩すること。

67　重要なこと（根本）と重要でないこと（末節《まっせつ》）を転倒させてしまう。

68　手法や見かけは異なるが、趣《おもむき》や中身は同じこと。

69　酒に酔ったように生き、夢見るように死ぬ。無駄に一生を過ごす。

解答

61　因《いん》果《が》応《おう》報《ほう》

62　異《い》口《く》同《どう》音《おん》

63　牛《ぎゅう》飲《いん》馬《ば》食《しょく》

64　起《き》死《し》回《かい》生《せい》

65　夏《か》炉《ろ》冬《とう》扇《せん》

66　日《にっ》進《しん》月《げっ》歩《ぽ》

67　本《ほん》末《まっ》転《てん》倒《とう》

68　同《どう》工《こう》異《い》曲《きょく》

69　酔《すい》生《せい》夢《む》死《し》

□70 □□無尽に臆せず萎《ひる》まず…（幸田露伴『いさなとり』）

□71 景樹《かげき》の歌が□□混淆である処《ところ》は…（正岡子規『歌よみに与うる書』）

□72 すこしの□変□異でも…何かの暗示に結びつけて…（島崎藤村『夜明け前』）

□73 □辞□句を並べられると、弱いんだよね、あたし。

□74 多くの繁□縟□が改められた…（島崎藤村『夜明け前』）

□75 それは栄枯□□の跡をとどめる悲しい遺跡だった。

□76 □奔□走しても、何も情報は得られなかった。

□77 欠点と美点は、□□一体だから。

□78 最近の□□転倒した風景がむしろすがすがしい。

□79 □寒□熱は延命息災《そくさい》の徴《しるし》と傷寒論にも出ている通り…（夏目漱石『吾輩は猫である』）

□80 教導《きょうどう》の目的とする所は通常□善□悪を旨《むね》とする…（坪内逍遥『小説神髄』）

思いのままに（縦に横に）限りなく（尽きること無く）振る舞うこと。

優れたもの（「玉」）と劣ったもの（「石」）が混じっていること。

自然界（天地間）に起こる異変。

美しく飾りたてた言葉。

規則・礼儀などが込み入っていてめんどうなこと。

栄えて盛んになったり枯れて衰えたりすること。

あちこちと（東に西に）忙しく走りまわる（＝奔走《ほんそう》する）こと。

相反するように見える二つのものが、根本では密接で切り離せないこと。

主人と客、物事の軽重などが、逆になって（転倒されて）扱われる。

頭を冷たく、足を暖かくすること。健康にいいらしい♪

善を勧《すす》め、悪を懲《こ》らしめること。

縦横無尽《じゅうおうむじん》

玉石混淆*《ぎょくせきこんこう》（交）

天変地異《てんぺんちい》

美辞麗句《びじれいく》

繁文縟*礼《はんぶんじょくれい》

栄枯盛衰《えいこせいすい》

東奔西走《とうほんせいそう》

表裏一体《ひょうりいったい》

主《しゅ》客《かく》《きゃく》転倒《てんとう》

頭寒足熱《ずかんそくねつ》

勧善懲悪《かんぜんちょうあく》

第5章　最も重要な四字熟語180（③対の漢字を含む）【2】

● 次の□に漢字を入れて太字の四字熟語を完成しなさい。

□81 **温**□**知**□というのはひとつの普遍的な知恵だ。

□82 昼過ぎの一時間も□**同**□**異**であった。（夏目漱石『坊っちゃん』）

□83 □**憂**□**患**の噂《うわさ》がこもごも到《いた》る…（島崎藤村『夜明け前』）

□84 逆転負けのこの試合は、全く**竜**□**蛇**□だ。

□85 □**耕**□**読**の生活って、最高じゃん。

□86 **喜怒**□□の情の上にあって、ただ鉄槌《てっつい》を振るっている…（菊池寛『恩讐の彼方に』）

□87 作り話や**針**□**棒**□と思われるところは皆削《けず》った。（夢野久作『東京人の堕落時代』）

□88 沙羅《しゃら》双樹《さうじゅ》の花の色、□**者必**□のことわりをあらはす。（『平家物語』）

□89 所謂《いわゆる》□**柔**□**剛**で、口当たりは一寸《ちょっと》柔いが…（二葉亭四迷『其面影』）

意味・ポイント

81 昔のこと（「故」）を調べて（「温」）新しい考えを知る。

82 大きくは同じで、小さな差異しかないこと。

83 組織や団体の、内部から生じた憂《うれ》いと外部からもたらされた患《わずら》い。

84 初め（「頭」）はさかんで終わり（「尾」）がふるわない。＝**頭でっかち尻すぼみ**

85 晴れた日は畑を耕し、雨の日は本を読むこと。悠々と生活すること。

86 喜びと怒りと哀しみと楽しみ。人間のさまざまな感情。

87 （小さな針を棒ほどに大きく言うように）誇張して大げさに言うこと。

88 勢いの盛んな者も必ず衰える。例文をリズム♪で覚えよう。×せいじゃ

89 外見はもの柔らかで、心の内は強い（「剛」）こと。**対** 内柔外剛

解答

81 温《おん》故《こ》知《ち》新《しん》

82 大《だい》同《どう》小《しょう》異《い》

83 内《ない》憂《ゆう》外《がい》患《かん》

84 竜《りゅう》頭《とう》蛇《だ》尾《び》

85 晴《せい》耕《こう》雨《う》読《どく》

86 喜《き》怒《ど》哀《あい》楽《らく》

87 針《しん》小《しょう》棒《ぼう》大《だい》

88 盛《じょう》者《しゃ》必《ひっ》衰《すい》

89 外《がい》柔《じゅう》内《ない》剛《ごう》

□90 各国は**同**□**異**□のまま空爆に賛同した。

□91 当時インテリは**和**□**洋**□でなくては認められなかった。

□92 それであいつは□□**一貫**したことを言ってるつもりか。

□93 憲法を□**名**□**実**なものにしてはならない。

□94 経営者たるもの、□**憂**□**楽**でなくちゃ駄目だよ。

□95 この世を□**肉**□**食**だけの世界にはしたくない。

□96 彼は**徒**□**空**□で権力者に立ち向かったのだ。

□97 今は**暖**□**飽**□の時代だ、と彼は言った。

□98 しどろもどろの、□**令**□**改**。こんなものでいいのかしら（太宰治『古典竜頭蛇尾』）

□99 ルパンは**空**□**絶**□の大泥棒さ。

□100 **不**□**実**□とは、暴力のことだ。手綱《たづな》のことだ。鞭《むち》のことだ。（太宰治『HUMAN LOST』）

（**同**じ寝床で**異**なる夢を見るように）行動を共にしながら考えや思《おも》惑《わく》が**異**なること。

日本固有（「**和**」）の精神（「魂」）と西**洋**渡来の学問（「才」）とをそなえもつこと。

初め（「首」）から終り（「尾」）まで一つの方針・態度で**貫**《つらぬ》かれていること。

名前だけ有って**実**質が無いこと・様子。

人に先だって**憂**《うれ》い、人より後に**楽**しむこと。まさに天下人《てんかびと》♪

弱いものが強いものの餌**食**《えじき》となる。

手に何も持っていないこと。武器・資本がないこと。

衣食に不足のないぜいたくな暮らし。**対** 悪衣悪食《あくいあくじき》・粗衣粗食

朝の命**令**が夕暮れに**改**められて、法令が一定せず当てにならない。

過去（「前」）にもなく将来（「後」）にもなさそうなほど珍しいこと。

あれこれ言わずに黙って**実**際に行動すること。

同床異夢《どうしょういむ》

和魂洋才《わこんようさい》

首尾一貫《しゅびいっかん》

有名無実《ゆうめいむじつ》

先憂後楽《せんゆうこうらく》

弱肉強食《じゃくにくきょうしょく》

徒手空拳《としゅくうけん》

暖衣飽食《だんいほうしょく》

朝令暮改《ちょうれいぼかい》

空前絶後《くうぜんぜつご》

不言実行《ふげんじっこう》

第5章　最も重要な四字熟語180（③対の漢字を含む）【3】

● 次の□に漢字を入れて太字の四字熟語を完成しなさい。

□ 101　人生は…□**即是**□かも知れないが、このよろこびは…（武者小路実篤『友情』）

□ 102　それがさぁ□□**不断**を絵に描いたような冴《さ》えない男なの。

□ 103　人生は**順**□**満**□の時だけではない。

□ 104　表現法を**換**□**奪**□することは必ずしも稀《まれ》ではなかった…（芥川龍之介『芭蕉雑記』）

□ 105　彼は今もマルクスを**金**□**玉**□としている。

□ 106　俺が**才色**□□の嫁をもらって、いったいどうするんだよ。

□ 107　□□**末節**にこだわり続けて、成功する場合もあるさ。

□ 108　見かけだけで中身がない。**羊**□**狗**□の典型じゃん。

□ 109　固《もと》より耶蘇《やそ》の教へは…**意味**□□なるものにて…（福沢諭吉『文明論之概略』）

意味・ポイント

この世のもの（色《しき》）は、すべて空無だということ。般若《はんにゃ》心経による。

思い切りが悪く決**断**が鈍いこと。
対 **剛毅果断**《ごうきかだん》

追い風を帆に受けて進むように、**順**調に進行する様子。×まんぽ

（骨を**換**え胎盤を**奪**って）作り変え独自の作品にすること・技法。

最も大切な守るべき決まり。「科」「条」は法律の意味。

（女性が）優れた**才**能と美しい容姿（「**色**」）を兼《か》ね備《そな》えること。×美

枝葉《えだは》のように、主要でない細かい部分。

（**羊**の頭をかかげて実は犬の肉を売りつけるような）見掛け倒し。

深い・他の**意味**を含んでいること・様子。×慎　×重

解答

101　色即是空《しきそくぜくう》
102　優柔不断《ゆうじゅうふだん》
103　順風満帆《じゅんぷうまんぱん》
104　換骨奪胎《かんこつだったい》
105　金科玉条《きんかぎょくじょう》
106　才色兼備《さいしょくけんび》
107　枝葉末節《しようまっせつ》
108　羊頭狗肉《ようとうくにく》*
109　意味深長《いみしんちょう》

110 二十年の歳月を経て□天□日の身となる。

111 人生はさまざまな□□選択の連続だ。

112 富士と相模《さがみ》湾の見える□紫□明の場所でございます。

113 私のけしからぬ空想も、きれいに□散□消して…（太宰治『作家の手帖』）

114 大□名□がないと、勝ったとは認められないんだ。

115 それが初恋の□承転□さ。

116 権□□数をつくして勝つことに、もう飽きたんだよ。

117 こうなったら、粉□砕□、私があなたを当選させよう。

118 論語には「巧□令□、鮮《すくな》し仁」と書かれている。

119 呉越□□で三台の自動車に分乗した。（横光利一『旅愁』）

120 □□坐臥国家の事以外を考えてならないという人は…（夏目漱石『私の個人主義』）

潔白であることが明らかだ。「青天」は「晴れた青空」、「白日」は「潔白」。

良いものを選び取り悪いものを捨てること。

山が紫にかすみ、水が透き通ること。景色が清らかで美しい。

（雲が散り霧が消えるように）跡形《あとかた》もなく失われること。＝雲消霧散《うんしょうむさん》

大きな道理（「義」）と守るべき本分。正当な根拠。×名文

文章の構成。物事の順序。元来は漢詩の句の配列。

巧みに人をだます術《すべ》と謀《はかりごと》。＝権謀術策《けんぼうじゅっさく》

（骨を粉にし身を砕《くだ》くように）力の限り努力すること。

巧みに言葉を使い、愛想よい顔色をつくること。

仲の悪い者（呉と越）が同じ場所にいる・協力すること。出典は『孫子』。

常に（変化せず）。「坐臥」は座っている時も臥《ふ》して（＝寝て）いる時も。

青天白日《せいてんはくじつ》

取捨選択《しゅしゃせんたく》

山紫水明《さんしすいめい》

雲散霧消《うんさんむしょう》

大義名分《たいぎめいぶん》

起承転結《きしょうてんけつ》

権謀術数《けんぼうじゅっすう》

粉骨砕身《ふんこつさいしん》

巧言令色《こうげんれいしょく》

呉越同舟《ごえつどうしゅう》

常住《じょうじゅう》坐《ざ》*（座）臥《が》*

第5章　最も重要な四字熟語180（④その他）【1】

● 次の□に漢字を入れて太字の四字熟語を完成しなさい。

□ 121 **不倶**□□の仇敵《きゅうてき》の存在が私を進化させたのです。

□ 122 おまえの母ちゃんでべそなどと、**罵詈**□□を浴びせた。

□ 123 はなはだしく手前勝手な**我田**□□と思われそうな所説（寺田寅彦『科学と文学』）

□ 124 人は、真剣な□□**錯誤**の果てに屈折を知る。

□ 125 中学出の彼は□□**勉励**して今の会社を作った。

□ 126 あの探偵の腕前は、□□**乱麻**を断つごとし。

□ 127 □□**直入**に言って、やめた方がいい。

□ 128 □□**無碍**に軽くさばくのが坂田将棋の本領だ…（織田作之助『聴雨』）

□ 129 空襲を受けた町は**阿鼻**□□の巷《ちまた》と化した。

意味・ポイント

（共に天を戴《いただ》くことができないと思うほど）深く恨《うら》むこと。「ーの敵」

口汚くさまざまに悪口を言う。＝**悪口雑言**《あっこうぞうごん》

（**我**が**田**にだけ水を引くように）自分に都合よく言ったりしたりする。

試みては**錯誤**を重ねて解決される過程。trial and error に同じ。×思考

大変苦しみながら**勉**《つと》め**励**むこと。「刻苦」は元来「体を痛めて苦労する」。

「ーを断つ」と使う。こみいった物事をてきぱき処理すること。

前置きなしに**直**接本題に**入**る様子。×短刀

何ものにもとらわれず自由に対応できる様子。

ひどくむごたらしい状態。原義は「**阿鼻**地獄の苦しみに泣き叫ぶ」。

解答

不倶戴天《ふぐたいてん》*

罵詈雑言《ばりぞうごん》*

我田引水《がでんいんすい》

試行錯誤《しこうさくご》

刻苦勉励《こっくべんれい》

快刀乱麻《かいとうらんま》

単刀直入《たんとうちょくにゅう》

融通無碍《ゆうずうむげ》*

阿鼻叫喚《あびきょうかん》

□130 質素倹約、□□**潔白**の官吏である。（太宰治『新釈諸国噺《しょこくばなし》』）

□131 日本は…所謂《いわゆる》中国人が云《い》う**夜郎**□□の類《たぐい》である。（徳富蘇峰『敗戦学校』）

□132 **用意**□□に準備をして初めてのデートに出かけた。

□133 **一病**□□なんて病人を慰める言葉さ。

□134 相手のちょっとした不誠実さが**疑**□**暗**□を生む。

□135 彼女は**天衣**□□の人だから、気をつけてね。

□136 **閑話**□□と言って、彼はまた専門の話を続けた。

□137 女の問いかけに**当意**□□に答えられる男は少ない。

□138 **感慨**□□だと言って父は涙を浮かべて鼻をかんだ。

□139 あの**唯我**□□のフォワードがパスした意味は大きかった。

□140 良平はしばらく□**我**□**中**に線路の側を走り続けた。（芥川龍之介『トロッコ』）

心が清らかで私欲がないこと。

（**夜郎**という国が漢の強大さを知らなかった様に）自分を知らず尊大だ。

用意がよく行き届いて整っている（＝周到である）。

持**病**が**一**つある方が注意して長生きできること。

（**疑**心が起きると鬼が見えるように）何もかも**疑**わしく恐ろしく感じる。

（**天**人の**衣**に縫い目が無いことから）自然で無邪気なこと。

閑《ひま》な**話**を言うのは休んで。それはさておき。さて。

その場にふさわしいように即座に機転をきかす様子。「―のやりとり」

しみじみと深く**感**じて言葉では表せない。

自分だけが尊《とうと》い・偉いとする。「天上天下《てんじょうてんげ》―」の略。誕生後すぐの釈迦《しゃか》の言葉。

我を忘れて熱**中**し他のことをかえりみない。まさに夢の**中**♪

清廉潔白《せいれんけっぱく》

夜郎自大《やろうじだい》

用意周到《よういしゅうとう》

一病息災《いちびょうそくさい》

疑心暗鬼《ぎしんあんき》

天衣無縫《てんいむほう》

閑話休題《かんわきゅうだい》

当意即妙《とういそくみょう》

感慨無量《かんがいむりょう》

唯我独尊《ゆいがどくそん》

無我夢中《むがむちゅう》

第5章　最も重要な四字熟語180（④その他）【2】

● 次の□に漢字を入れて太字の四字熟語を完成しなさい。

□ 141 彼の理論は**支離□□**で何が言いたいのか解《わか》らない。

□ 142 彼は**捲土□□**の野心に胸を焼かれているだろう。

□ 143 **臨機□□**でいこうなどと、何の方針も立ててなかった。

□ 144 弁明は具体性に欠けて□□**搔痒**の感があった。

□ 145 □□**煥発**なお嬢さんと言われてキレた。

□ 146 祇園精舎《ぎおんしょうじゃ》の鐘の声、□**行**□**常**の響《ひびき》あり。（『平家物語』）

□ 147 あれから彼とはいろいろ**紆余□□**があってね。

□ 148 彼女の**傍若□□**ぶりには、開いた口が塞《ふさ》がらない。

□ 149 □**磋琢**□に努めたりすることをしなかった。（中島敦『山月記』）

意味・ポイント

ばらばらで筋道が立たない様子。

負けたものが、（土煙を巻き上げるように）再び力をもり返す。「―を期す」

機会に臨《のぞ》み、変化に応じた適切な手段をとる。

（靴を隔てて足の痒《かゆ》いところを搔《か》くように）もどかしいこと。

才能が外に輝き現れること。

万物は同じではありえない。全てはかない。例文をリズム♪で覚えよう。

（道が曲がりくねるように）複雑な経過をたどること。

傍《かたわ》らに人がいない（「無」）かの若《ごと》く、勝手気ままにふるまう。

互いに励まし合って学力や徳を磨くこと。

解答

支離滅裂《しりめつれつ》

＊捲土重来《けんどちょうらい》

臨機応変《りんきおうへん》

隔靴＊搔＊痒《かっかそうよう》

才気＊煥発《さいきかんぱつ》

諸行無常《しょぎょうむじょう》

＊紆余曲折《うよきょくせつ》

傍若無人《ぼうじゃくぶじん》

切＊磋＊琢磨《せっさたくま》

□150 彼女が**厚顔**□□であるとしたならば…（菊池寛『真珠夫人』）

□151 なるべく**無為**□□でありたいと願う運命論者です。

□152 **有為**□□、生者必滅《しょうじゃひつめつ》の理《ことわり》を呑み込ませようと…（夏目漱石『吾輩は猫である』）

□153 こんなときでも**泰然**□□としていられたら素敵だね。

□154 いつも□□**壮語**してた彼があんなになるなんて。

□155 彼は突然、**喜色**□□となった。キモかった。

□156 彼らのしたことは□□**道断**で人間として失格だ。

□157 質素倹約、友人にケチと言われても□**耳**□**風**（太宰治『家庭の幸福』）

□158 あの人の言うことは、いつも**荒唐**□□だ。

□159 □□**隻語**に拘泥《こうでい》するなよ。

□160 僕は、孤独なんだ。□□**晩成**の自信があるんだ。（太宰治『失敗園』）

厚かましくて恥を知らない。×無知

人為を加えず宇宙のあり方に自然のままである。老荘思想の基本。

世の中のすべては移り変わり、はかないこと。

落ち着いて物事に動じない様子。

威張って大げさに言うこと。

喜びの表情が顔（「面」）じゅうに満ちている様子。

言葉にならないほどひどい。もってのほか。×げんご

（馬が耳に吹く東からの春風に感動しないように）心にとめず聞き流す。

でたらめ（「荒唐」）で根拠（「稽」）の無い様子。

わずかな言葉。「片言」「隻語」どちらも「わずかな言葉」の意。＝片言隻句《へんげんせっく》

（大きい器が晩《おそ》くできあがるように）大人物は晩《おそ》く大成すること。

厚顔無恥《こうがんむち》

無為自然《むいしぜん》

有為転変《ういてんぺん》

泰然自若《たいぜんじじゃく》

大言壮語《たいげんそうご》

喜色満面《きしょくまんめん》

言語道断《ごんごどうだん》

馬耳東風《ばじとうふう》

荒唐無稽《こうとうむけい》

片言隻語《へんげんせきご》

大器晩成《たいきばんせい》

第5章　最も重要な四字熟語180（④その他）【3】

● 次の□に漢字を入れて太字の四字熟語を完成しなさい。

□161 まさにこの業界は□□**割拠**の状況です。

□162 二百年の**無為**□□で弱体化した奴《やつ》らだとYは言う。

□163 それが□□**爛漫**の子供らしく見え…（夏目漱石『行人』）

□164 私は先輩の言うことを□□**坦懐**に聞いたつもりなのに。

□165 おまえは**輪廻**□□なんて信じないだろ？

□166 みんなは**抱腹**□□して私を見つめた。

□167 今年の日本の荒れ様は、まさに**前代**□□である。

□168 日本人は古来□□**風月**を歌に詠んできた。

□169 あっというような**奇想**□□の手を指してやるんだと…（織田作之助『聴雨』）

意味・ポイント

群れなす英雄が各地を分かち取り、互いに勢力を争うこと。

何の仕事もせずにぶらぶら（徒《いたず》ら に）遊び暮らす。

天から与えられた素直さのまま、無邪気さが現れる様子。

心にわだかまりがなくさっぱりした様子。

車**輪**が回（「**廻**《かい》」）転し続けるように、生物が死んで生き変わり続けること。

腹を**抱**《かか》え転げ回って笑うこと。

今まで（未《いま》だ）聞いたことがないようなこと。

美しい景物。**風**流な遊び。

思いもよらないほど**奇**抜なこと。「━より落つ」の略。

解答

群雄割拠《ぐんゆうかっきょ》

無為徒食《むいとしょく》

天真爛漫《てんしんらんまん》 *

虚心坦懐《きょしんたんかい》 *

輪廻転生《りんねてんしょう》 *

抱（捧）腹絶倒《ほうふくぜっとう》 *

前代未聞《ぜんだいみもん》

花鳥風月《かちょうふうげつ》

奇想天外《きそうてんがい》

□170 □□流行ということが、日本にはむかしからあるんだ。（横光利一『旅愁』）

□171 流言□□の類《たぐ》いを人前で口にして何の意味があるのか。

□172 うちらはあのころみんな軽佻□□だった。

□173 付和□□して何かをするなんて、私のやり方じゃない。

□174 □□点睛の名前までいよいよ読み進んだ時、自分は…（夏目漱石『手紙』）

□175 孤立□□に立たされた第七騎兵隊は味方を待った。

□176 暗中□□などせずに、自分らしく突き進もうと思う。

□177 ハチといふ飼犬に吠《ほ》えられて、□□狼狽であった。（太宰治『富嶽百景』）

□178 □□乾燥な日々に朽《く》ちる自分が耐えられない。

□179 旧□依□とした体制が学校の改革を遅らせた。

□180 いわゆる杓子□□とかでいっこう気の利《き》かない…（夏目漱石『現代日本の開化』）

---

170 不変（「不易」）の本質は流動性（「流行」）を求める姿にあるという芭蕉の理念。

171 根拠なく流れ飛ぶ噂《うわさ》。

172 軽はずみで心が浮《うわ》つき、薄っぺらなこと。

173 自分の考えがなく、他人に従って他人の意見に同調すること。

174 物事を完璧にするための最後の仕上げ。「―を欠く」

175 仲間もいなくて（孤立し）助けが無いこと。×無縁

176 （暗闇の中で探すように）手がかりのないまま、いろいろやってみる。

177 あわてふためくこと。

178 味わいも潤《うるお》いも無い。

179 旧《ふる》い状態のまま進歩発展がないこと。×体　×以前

180 （柄杓《ひしゃく》を定規にするように）一つの基準にこだわって融通がきかない。

---

170 不易流行《ふえきりゅうこう》

171 流言飛語《りゅうげんひご》

172 軽佻*浮薄《けいちょうふはく》

173 付和雷同《ふわらいどう》

174 画竜《がりょう》《りゅう》点睛*《てんせい》

175 孤立無援《こりつむえん》

176 暗中模索《あんちゅうもさく》

177 周章狼狽**《しゅうしょうろうばい》

178 無味乾燥《むみかんそう》

179 旧態依然《きゅうたいいぜん》

180 杓*子定規《しゃくしじょうぎ》

第5章 四字熟語

同字異音異義語

「最中《もなか》を食べている最中《さいちゅう》」という言い方に見られるように、同字なのに読みも意味も異なる言葉があります。前後からの判断が必要なので注意してください。

●次の――に読みを入れなさい。

□1 一方 a ――的に　b ――でない
　イッポウ　ヒトカタ

□2 市場 a 町の――　b 株式――
　イチバ　シジョウ

□3 大勢 a ――が集まる　b ――が決する
　オオゼイ　タイセイ

□4 大人 a ――の風格　b ――になる
　タイジン　オトナ

□5 黒子 a ――を付ける　b ――に徹する
　ホクロ　クロコ

□6 見物 a 高見の――　b これからが――
　ケンブツ　ミモノ

□7 人間 a ――に流布　b ――がいい
　ジンカン　ニンゲン

□8 心中 a ――を迫る　b ――を察する
　シンジュウ　シンチュウ

□9 身上 a ――を築く　b ――を調べる
　シンショウ　シンジョウ

□10 造作 a ――をかける　b ――がまずい
　ゾウサ　ゾウサク

□11 変化 a 化学――　b 妖怪――
　ヘンカ　ヘンゲ

□12 末期 a ――的症状　b ――の水
　マッキ　マツゴ

□13 物心 a ――両面　b ――がつく
　ブッシン　モノゴコロ

□14 利益 a 公共の――　b 御――
　リエキ　リヤク

□15 追従 a 権力者に――　b ――を言う
　ツイジュウ　ツイショウ

□16 大家 a 華道の――　b ――さんと僕
　タイカ　オオヤ

意味

1 a 片方　b 普通の程度
2 a 商人が集まって売る所　b 物以外も含む売買の範囲
3 a 多くの人　b 成りゆき
4 a 人格者　b 成人
5 a 皮膚の黒点　b 表に出ないで処理する人
6 a 見て楽しむ　b 見る価値がある
7 a 人の世　b 人柄
8 a 一緒に自殺すること　b 心の中
9 a 財産　b 身の上
10 a 手間・費用　b 家の作り・顔の作り
11 a 変わること　b 変身
12 a 終わりの時期　b 死に際
13 a 物質と精神　b 人情がわかる心
14 a もうけ　b 仏の功徳《くどく》
15 a そのまま従う　b おべっか
16 a 一つの分野で特に優れた人・金持ちの家　b 家主《やぬし》

第6章　最も重要な慣用句200

慣用句とは、二語以上が決まった結びつきをして、まとまった特別の意味をもつようになった語彙を指す。常識的な言葉づかいと呼べるものから、故事成語（＝昔から伝わる話に基づく言葉）や古典的な言い回しと言えるものまで実に幅広く、すべてを網羅することなど不可能である。したがって本書では、知らないと現代文・古文の読解で差がつくものや「大学入学共通テスト」の随筆・小説語句問題を含めてよく問われるものだけに絞った。「的を射（い）る」「要を得（え）る」の混同や、「将棋を指す」「碁を打つ」の混同などを日常でも見聞きすることがあるが、意味に注意して正確に覚えて欲しい。空欄を埋めつつ注意深くチェックしていこう。

第6章　最も重要な慣用句200（①漢数字を含む）

● □に漢字を入れて、慣用句を完成させなさい。

	慣用句	意味	解答
□1	□□から目薬	効果がなくもどかしい。	二階
□2	□□休す	すべてが終わりである。とるべき手段がない。	万事《ばんじ》
□3	一将《いっしょう》功成りて□□枯る	成功者のかげには多くの犠牲者がいる。	万骨《ばんこつ》
□4	□の□が継《つ》げない	あきれてあとの言葉が出ない。	二《に》・句《く》
□5	人《ひと》を呪《のろ》わば□□つ	悪いことをすると自分も報いをうける。	穴二《あなふた》
□6	□□寄れば文殊《もんじゅ》の知恵	凡人でも三人集まればよい考えが出る。	三人
□7	人の噂《うわさ》も□□□日	世間の評判も時間がたてば消えてしまう。	七十五《しちじゅうご》
□8	□□は一見に如《し》かず	百回聞くより自分で一度**見**た方が確かだ。	百聞《ひゃくぶん》
□9	十日の菊□□の菖蒲《あやめ》	大事な時に遅れ役に立たない物。九月九日に菊、五月五日に菖蒲を飾る事から。	六日《むいか》
□10	悪事□□を走る	悪い行《おこな》いはすぐ世間に知れ渡る。	千里
□11	石の上にも□□	辛抱すれば最後には報《むく》われる。	三年
□12	仏の顔も□□	慈悲深い人も、酷《ひど》い事をされ続ければ怒る。	三度
□13	一寸の虫にも□□の魂	小さく弱い者にも、それなりの意地がある。	五分《ごぶ》
□14	三つ子の□□まで	幼い時の性質は老人になっても変わらない。	魂百《たましいひゃく》
□15	□□の草鞋《わらじ》を履《は》く	両立しないような二つの職業を兼《か》ねる。	二足
□16	□□地に塗《まみ》れる	再起できないほどの負け方をする。	一敗《いっぱい》
□17	一事《いちじ》が□□	一つの**事**を見れば、他の事もすべてわかる。	万事《ばんじ》
□18	春宵《しゅんしょう》□□値《あたい》千金	**春**の夜は趣深く一刻が**千金**の価**値**がある。蘇《そ》軾《しょく》(11C)の詩句。	一刻《いっこく》

□19 孟《もう》母□□の教え
子どもの**教育**やしつけには環境が大切だ。「**孟母**」は**孟**子の**母**。
三遷《さんせん》

□20 胸に□□
心にたくらみを秘めている。
一物《いちもつ》

□21 口(も)□丁手(も)□丁
喋《しゃべ》ることもすることも達者であること。
八・八

□22 □□眼
将来や人の心を直感的に見通す能力。
千里《せんり》

□23 紅《こう》□□
多くの男性の中に一人の女性がいること。
一点《いってん》

□24 五十歩《ごじっぽ》□□
本質的にはあまり差のないこと。
百歩《ひゃっぽ》

□25 千慮《せんりょ》の□□
知恵者もまれには考え違いがあること。
一失《いっしつ》

□26 酒は□□の長
酒は最良の薬だということ。
百薬《ひゃくやく》

□27 九牛《きゅうぎゅう》の□□
取るにたりないわずかなこと。
一毛《いちもう》

□28 頂門《ちょうもん》の□□
人の急所をついた痛切な戒《いまし》め。
一針《いっしん》

□29 □仞《じん》の功を□簣《き》に欠く
最後のわずかな失敗で完成しないこと。
九《きゅう》・一《いっ》

□30 □□の礼
礼を尽して仕事を頼む。劉備《りゅうび》が諸葛孔明《しょかつこうめい》を三度訪れて頼んだ(『三国志』)。
三顧《さんこ》

□31 □□河清《かせい》をまつ
実現されぬ望みを持つ。「**河清**」＝黄河が澄む。
百年《ひゃくねん》

□32 □□の夢
人生が**夢**のようにはかないこと。＝**邯鄲《かんたん》の夢**
一炊《いっすい》

□33 七転《ななころ》び□□き
何度失敗しても立ち上がること。
八《や》起《お》

□34 盗人《ぬすびと》にも□□の理《り》
どんなことにも理屈がつけられること。
三分《さんぶ》

□35 □□舌《じた》
その場に合わせて嘘《うそ》を言うこと。
二枚《にまい》

□36 □□□計《けい》逃げるに如《し》かず
追いつめられた時は**逃**げるのが最上だ。
三十六

□37 □□落ちて天下の秋を知る
わずかな徴候を見て、先のことを予知する。
一葉《いちよう》

□38 □□の光陰軽《こういんかろ》んずべからず
わずかな時間も無駄にしてはならない。
一寸

□39 百里を行《ゆ》く者は□□里を半《なか》ばとす
終わりは難しいから気を引き締め直せ。
九十

□40 □を□にする
行き方・やり方を同じにする。軌《き》を同じくする。
(揆)*軌《き》・一《いっ》

第6章　最も重要な慣用句200（②動植物を含む）【1】

●□に漢字を入れて、慣用句を完成させなさい。

□41 □□□が鳴く
意味：商売などがはやらずにさびれている。
解答：閑古鳥《かんこどり》

□42 □□の川流れ
意味：名人でも失敗すること。＝**猿も木から落ちる**
解答：河童《かっぱ》

□43 能ある□は爪を隠す
意味：才**能**ある者は普段は**能**力を**隠**している。
解答：鷹

□44 □の甲《こう》より年の功
意味：**年**長者の経験は尊《とうと》ぶべきである。
解答：亀

□45 □穴《けつ》に入らずんば□児《じ》を得ず
意味：危険を冒さなければ、望みは得られない。
解答：虎《こ》・虎《こ》

□46 □の威《い》を借る□
意味：権力者の**威**光をかさに**威**張る奴。
解答：虎《とら》・狐《きつね》

□47 □の道はへび
意味：同類の者には互いによく通じている。
解答：蛇《じゃ》

□48 □*に豆鉄砲
意味：突然のことに驚いてあっけにとられる。
解答：鳩《はと》*

□49 □□門《もん》
意味：立身出世の関**門**。黄河の急流を登った鯉《こい》が龍になると言う。
解答：登龍《とうりゅう》

□50 木に縁《よ》りて□を求む
意味：方法を間違えては成功できない。＝**畑に蛤《はまぐり》**
解答：魚《うお》

□51 □*□の衆
意味：規律なく集まっているだけの集団。
解答：烏*合《うごう》

□52 □の生殺《なまごろ》し
意味：手を出して決着をつけないこと。
解答：蛇《へび》

□53 □□あれば水心
意味：相手に好意があれば、こちらも応じる。
解答：魚心《うおごころ》

□54 （人間万事）塞翁《おう》が□
意味：何が幸せとなり、何が不幸となるかはわからない。
解答：馬

□55 □□を露《あらわ》す
意味：偽り隠していたことが明らかになる。
解答：馬脚《ばきゃく》

□56 □の一声
意味：他を従わせる、実力者・権力者の一言。
解答：鶴

□57 □にかつおぶし
意味：油断できないこと。
解答：猫

□58 （寧《むし》ろ）□□となるも牛後《ぎゅうご》となるなかれ
意味：大きな組織の尻（「**牛後**」）につくより、小さな組織の長（「鶏口」）になれ。出典は『戦国策』。
解答：鶏口《けいこう》

□59 鶏《にわとり》を割《さ》くに焉《いずく》んぞ□□を用いん　小さな問題の処理には大掛かりな手段や大人物は必要ない。　牛刀《ぎゅうとう》

□60 □*寝入り　眠ったふりをする。　狸*《たぬき》

□61 鳶《とび》が□を生む　平凡な親から、優秀な子が生まれる。　鷹

□62 水清《みずきよ》ければ□棲《す》まず　あまりに心が清いと他人に親しまれない。　魚《うお》

□63 泣き面《つら》に□　悪いことが続く。＝**弱り目にたたり目**　蜂《はち》

□64 窮鼠《きゅうそ》□を噛《か》む　弱者も追いつめられると、強者を負かす。　猫《ねこ》

□65 □*の行水《ぎょうずい》　入浴を簡単にすますこと。×鳥　烏*《からす》

□66 取《と》らぬ□*の皮算用《かわざんよう》　手に入っていないものを当てにする。　狸*《たぬき》

□67 □の額《ひたい》　土地などの面積がとても狭いこと。　猫

□68 □に小判《こばん》・□に真珠《しんじゅ》　貴重なものの有り難みがわからない。　猫・豚

□69 □を被《かぶ》る　本性をかくしておとなしく見せかける。　猫

□70 □足《そく》　余計なものを付け加えること。蛇の絵に**足**を描いて失敗した故事（『戦国策』）から。　蛇《だ》

□71 □*の面《つら》に水（小便）　何をされても平気だ。　蛙*《かえる》

□72 □*につままれる　事情がよくわからずぼんやりする。　狐*《きつね》

□73 虻《あぶ》□取らず　同時にあれこれねらい、何も得られない。　蜂《はち》

□74 □*の頭《あたま》も信心《しんじん》から　つまらないものも**信**ずると尊く見える。　鰯*《いわし》

□75 □の遠吠《とおぼ》え　臆病者が陰で威張ったり非難したりする。　犬

□76 □も食《く》わない　誰にも相手にされないこと。　犬

□77 鵜《う》の真似《まね》をする□*　能力を知らず、**真似**をすると必ず失敗する。　烏*《からす》

□78 苛政《かせい》は□よりも猛《たけ》し　**苛**酷《かこく》な**政**治は虎の害よりひどい。　虎《とら》

□79 井の中の□*（大海《たいかい》を知らず）　狭い世界にとらわれて世間を**知**らない。　蛙*《かわず》

□80 藪《やぶ》をつついて□を出す　余計なことをして災《わざわ》いを招くこと。＝**藪**蛇《やぶへび》　蛇《へび》

第6章　最も重要な慣用句200（②動植物を含む）［2］（③身体を含む）［1］

●□に漢字を入れて、慣用句を完成させなさい。

	問題	意味	解答
□81	□も歩けば□に当たる	何かをしようとすると予期せぬことにあう。	犬・棒
□82	□れる者は藁《わら》をも摑《つか》む	困難に遭うと役立たないものでも頼る。	溺《おぼ》
□83	蓼《たで》食《く》う□も好《す》き好《ず》き	人の好みはさまざまである。	虫《むし》
□84	□を追《お》う者《もの》は□を見《み》ず	利益を追い、周囲の情勢に気づかない。	鹿《しか》・山
□85	*□百《ひゃく》まで踊《おど》り忘れず	小さい時の習慣は年をとっても変わらない。	*雀《すずめ》
□86	水《すい》□の交《まじ》わり	離れがたい親密な交際。出典は『三国志』。	魚《ぎょ》
□87	□□の塔《とう》	世間から離れ研究に専念する生活。	象牙《ぞうげ》
□88	*□の涙《なみだ》	ごくわずかな事・物。	*雀《すずめ》
□89	□雪《せつ》の功《こう》	苦労して勉学した結果。蛍の光と窓の雪明かりで本を読んだ（『晋書』）。	蛍《けい》
□90	立《た》つ□跡《あと》を濁《にご》さず	去る時、あとが見苦しくないようにする。	鳥《とり》
□91	花も□も有る	名実ともにある。外観も内容もよい。	実《み》
□92	□□の勢い	勢いが激しくてとどめることができない。	破竹《はちく》
□93	前門《ぜんもん》の□、後門《こうもん》の□	次々に災《わざわ》いや危険に襲われる。	虎《とら》・狼《おおかみ》
□94	栴檀《せんだん》は□□より芳《かんば》し	大成する人物は幼時から優れた素質を示す。	㊂双葉《ふたば》
□95	□□も山のにぎわい	つまらないものでも、無いよりましだ。	枯木《かれき》
□96	寄らば□□の陰	頼るならば、勢力のある者に頼るべきだ。	大樹《たいじゅ》
□97	*□□に塩	元気のない様子。	青菜《あおな》
□98	青は□より出《い》でて□より青し	弟子が先生より優れていること。＝**出藍《しゅつらん》の誉《ほま》れ**	藍《あい》・藍《あい》

- □ 99 飼い□に□を噛《か》まれる　世話した者から思いがけない害を受ける。　**犬・手**
- □ 100 □の□に念仏《ねんぶつ》　いくら意見してもききめのないこと。＝**犬に論語**　**馬・耳**
- □ 101 □塩にかける　自分で気を配って世話をする。　**手**
- □ 102 □が酸《す》っぱくなる　忠告など、繰り返し同じ事を言う。　**口**
- □ 103 □に火がつく　物事がさし迫っている。　**尻**
- □ 104 □に帆《ほ》をかける　慌《あわ》てて逃げ出す。　**尻**
- □ 105 真綿《まわた》で□をしめる　じわじわと責める・苦しめる。　**首**
- □ 106 暖簾《のれん》に□押《お》し　手ごたえ・張り合いがない。　**腕《うで》**
- □ 107 □□相照《あいて》らす　心の底を打ち明けて、親しく交際する。　**肝胆《かんたん》**
- □ 108 □を焦《こ》がす　思いこがれる。思いわずらう。　**胸**
- □ 109 □をすくう　相手のすきにつけ入り、失敗に導く。　**足**

- □ 110 □が上がる　上手になる。酒量が増える。　**手**
- □ 111 □を上げる　上達する。酒量が増える。　**腕**
- □ 112 □を皿にする　物を探す時など目を大きく見開く。　**目**
- □ 113 □をつぶる　見て見ぬふりをする。死ぬ。　**目**
- □ 114 □を肥《こ》やす　自分の利益をふやす。＝**私腹《しふく》を肥やす**　**腹**
- □ 115 □を明かす　隙《すき》を窺《うかが》って先んじ、相手をあっと言わす。　**鼻**
- □ 116 □を折る　相手の慢心をくじく。　**鼻**
- □ 117 □を揃《そろ》える　きちんと不足なく金額をそろえる。　**耳**
- □ 118 □に糊《のり》す　やっと生計をたてる。＝**糊口《ここう》を凌《しの》ぐ**　**口**
- □ 119 □に角《かど》を立てる　怒って鋭い目つきをする。　**目**
- □ 120 □に敷く　妻が夫を軽視して思いどおりに扱う。　**尻**

第6章　最も重要な慣用句200（③身体を含む）【2】

●□に漢字を入れて、慣用句を完成させなさい。

番号	慣用句	意味	解答
□121	□も当《あ》てられない	あまりにひどく見るにたえない。	目
□122	□を研《と》ぐ	悪い目的のために準備して機会を待つ。	爪《つめ》
□123	□を拱《こまぬ》《こまね》く・を束《つか》ねる	どうすることもできずに傍観する。	手
□124	□に余る	ひどすぎて見過ごすことができない。	目
□125	□が出る	赤字になる。隠しごとがあらわれる。	足
□126	□から□へ抜ける	機転がきく。優れて賢い。抜け目がない。	目・鼻
□127	□を掠《かす》める・を盗む	見つからないようこっそり行動する。	目
□128	木で□を括《くく》る	無愛想な対応をする。	鼻
□129	□に火をともす	倹約する。ろうそくの代りに爪に**火をともす**わけです。	爪《つめ》
□130	□は□ほどに物を言う	目は話すのと同じほど訴える力を持つ。	目・口
□131	□が煮《に》えくり返《かえ》る	腹が立って怒りを抑えられない。	腸《はらわた》
□132	□が痛《いた》い	他人の言葉が自分の弱点を突いてつらい。	耳
□133	□に物見《ものみ》せる	（ひどい目にあわせて）思い知らせる。	目
□134	口《くち》は□のもと・門《かど》《もん》	うっかりした言葉が思わぬ禍を招く。	禍《わざわい》
□135	□□にも掛《か》けない	まったく問題にしない。無視する。	歯《し》牙《が》
□136	揚《あ》げ□を取る	言葉じりをとらえて、相手を責める。	足
□137	良薬《りょうやく》（は）□に苦《にが》し	（良く効く薬のように）ためになる忠告ほど聞きづらい。	口
□138	□に□はかえられぬ	差し迫ったことのために他を犠牲にするのは仕方がない。	背《せ》・腹《はら》

□ 139 □水《すい》の陣《じん》
引けない状態。必死の覚悟で事・敵に当たること。出典は司馬遷『史記』(BC1C)。

背《はい》

□ 140 間《かん》□を容《い》れず
間《ま》を置かずすぐに。×「かんぱつ」は間違った言い方。
髪《はつ》

□ 141 □を打つ
合意する。対策を講じる。
手

□ 142 □□に膾炙《かいしゃ》する
広く世間の話題になる。
人口《じんこう》

□ 143 □に衣《きぬ》着せぬ
遠慮せずに思ったままに言う。
歯

□ 144 □が浮《う》く
空々《そらぞら》しく気障《きざ》な言動に不快を感じる。
歯

□ 145 □を焼《や》く
もてあます。てこずる。
手

□ 146 □を切《き》る
縁《えん》を**切**る。関係を絶つ。
手

□ 147 寝《ね》□に水《みず》
突然の出来事にびっくりすること。
耳《みみ》

□ 148 □光紙《こうし》□に徹《てっ》する
文章の奥にある深い意味まで見抜く。
眼《がん》・背《はい》

□ 149 □蔵《ぞう》ない
考えを包みかくさない。率直な。
腹《ふく》

□ 150 □□から鳥《とり》が立つ
思わぬ事が身近で起こる。急に思い**立**って行動する。
足下《あしもと》

□ 151 長《ちょう》□□をふるう
長々としゃべる。
広舌《こうぜつ》

□ 152 □□に尽くし難《がた》い
文章や言葉で十分に表現できない。
筆舌《ひつぜつ》

□ 153 □車《ぐるま》に乗る
うまく口先だけでだまされる。
口

□ 154 濡れ□で・に粟《あわ》
苦労せずに大きな利益を得ること。
手《て》

□ 155 □に付《つ》く
嫌な臭《にお》いがする。嫌味に感じられる。
鼻

□ 156 □□視《し》する
意地の悪い目で見る。＝**白い目で見る**
白眼《はくがん》

□ 157 □を引《ひ》っぱる
他人の行動のじゃまをする。
足

□ 158 □□を現《あらわ》す
優れた能力が群を抜いて目立ってくる。
頭角《とうかく》

□ 159 愚の□□
このうえなく**愚**《おろ》かなこと。
骨頂《こっちょう》

□ 160 □□過《す》ぎれば熱さを忘れる
苦しみも、時がたてばすぐに**忘**れてしまう。
喉元《のどもと》

第6章 最も重要な慣用句200 （④その他）

● □に漢字を入れて、慣用句を完成させなさい。

		意味	解答
□161	諸刃《もろは》の□	一方で役立つが、他方で危険を伴うもの。	剣《つるぎ》（刃《やいば》）
□162	□は友を呼《よ》ぶ	似た者同士は寄り合うものだ。	類《るい》
□163	□□併《あわ》せ呑《の》む	度量が広く善も悪も区別なく受け入れる。	清濁《せいだく》
□164	□から牡丹餅《ぼたもち》	苦労せず思いがけない幸運に巡り合う。＝**棚ぼた**	棚《たな》
□165	□□盆《ぼん》に返らず	してしまった事は、と**り返**しがつかない。	覆水《ふくすい》
□166	正鵠《せいこく》を□る	核心をつく。「**正鵠**」は的《まと》の中央の黒点。	射《い》
□167	□るに落ちる	話していてうっかり本当のことを言う。	語
□168	鬼面《きめん》□を驚かす	うわべの勢いで人を脅《おど》す。	人《ひと》
□169	□□に冠を整《ただ》さず（＝□□の冠）	他人から疑いを受けるような行動はするな。「李下」はスモモの木の下。	李下《りか》
□170	□□の霹靂《へきれき》	突発的な事件。急な変動。	青天《せいてん》
□171	□□薬籠中《やくろうちゅう》の物《もの》	役立つ時に使えるようにしてある物・人。	自家《じか》
□172	釈迦《しゃか》に□□	よく知っている人に教える愚かさ。	説法《せっぽう》
□173	□□の石	他人の良くない言行が自分の反省に役立つ。	他山《たざん》
□174	□□人を刺す	短く鋭い言葉で人の急所を突く。	寸鉄《すんてつ》
□175	□□に遑《いとま》がない	たくさんありすぎて一々数えきれない。	枚挙《まいきょ》
□176	悪銭《あくせん》□につかず	不正な金は無駄づかいしがちである。	身《み》
□177	医者の不《ふ》□□	口だけで実行が伴わない。＝**坊主の不信心**	養生《ようじょう》
□178	天網恢恢《てんもうかいかい》□にして漏《も》らさず	悪事を働いた者は、必ず**天罰**を受ける。出典は『老子』。	疎《そ》

□179 笛《ふえ》吹《ふ》けど□らず　先に立ち誘導しても、人が応じないこと。出典は『新約聖書』マタイ伝。　踊《おど》

□180 逆鱗《げきりん》に□れる　目上の人を怒らせる。　触《ふ》

□181 □夫の利　二者の争いにつけ込んで**利**益を得る。　漁《ぎょ》

□182 □すれば通《つう》ず　行きづまるとかえって方法が見つかる。　窮《きゅう》

□183 後塵《こうじん》を□する　人につき従う。人に先んじられる。　拝《はい》

□184 □を食《くら》わば□まで　罪を犯した以上は悪に徹しようとする。　毒《どく》・皿《さら》

□185 □□猛猛《たけだけ》し　悪事をとがめられ、逆に食ってかかる。　盗人《ぬすびと・ぬすっと》

□186 的《まと》を□る・要《よう》を□る　適確に**要**点を捉《とら》える。×的を得る　射《い》・得《え》

□187 □□は寝て待て　幸運はあせらず**待**つしかない。　果報《かほう》

□188 瓢簞《ひょうたん》から□が出る　意外な所から意外なものが現れる。　駒《こま》

□189 和して□ぜず　他人と仲よくしても、自分を曲げない。　同《どう》

□190 情《なさけ》は□の為《ため》ならず　他人に**情**けをかけると、巡り巡って自分の**為**になる。〈本人の為にならない〉は誤用。　人

□191 □から出た錆《さび》　自分の悪行で自ら苦しむこと。＝**自業自得**　身《み》

□192 □ずるより生むが易《やす》し　心配するよりも簡単に済むことが多い。　案

□193 □すれども盗泉《とうせん》の水を飲まず　困っても、いかがわしいものに頼らない。　渇《かっ》

□194 □に交われば赤くなる　人は**交**わる友で、善くも悪くもなる。　朱《しゅ》

□195 待てば□□の日和《ひより》あり　じっくり**待**てば必ずよい機会がくる。　海路《かいろ》

□196 小人閑居《しょうじんかんきょ》して□□をなす　**小人**物は暇《ひま》だと善くないことをしがちだ。　不善《ふぜん》

□197 衣食足りて□□を知る　生活に余裕ができると、礼儀を**知**る。　礼節

□198 □の無い所《ところ》に□は立たぬ　原因の**無**いところに、噂《うわさ》は**立**たない。　火《ひ》・煙《けむり》

□199 船頭《せんどう》多《おお》くして船《ふね》□にのぼる　指図《さしず》する人間が**多**いと方向を間違う。　山《やま》

□200 袖振《そでふ》(触《ふ》)り合うも□□の縁　ちょっとした事も前世からの因**縁**による。　㊀他 多生《たしょう》

誤用し易い語句

●次の□に文字を入れなさい。

下の意味になるように慣用句を完成していきます。「×」以下に誤用例や間違った意味を掲載したので確認してください。

□ 1 □□な手段*
根本的でなく一時しのぎのやり方。×卑怯なやり方
姑息《こそく》*

□ 2 □□ゆかしい
古くからのやり方に則《のっと》っている様子。×「一ゆたかな」は誤用。
古式《こしき》

□ 3 □□を惜しむ
わずかの時間も無駄にしない。×「一を惜しまず」は誤用。
寸暇《すんか》

□ 4 □□たる面持ち*
不満ながらどうしようもない表情。×腹を立てた表情
憮然《ぶぜん》*

□ 5 □□に触れる
共鳴し深く感動する。×怒りを買う
琴線《きんせん》

□ 6 雨□□
雨が降りそうな様子。×雨が降ったり止んだりする様子。
模様《もよう》

□ 7 □泣する
「ごうきゅう」と読む。大声を上げて泣く。×激しく泣く
号

□ 8 論□を張る
論理を組み立て議論を展開する。×戦（「論戦を展開」と区別）
陣

□ 9 煮□まる
十分に議論をして結論が出る状態になる。×結論を出せない
詰

□ 10 話の□り
話の中心となる部分。×話の最初の部分
触《さわ》

□ 11 間《ま》が□□ない
空いた時間を持て余す。×持て
持た

□ 12 声を□らげる
必要以上に大きな声を出す。「声をあらげる」は省略形。
荒《あら》

□ 13 雪辱《せつじょく》を□□□
以前に負けた相手に勝つ。×晴らす
果たす

□ 14 心血を□□
全力で取り組む。×傾ける（「精魂を傾ける」（＝打ち込む）と区別）
注ぐ

□ 15 溜飲《りゅういん》を□□□
不平・不満・恨みなどを解消して気が晴れる。×晴らす
下げる

□ 16 檄《げき》を□□□
自分の主張を広く人々に知らせる。×励まして活気づける
飛ばす

□ 17 □□もほろろ
冷たくはねつけ受け入れない様子。「けん」「ほろろ」は雉《きじ》の鳴き声。
けん

□ 18 □□(も)ない
愛想がない。そっけない。
にべ

□ 19 すべ□□□
「須《すべから》く」と書く。ぜひとも。×「すべて」の意味ではない。
からく

□ 20 やぶさか□□□
「吝《やぶさ》か」＝ためらい。努力を惜しまない。喜んでする。「するのに一」

でない

第7章　共通テストの全漢字 210×5

「大学入学共通テスト」を受ける人は必ずやって欲しい。第1～3章で学習した漢字以外に、日常的な語彙も多く出題されている。たとえば「亜鉛」「湖沼」「危ぶむ」といった漢字は、問題文として選ばれるような評論文にはあまり登場しないため、これまでの漢字問題集では取り上げられることがほとんどなかった。しかしマーク式設問の選択肢として出題されるため、本書では共通テスト対策として積極的に収録した。共通テストでは、同音の異字が5つ以上ある常用漢字（本書ではすべて掲載したので、各ページの□の漢字もチェックして完璧に！）のみが繰り返し出題されるので、正解以外の漢字も次回は正解として出題される可能性がある。正解の漢字を選ぶだけでなく、すべての選択肢の漢字がわかるようにしよう。

（↓は基礎編の問題番号を示す。常用外の読み方には黒でルビを付けた。）

● 傍線部の漢字と同じ漢字を含むものを、次の各群の①～⑤のうちから、それぞれ一つずつ選べ。

問題	意味	解答
□1 **ヨウイ**なダイエット法希望。 ↓123		容易
① イケイの念を持つ	畏《かしこ》まり敬うこと。	①畏敬
② イキョクを尽くした説明	詳しいこと。	②委曲
③ アンイな考え	軽々しくいい加減。	❸安易
④ 敵にホウイされる	まわりを取り囲む。	④包囲
⑤ 人生のイギを考える	物事の価値や意味。	⑤意義
□2 まさかお前が俺の**キョウイ**となるとは。 ↓193		脅威
① サクイ的に改変する	わざと手を加えること。	①作為
② イタンの説を唱える	正統から外れている。	②異端
③ イダイな人物	優れて立派な様子。	③偉大
④ 仕事をイライする	人に頼む・頼ること。	④依頼
⑤ イセイがいい	活気ある・威圧する勢い。	❺威勢
□3 俺の美しさに**キイン**した悲劇がまた…。 ↓347		起因
① 田舎にヒきこもる	退《しりぞ》いて静かに暮らす。	①引
② 冷たい水をノむ	口から腹へ入れる。	②飲
③ 月が雲にカクれる	物の影で見えなくなる。	③隠
④ 失敗は不注意にヨる	起きる原因となる。	❹因
⑤ 登頂のシルシを残す	目印。合図。証拠。	⑤印(徴)
□4 **インシツ**ないやがらせに耐えぬいた。 ↓907		陰湿
① 観客をドウインする	人・物を組織的に集める。	①動員
② ゴウインな勧誘に困惑する	無理に・強いて行うこと。	②強引
③ コンイン関係を結ぶ	結婚すること。	③婚姻
④ コウイン矢のごとし	慣 月日が早く過ぎることのたとえ。	❹光陰
⑤ ヨウインを分析する	物事の成り立ちに必要な原因。	⑤要因
□5 **エイエイ**とお気に入り画像を集める。 ↓640		営々(営)
① 河原でヤエイをする	野外で宿泊すること。	❶野営
② エイリな刃物	鋭くよく切れる様子。	②鋭利
③ エイダンをくだす	優れた判断。	③英断
④ 勝利のエイカンを得る	輝かしい勝利。	④栄冠
⑤ エイセイ的な調理場	病気を防ぐようにする。	⑤衛生

イ（以上／衣服／位置／医療／胃腸／尉官／唯々諾々〈＝何事にも従う様子〉／推移／萎縮／椅子／語彙／相違／維持／慰安／遺憾〈＝不本意で心残りだ〉／経緯〈＝物事の細かい事情〉）
イン（咽喉／母音／満員／議院／淫乱／韻律）
エイ（永続／水泳／反映／詠嘆／影響）

6 ディスられることへの**メンエキ**なくて…。 →556

意味
① 諸国とのコウエキ　品物を交換し売買する。
② ムエキな行為　利益の無い。役立たない。
③ エキジョウ化現象　液体の状態。
④ エキビョウを撲滅する　流行病。伝染の病。
⑤ チョウエキ刑を科す　刑務所で作業する刑罰。

解答
免疫
① 交易
② 無益
③ 液状
④ 疫病
⑤ 懲役

7 **ナマリイロ**の空を背負って歩く。 →971

① 雨天によるジュンエン　順々に期日を延ばす。
② エンショウを起こす　熱・腫れを起こす症状。
③ エンコを頼る　血縁・人のつながり。
④ アエンの含有量　青白色でもろい金属。
⑤ コウエンな理想　高尚で遠大なこと。

鉛色
① 順延
② 炎症
③ 縁故
④ 亜鉛
⑤ 高遠

8 **オウライ**でタクシーを拾おう。 →231

① オウボウな独裁者　わがままで乱暴。
② 証拠のオウシュウ　証拠物などを確保する。
③ オウフク切符　行ってまた戻ること。
④ オウキュウ処置　急場しのぎ。
⑤ オウギを極める　大事なところ。極意。

往来
① 横暴
② 押収
③ 往復
④ 応急
⑤ 奥義

9 **ヘイオン**な日々が突如失われた。 →687

意味
① オンシン不通　たより。消息。
② 命のオンジン　恩のある人。
③ 部屋のオンド　暖かさや冷たさの度合い。
④ オンビンに収める　穏やかで角がたたない。
⑤ クオンに広がる空　久しく遠くまで続く。

解答
平穏
① 音信
② 恩人
③ 温度
④ 穏便
⑤ 久遠

10 秒で**カセぐ**方法をあなただけに。 →1189

① 責任をテンカする　過ちを他人になすりつける。
② カクウの話をする　根拠なく想像で作ること。
③ 機械がカドウする　稼ぎ働く。機械を動かす。
④ もめごとのカチュウに入る　もめている事件の中。
⑤ 競争がカレツを極める　きびしく烈《はげ》しい。

稼
① 転嫁
② 架空
③ 稼動
④ 渦中
⑤ 苛烈

エキ（駅伝）
エン（円熟／沿革／怨恨／宴会／才媛／援助／庭園／塩害／煙突／犬猿の仲／演奏／妖艶）
オウ（帝王／凹凸《とつ》／中央／旺盛／渡欧／殴打／法皇／観桜／老翁／黄金）　**オン**（怨念）

(↓は基礎編の問題番号を示す。常用外の読み方には黒でルビを付けた。)

●傍線部の漢字と同じ漢字を含むものを、次の各群の①～⑤のうちから、それぞれ一つずつ選べ。

□11 カカンに告白しては振られていた。 ↓901
- ① セイカをあげる　意味：成し得たよい結果。
- ② カダイは山積《さんせき》している　意味：課せられた問題・任務。
- ③ カゾクで旅行をする　意味：共同生活を形作る小集団。
- ④ 物語がカキョウに入る　意味：すばらしい場面。
- ⑤ 問題をカシ化する　意味：目に見える。

解答：果敢　❶成果　②課題　③家族　④佳境　⑤可視

□12 カブンにして知りませんでした。 ↓1282
- ① ゴウカな食事　意味：贅沢《ぜいたく》で華やかなこと。
- ② フカをかける　意味：負担となる事。消費量。
- ③ カモクな人物　意味：ことば数が少ない。
- ④ カモツ列車　意味：運搬する荷物。
- ⑤ カブンな賛辞　意味：分不相応なこと。

解答：寡聞　①豪華　②負荷　❸寡黙　④貨物　⑤過分

□13 ヒガの境が溶けてゆく。 ↓886
- ① バクガ飲料を飲む　意味：大麦を発芽させたもの。
- ② シガにもかけない　意味：慣 全く問題にしない。
- ③ ユウガな生活をおくる　意味：上品で雅《みや》びな様子。
- ④ 政権がガカイする　意味：(瓦《かわら》一枚程度の)一部の崩れから全体が壊れる。
- ⑤ 間食をガマンする　意味：耐えること。

解答：彼我　①麦芽　②歯牙　③優雅　④瓦解　❺我慢

□14 余計なものをカイザイさせたくない。 ↓613
- ① 農地をカイリョウする　意味：改め良くすること。
- ② 不動産売買のチュウカイ　意味：間に入って話をまとめる。
- ③ カイカツな生活　意味：明るくて元気なこと。
- ④ 過去をカイソウする　意味：振り返り想《おも》いを巡らす。
- ⑤ カイケイを受け持つ　意味：支払い。勘定。

解答：介在　①改良　❷仲介　③快活　④回想　⑤会計

□15 一生エンカウントカイヒしてろ。 ↓25
- ① 海外のタイカイに出場する　意味：盛大な会。最も大きな会。
- ② タイカイに飛び込み泳ぐ　意味：大きな海。広い海。
- ③ 方針を一八〇度テンカイする　意味：正反対に・大きく方向を変えること。
- ④ 個人の考えをカイチンする　意味：意見を発表する。
- ⑤ 天使がゲカイに舞い降りる　意味：人間の住む世界。見下ろした地上の世界。

解答：回避　①大会　②大海　❸転回　④開陳　⑤下界

カ(降下／文化／火災／加護／仮説／幾何／花壇／価値／河川／科目／初夏／菓子／寸暇／禍福／製靴／歌唱／箇条)
ガ(映画／祝賀／飢餓)
カイ(石灰／警戒／奇怪／誘拐／悔恨／皆無／機械／街道／絵画／階級／金塊／楷書／解析／潰瘍／破壊／懐旧／俳諧)

□16 正義の**ガイネン**が既に違っていたんだ。 ↓216

意味

① ガイハクな知識　学問・知識の広いこと。
② 不正をダンガイする　暴《あば》いて責任を追及する。
③ ケイガイ化した制度　中身のない形だけのもの。
④ カンガイにふける　身にしみて感じること。
⑤ 会議のガイヨウ　ほとんど。あらまし。

解答

概念
① 該博
② 弾劾
③ 形骸
④ 感慨
❺ 概要

□17 僕と君とを**ヘダ**てる物は何も無い。 ↓94

① カクシキを重んじる　身分・儀式上の決まり。
② エンカク地に赴任する　遠く隔たっていること。
③ 問題のカクシンを突く　中心となる大事なところ。
④ 制度をカイカクする　基盤を維持しつつ改める。
⑤ データをヒカクする　比(較《くら》)べること。

隔
① 格式
❷ 遠隔
③ 核心
④ 改革
⑤ 比較

□18 ここぞとばかり**ガクシキ**をひけらかす。 ↓985

① 被害のソウガク　全てを合計した金額。
② ジュガクを学ぶ　儒教を研究する学問。
③ ガクカンセツ症にかかる　顎《あご》の関節。
④ サンガク地帯　高く険しい山々。
⑤ ガクフを読む　曲を記号で記したもの。

学識
① 総額
❷ 儒学
③ 顎関節
④ 山岳
⑤ 楽譜

□19 お土産は**ナメ**らかプリンがいいなー。 ↓592

意味

① イッカツして処理する　一つにまとめること。
② 国のカンカツとなる　権限によって支配する。
③ 岩石のカツラクを防ぐ　滑り落ちること。
④ 領土をカツジョウする　土地や物を分けて譲る。
⑤ 自由をカツボウする　強く望む。

解答

滑
① 一括
② 管轄
❸ 滑落
④ 割譲
⑤ 渇望

□20 **カワ**いた肌が美容液を求めてる。 ↓143

① 渋滞をカンワする　程度が緩やかになり、和らぐこと。
② 新入生をカンゲイする　喜んで迎える。
③ 難題にカカンに挑む　思い切りがよく勇敢な様子。
④ 浅瀬をカンタクする　湖・海の水を干して陸にする。
⑤ カンデンチを買う　電解液を吸収させたものを容器に密封した電池。

乾
① 緩和
② 歓迎
③ 果敢
④ 干拓
❺ 乾電池

ガイ（除外／損害／断崖／生涯／市街／頭蓋骨）
カク（各自／角度／計画／拡大／過客〈＝旅人〉／地殻／外郭／覚悟／内閣／確認／獲得／威嚇／収穫）
カツ（活躍／恐喝／葛藤〈＝もつれ〉／褐色）
カン（刊行／甲板／発汗／缶詰／完璧／肝要／官僚／石棺／栄冠）

（↓は基礎編の問題番号を示す。常用外の読み方には黒でルビを付けた。）

● 傍線部の漢字と同じ漢字を含むものを、次の各群の①～⑤のうちから、それぞれ一つずつ選べ。

□21 天使は悪巧みに**オチイ**ってはいけない。 ↓502

	意味
① イカンの意を表する	不本意で心残りだ。
② カンゼンと戦う	思い切って行う様子。
③ 上司のカンシンを買う	喜び嬉《うれ》しがること。
④ 地盤がカンラクする	落ちて窪《くぼ》む。
⑤ トッカン工事	短期間で突き進める。

解答　**陥**　①遺憾　②敢然　③歓心　❹陥落　⑤突貫

□22 濃縮**カンゲン**のジュースじゃやだよ。 ↓45

	意味
① ヤッカンに同意する	法や約束で定めた条項。
② カンレキを迎える	数え年六十一歳。
③ カンセイな住宅街	もの静かな様子。
④ 授業をサンカンする	出向き実際に見ること。
⑤ カンキョウを整える	人間などを取り巻く外界。

解答　**還元**　①約款　❷還暦　③閑静　④参観　⑤環境

□23 水音が尿意を**カンキ**した。 ↓37

	意味
① カンマンな動きをする	緩やかでのろい様子。
② 部屋がカンソウする	湿気・水分がなくなる。
③ 裁判で証人をショウカンする	官庁が呼び出すこと。
④ ゲンカンの土地で暮らす	非常に厳しい寒さ。
⑤ サークルにカンユウする	説き勧めて誘うこと。

解答　**喚起**　①緩慢　②乾燥　❸召喚　④厳寒　⑤勧誘

□24 損得の**カンジョウ**だけで考えるなよ。 ↓40

	意味
① カンダイな処置	心が広く度量が大きい。
② 諸事情をカンアンする	あれこれと考え合わせる。
③ 内政カンショウ	立ち入ること。
④ カンゲンに乗る	口先だけのうまい言葉。
⑤ 献身的なカンゴ	怪我人・病人の世話をする。

解答　**勘定**　①寛大　❷勘案　③干渉　④甘言　⑤看護

□25 一見**ガンチク**がありそうな言いまわし。 ↓114

	意味
① ハガンイッショウ	顔をほころばせて笑う。
② ガンケンな体質	丈夫で壮健なこと。
③ 亜鉛のガンユウ量	含んでいること。
④ ガンボウがかなう	願い望むこと。
⑤ 計画のガンモク	最も重要なところ。

解答　**含蓄**　①破顔一笑　②頑健　❸含有　④願望　⑤眼目

カン（圧巻／患者／堪忍〈＝勘弁。怒りを抑えて他人の過失を許すこと〉／変換／間隔／根幹／感動／門外漢〈＝専門ではない人。直接関係ない人〉／慣例／管理／関連／監督／図書館／簡潔／韓国／軍艦／鑑定〈＝判断・評価する〉）

ガン（弾丸／元来／護岸／岩石／愛玩）

□26 合格を心より**キネン**しています。 ↓1064

意味
① 必勝をキガンする　願い祈ること。
② 投票をキケンする　権利を放棄すること。
③ 運動会のキバ戦　馬に乗ること。
④ 開会式のキシュ　旗を持つ・活躍する人。
⑤ キソク正しい生活　決まり。ルール。

解答
祈念
❶ 祈願
② 棄権
③ 騎馬
④ 旗手
⑤ 規則

□27 解答欄を間違えた**キグ**を拭《ぬぐ》えない。 ↓197

① 将来をアヤぶむ　気がかりに思う。
② 新事業をクワダてる　もくろむ。計画する。
③ イまわしい記憶　嫌な感じだ。不吉だ。
④ 上体をオこす　横たわった物を立てる。
⑤ 文献にモトづく　よりどころとする。

危惧
❶ 危
② 企
③ 忌
④ 起
⑤ 基

□28 その星は夜空に美しい**キセキ**を描いた。 ↓266

① キブツ損壊罪　器具。道具。
② 新キジクを打ち出す　方式。活動の中心。
③ 人生のキロに立つ　わかれ道。
④ コウキシンにかられる　未知なものへの興味。
⑤ 惑星のキドウを調べる　運動・運行する道筋。

軌跡
① 器物
② 機軸
③ 岐路
④ 好奇心
❺ 軌道

□29 よくそう**キョギ**に満ちたこと言えるな。 ↓866

意味
① ギキョクを上演する　演劇の台本。
② 彼はギゼン者だ　うわべだけの善行。
③ セイギをつらぬく　正しい筋道。正道。
④ ギイン内閣制　「―内閣制」議会が政府を作る制度。
⑤ シツギ応答が長引く　疑問点を問い質《ただ》すこと。

解答
虚偽
① 戯曲
❷ 偽善
③ 正義
④ 議院
⑤ 質疑

□30 俺んち**キュウリョウ**にあってさ。 ↓271

① 議事がフンキュウする　物事がもつれて乱れる。
② キュウエン物資を送る　他人を救い助ける。
③ サキュウがひろがる　風が運んだ砂でできた丘。
④ キュウチにおちいる　苦しい立場。
⑤ フッキュウ作業を急ぐ　元通りになること。

丘陵
① 紛糾
② 救援
❸ 砂丘
④ 窮地
⑤ 復旧

キ（克己《こっ》〈＝自分に打ち勝つこと〉／歌舞伎／机上／空気／希望／汽車／季節／帰路／既存《そん》／明記／飢餓／鬼畜／寄稿／亀裂／悲喜／幾何学／発揮／期限／棋士／貴重／毀損／近畿／光輝〈＝光と輝き。栄光〉）
ギ（技能／便宜／詐欺／儀式／模擬／犠牲）
キュウ（九死に一生／永久／普及／弓道／休暇／吸引／不朽／脱臼）

（↓は基礎編の問題番号を示す。常用外の読み方には黒でルビを付けた。）

● 傍線部の漢字と同じ漢字を含むものを、次の各群の①～⑤のうちから、それぞれ一つずつ選べ。

問題	意味	解答
□ 31 まとめサイトに**イキョ**した発言。	↓494	依拠
① キョム的な思想	空《むな》しいものだと感じる。	① 虚無
② キョマンの富を築く	非常に多くの数・量。	② 巨万
③ 委員にスイキョされる	ふさわしい人だと勧める。	③ 推挙
④ 活動のキョテンを移す	活動の足場となる所。	❹ 拠点
⑤ 発明のトッキョをとる	特定権利（の許可）。	⑤ 特許
□ 32 やーマジきみの言葉**ヒビ**いたわー。	↓149	響
① 物資をキョウキュウする	必要に応じて与える。商品を市場に出す。	① 供給
② ギャッキョウに耐える	都合よくいかない境遇。	② 逆境
③ 他国とキョウテイを結ぶ	協議して取り決めを結ぶこと。条約。	③ 協定
④ エイキョウを受ける	他に作用が及ぶこと。	❹ 影響
⑤ ホドウキョウを渡る	歩行者が道路を横断するための橋。	⑤ 歩道橋
□ 33 俺も円安の利益を**キョウジュ**したい。	↓381	享受
① 高さにキョウタンする	驚いて感心する。	① 驚嘆
② キョウネン八十歳	天から享《う》けた・死んだ年齢。	❷ 享年
③ キョウミ深い事件	特別の関心・注意。面白み。	③ 興味
④ 食糧をテイキョウする	他の人に差し出す。	④ 提供
⑤ 思想にキョウメイする	刺激による振動・同感。	⑤ 共鳴
□ 34 今夜は**キョウキン**を開いて語ろうぞ。	↓1463	胸襟
① ムネを焦がす	慣 思い煩う・焦がれる。	❶ 胸
② 国と国のサカイ	区切り。分かれ目。	② 境
③ 技をキソう	競争する。	③ 競
④ しおりをハサむ	両側から押す。間に入れる。	④ 挟
⑤ 外に向かってサケぶ	大きな声を出す。	⑤ 叫
□ 35 そういうことで**ダキョウ**したくないんだ。	↓727	妥協
① キョウリョクし合う	他と力を合わせる。	❶ 協力
② ボウキョウの念	故郷をなつかしく思う。	② 望郷
③ キョウフでふるえる	恐れおののくこと。	③ 恐怖
④ ヘンキョウな考え方	度量の狭い様子。	④ 偏狭
⑤ カイキョウを渡る	海が狭くなった部分。	⑤ 海峡

キュウ（欲求／研究／号泣／至急／上級／宮殿／地球／給料／嗅覚）
キョ（去就〈＝去ることと留《とど》まること。進退〉／住居／拒否／距離）
キョウ（吉《きっ》凶／兄弟／熱狂／上京／概況／香車／恭順〈＝つつしんで命令に従うこと〉／脅迫／強要／宗教／読経／矯正／鏡台）

36 三年間を**ギョウシュク**したアルバム。

意味 ↓121

① 必死のギョウソウ　激しい感情の表れた顔つき。
② 血液がギョウコする　(凝り)固まること。
③ 自転車ソウギョウ　慣 赤字を出しながらの経営。
④ ギョウギをよくする　たちいふるまいの作法。
⑤ 経済にツウギョウする　詳しく知りぬいている。

解答　凝縮　①形相　❷凝固　③操業　④行儀　⑤通暁

37 男は**ギョウギョウ**しくひざまずいた。 ↓801

① 会社のギョウセキを掲載する　事業・研究上の実績。
② クギョウに耐える　苦しい修行。
③ 一点をギョウシする　目を凝らしてじっと見つめること。
④ イギョウの鬼　普通と異なる怪しい姿・形。
⑤ ギョウテンするニュース　天を仰ぐほど驚くこと。

解答　仰々(仰)　①業績　②苦行　③凝視　④異形　❺仰天

38 商品化には**キンイツセイ**を高めないと。 ↓159

① キンセンに触れる言葉　(琴の糸のように)感じやすい心の奥の心情。
② 勝負にキンサで競り勝つ　僅かの差。
③ 小学校時代のカイキン賞　一日も休まずに出席すること。
④ キョウキンを開いて語る　胸(のうち) 慣「―を開く」心の中を打ち明ける。
⑤ 試合のキンコウを破る得点　つり合いがとれている。

解答　均一性　①琴線　②僅差　③皆勤　④胸襟　❺均衡

39 その**キンチョウ**感のなさ何とかしろ。

意味 ↓100

① 教育の機会キントウ　等しく平等な様子。
② アユ釣りのカイキン日　禁止の命令を解く。
③ フッキンを鍛える　腹の部分の筋肉。
④ キンベンな学生　まじめに勤める様子。
⑤ キンミツな関係を築く　関係が密接なこと。

解答　緊張　①均等　②解禁　③腹筋　④勤勉　❺緊密

40 捨てアカを**クシ**して何がしたい? ↓36

① クモツをささげる　供養のために供える物。
② 害虫のクジョ　(害虫などを)取り除く。
③ 旅費をクメンする　必要な物・金のやりくり。
④ クドクを施す　善行。実現した良い報い。
⑤ 悪戦クトウの成果　苦しい中での必死の努力。

解答　駆使　①供物　❷駆除　③工面　④功徳　⑤苦闘

キン(巾着/古今/斤量/接近/金属/細菌/錦秋《しゅう》/謹慎)
ク(九分九厘/久遠《おん》/口伝/区画/句碑/真紅/宮内庁/庫裏《り》〈=寺の台所〉)

●傍線部の漢字と同じ漢字を含むものを、次の各群の①～⑤のうちから、それぞれ一つずつ選べ。
（↓は基礎編の問題番号を示す。常用外の読み方には黒でルビを付けた。）

□41　いつも**ヒゲ**してばっかでイラつくわ。　↓741
① ゲネツ剤を服用する　意味：体温を下げること。
② ゲシの日　意味：北半球で昼が最も長い日。
③ ゲヒンな言葉づかい　意味：品が悪い。
④ ゲカ医を目指す　意味：病気・傷を手術で治す医学。
⑤ ゾウゲ色の肌　意味：象の牙。

解答：卑下　①解熱　②夏至　❸下品　④外科　⑤象牙

□42　失恋を**ケイキ**に生まれ変わってやる。　↓192
① ケイコウギュウゴ　意味：小さくても組織の長になれ。
② ケイハツされる　意味：気づかせて教え導く。
③ ケイヤクを見直す　意味：当事者の合意で成立する法的行為。
④ 自然のオンケイ　意味：恵み。
⑤ ケイショウを鳴らす　意味：慣 注意を促す。警告する。

解答：契機　①鶏口牛後　②啓発　❸契約　④恩恵　⑤警鐘

□43　ご近所アイドルの**ケイフ**。　↓273
① チュウケイ地点　意味：中間で受け継ぐこと。
② イッケイを案ずる　意味：一つの謀《はかりごと》。
③ ケイバツを科する　意味：罪を犯した者への罰。
④ 一族のケイズ　意味：先祖からの血縁を記す図。
⑤ ゼッケイに見とれる　意味：すぐれた景色。

解答：系譜　①中継　②一計　③刑罰　❹系図　⑤絶景

□44　それは間違いなく**ケッサク**だろ！　↓2
① ケッペキな性格　意味：不潔・不正を嫌う性質。
② ケットウ書付きの犬　意味：血筋。血のつながり。
③ ケッシュツした人物　意味：抜きん出て優れた。
④ 裁判がケッシンする　意味：裁判の審理が終わる。
⑤ 会社の大きなケッソン　意味：決算での損失。

解答：傑作　①潔癖　②血統　❸傑出　④結審　⑤欠損

□45　**セイケツ**感は必須装備だから。　↓145
① 身のケッパクを主張する　意味：清純で純白。やましいところがない。
② ボケツを掘る　意味：慣 自ら失敗の原因を作る。
③ 車両をレンケツする　意味：連ね結ぶこと。
④ シンケツを注ぐ　意味：慣 全力で取り組む。
⑤ 飛行機がケッコウする　意味：船舶・飛行機が予定の運航を止めること。

解答：清潔　❶潔白　②墓穴　③連結　④心血　⑤欠航

ケイ（義兄／形式／一京〈＝一兆の一万倍〉／直径／地下茎／係累《るい》／典型／掲示／渓谷／経験／蛍光灯／尊敬／軽快／傾倒／提携／参詣／境内《ダイ》／慶事／憧憬／稽古／休憩／競馬）

ケツ（決論）

意味

□ 46 そろそろラスボス**ケンゲン**かな？ ↓268
① 平和にコウケンする　役立つため力を尽くす。
② ケンエキを受ける　感染症の予防措置。
③ 人材をハケンする　命じて行かせる。
④ ケンチョに表れる　著《いちじる》しく目につく。
⑤ ケンゴな意志　堅くてしっかりしている。

□ 47 **ヘンケン**と戦っても疲れるだけだ。 ↓736
① ケンアクな雰囲気　情勢・表情が険しく恐ろしい様子。
② 費用をケンヤクする　無駄づかいしない。
③ ソウケンに担《にな》う　慣 責任・任務を負う。
④ 投票をキケンする　権利を放棄すること。
⑤ ケンカイを表明する　物事に対する意見や考え方。

□ 48 お前とじゃ実力に**ケンカク**がある。 ↓635
① ガンケンな体質　丈夫で壮健なこと。
② 昼夜ケンコウで働く　「昼夜ー」昼も夜も休まず。
③ 事故のケンスウを調べる　事件・事柄の数。
④ 鉄棒でケンスイをする　ぶら下がり肘を屈伸する。
⑤ ケンジョウの美徳を尊ぶ　へりくだって譲る様子。

解答

46 顕現　① 貢献　② 検疫　③ 派遣　④ 顕著　⑤ 堅固
47 偏見　① 険悪　② 倹約　③ 双肩　④ 棄権　⑤ 見解
48 懸隔　① 頑健　② 兼行　③ 件数　④ 懸垂　⑤ 謙譲

意味

□ 49 この命は決して**ムゲン**泡影《ほうよう》じゃない。 ↓605
① ゴミをゲンリョウする　分量・重量を減らす。
② ゲンセイに処分する　厳格で公正である。
③ ヘンゲンジザイ　思いのままにできる様子。
④ 能のユウゲンな世界　余情を感じさせる趣《おもむき》。
⑤ ジョウゲンの月　弦を上にして光る半月。

□ 50 えっ、そんなのも**コユウ**名詞なの？ ↓119
① コヨウを促進する　人を雇うこと。
② 青年時代をカイコする　過去のことを顧《かえり》みる。
③ 商品のコスウを調べる　物の数。
④ コイに反則を犯す　意図があって行うこと。
⑤ コタイが液体となる　形と体積が固定したもの。

解答

49 夢幻　① 減量　② 厳正　③ 変幻自在　④ 幽玄　⑤ 上弦
50 固有　① 雇用　② 回顧　③ 個数　④ 故意　⑤ 固体

ケン（愛犬／債《さい》券〈＝資金調達のために発行する有価証券〉／封建的／県立／研究／刀剣／拳法／一軒家／成層圏／世間／嫌悪／絹布《ぷ》／憲法〈＝政府の守るべきことを国民が定めた決まり。大原則となる約束事〉／賢明／鍵盤／繭糸《し》〈＝繭《まゆ》と糸。繭からとった糸〉／経験）　**ゲン**（元気／言説／限界／原因／現象／開眼〈＝仏に眼《め》を入れる〉／右舷／機嫌／源泉／修験道）

（↓は基礎編の問題番号を示す。常用外の読み方には黒でルビを付けた。）

● 傍線部の漢字と同じ漢字を含むものを、次の各群の①～⑤のうちから、それぞれ一つずつ選べ。

□51 記憶を**カエリ**みても思いあたる節はない。↓837

	意味
① エイコセイスイ	勢いが栄える時と衰える時があること。
② コドクな生涯	独りぼっち。
③ 一同をコブする	励まし勢いつける。
④ コシキゆかしい	慣 古くからのやり方に則《のっと》っている。
⑤ コリョの末の言葉	気にかけて心づかいをすること。

解答　顧　①栄枯盛衰　②孤独　③鼓舞　④古式　❺顧慮

□52 やけにあいつを**ヨウゴ**するじゃないか。↓26

	意味
① ソウゴに助け合う	互いに関係する相手側。
② 事実をゴニンする	誤って認める。
③ 献身的にカンゴする	手当てをし世話をする。
④ イゴを楽しむ	碁を打つこと。
⑤ カクゴを決める	悪い状態への心構え。

解答　擁護　①相互　②誤認　❸看護　④囲碁　⑤覚悟

□53 情弱だからその店で**コウニュウ**したわ ↓1203

	意味
① コウキを粛正する	国家などを治めるための大本の規律。
② 売り上げにコウケンする	役立つため力を尽くす。
③ 雑誌を定期コウドクする	買って読む。
④ ゲンコウ用紙を配る	印刷・発表前の文章・写真・図版など。
⑤ コウカを鋳造する	金属製の貨幣。

解答　購入　①綱紀　②貢献　❸購読　④原稿　⑤硬貨

□54 中学受験の**コウザイ**ってあるじゃん。↓141

	意味
① コウミョウを見いだす	明るい光・見通し。
② コウミョウな演出	とても巧みである様子。
③ 怪我のコウミョウ	慣 失敗が予期せぬ好結果につながった。
④ コウゴに係を分担する	互い違い。交代で。
⑤ コウゴと文語の区別	話し言葉（に基づく書き言葉）。

解答　功罪　①光明　②巧妙　❸功名　④交互　⑤口語

□55 **コウジョウ**的に口角を上げてみて！↓590

	意味
① コウレイの行事	いつも同様に行われる。
② 社会にコウケンする	役立つため力を尽くす。
③ 地域シンコウをはかる	物事が盛んになる。
④ キンコウが破れる	つり合いがとれている。
⑤ ショウコウを保つ	短期間だけ治まっている。

解答　恒常　❶恒例　②貢献　③振興　④均衡　⑤小康

コ（利己／戸籍／過去／呼吸／証拠／股間／虎穴《けつ》／括弧／倉庫／虚空／湖畔／誇示／禁錮）
ゴ（五穀／子午線／呉服／前後／娯楽／御仁《じん》／末《まつ》期／語学）
コウ（加工／公平／勾配／鼻孔／甲乙／信仰）

56 F5でページを**コウシン**してみ。 ↓354

意味

① セイコウウドクの生活　晴れたら耕し雨なら読み悠々と暮らす。
② 大臣をコウテツする　人事異動で入れ替える。
③ コウリョウとした景色　荒れ果ててもの寂しい。
④ 技術者をコウグウする　手厚くもてなす。
⑤ キョウコウに主張する　自分を強く押し通す態度。

57 僕は**コウリツ**なんか度外視してた。 ↓882

① 敵をコウゲキする　相手側を攻める。
② シュコウをこらす　おもしろくするための工夫。
③ 減量にセイコウする　目標を成し遂げる。
④ 事件がジコウとなる　時が経《た》ち合法とされる。
⑤ コウダイな土地　広く大きなこと。

58 アマチュアほど**コウセツ**に拘《こだわ》るよな。 ↓627

① コウキシンにかられる　未知なものへの興味。
② 気分がコウヨウする　精神や気分が高まる。
③ 経費をコウジョする　差し引くこと。
④ コウカイ先に立たず　後になって悔やむ。
⑤ ギコウをこらした表現　技術が巧みであること。

解答

更新　① 晴耕雨読　❷ 更迭　③ 荒涼　④ 厚遇　⑤ 強硬

効率　① 攻撃　② 趣向　③ 成功　❹ 時効　⑤ 広大

巧拙　① 好奇心　② 高揚　③ 控除　④ 後悔　❺ 技巧

59 隣国との関係も**コウリョ**してね。 ↓55

意味

① 独特のシコウ方法で知られる　考える。思いをめぐらす。
② コウエン会に出かける　聴衆に専門的な話をする。
③ ジュウコウを向ける　弾丸が飛び出す銃の筒先。
④ 新作のコウソウを練《ね》る　考えを組み立てる。
⑤ ジョコウ運転をする　車両がゆっくり進む。

60 株主総会では**ドゴウ**が飛びかった。 ↓1507

① 企業がキョウゴウする　競り合う。
② ゴウカな食事をとる　贅沢で華やかなこと。
③ フゴウで解答する　しるし。めじるし。
④ ゴウガン無礼な態度　威張って見下す様子。
⑤ 質実ゴウケンの気風　たくましく健《すこ》やかなこと。

解答

考慮　❶ 思考　② 講演　③ 銃口　④ 構想　⑤ 徐行

怒号　① 競合　② 豪華　❸ 符号　④ 傲岸　⑤ 剛健

コウ（皇帝／長江／炭坑／抵抗／孝養〈＝親孝行をして養う〉／幸福／拘泥《でい》〈＝拘《こだわ》ること〉／肯定／諸侯／紅葉／洪水／郊外／香水／候補／格子／校閲／耕運機／航海／降参／脳梗塞／淡黄《たん》色／咽喉／恐慌／港湾／絞殺／項目／海溝／鉱脈／酵素／鋼鉄）
ゴウ（拷問／強情／在郷／自業自得）

第7章　共通テストの全漢字210【7】

（↓は基礎編の問題番号を示す。常用外の読み方には黒でルビを付けた。）

● 傍線部の漢字と同じ漢字を含むものを、次の各群の①〜⑤のうちから、それぞれ一つずつ選べ。

□61 驚きのカコクさで部活やめたい。 ↓1351

① 深山ユウコクに入る　　奥深い静かな谷。
② 図をコクメイに描く　　細部まで明らかにする。
③ イッコクを争う　　わずかの時間。
④ 肉体をコクシする　　こき使うこと。
⑤ 豊かなコクソウ地帯　　「ー地帯」穀物を豊かに産する地域。

解答　過酷　①幽谷　②克明　③一刻　❹酷使　⑤穀倉

□62 それ死亡センコクじゃないですか……。 ↓1206

① 上級裁判所へのジョウコク　　判決を不服として上級の裁判所に再審査を求める。
② 失言がコクサイ問題となる　　国と国とに関わること。
③ コクビャクのつけにくい議論　　黒と白。正しいかどうか。有罪と無罪。
④ 苦手科目をコクフクする　　努力して困難に打ち克《か》つこと。
⑤ 筆跡がコクジした署名　　酷《ひど》くよく似ていること。

解答　宣告　❶上告　②国際　③黒白　④克服　⑤酷似

□63 てめーはコンゲンから腐ってるな。 ↓869

① コンキョのない噂《うわさ》　　拠《よ》りどころ。
② 原野をカイコンする　　新しく耕地にする。
③ チンコンの祈り　　霊魂を慰め鎮める。
④ 綿と麻のコンボウ　　複数の繊維を混ぜ紡《つむ》ぐ。
⑤ カイコンの情がわく　　後悔し残念に思う。

解答　根源(元)　❶根拠　②開墾　③鎮魂　④混紡　⑤悔恨

□64 その詩は宝のありかをシサしていた。 ↓29

① レンサ反応が起こる　　つながって起こる。
② 社長のホサをする　　傍らで仕事を助ける。
③ センサバンベツの人生　　様々な差異がある。
④ ジュンサに道を尋ねる　　警察官。
⑤ 犯罪をキョウサした罪　　教え唆《そそのか》す。けしかける。

解答　示唆　①連鎖　②補佐　③千差万別　④巡査　❺教唆

□65 心をクダいて優しくしたんだが…。 ↓423

① サイゲツ人を待たず　　慣 時の流れは人の都合にかまわず過ぎ去っていく。
② 樹木のバッサイ作業　　竹・木などを伐《き》り取る。
③ 喧嘩《けんか》をチュウサイする　　とりなして和解させる。
④ サイナンに遭《あ》う　　突然の不幸な出来事。
⑤ フンコツサイシンの覚悟　　力の限り努力する。

解答　砕　①歳月　②伐採　③仲裁　④災難　❺粉骨砕身

コク（石高）　**コン**（今期／困窮／昆虫／金色《じき》／建立《りゅう》／婚姻／痕跡／濃紺／献立／懇意）

サ（左遷／再来年／操作／沙汰／砂漠／喫茶／詐称《しょう》〈＝氏名・学歴・職業などを詐《いつわ》って言う〉）

サイ（才能／一切／西国／妻帯／喝《かっ》采／主宰／相殺／財布／祭礼）

□66 機能が**タサイ**で、もはやパソコンだな。 ↓550

意味

① 友人とコウサイする　人と人との交わり。
② 松のボンサイ　観賞用の鉢植え。
③ キュウサイ措置　救い助ける。
④ 病《やまい》がサイハツする　再び発生すること。
⑤ 鮮やかなシキサイ　色。彩《いろど》り。傾向。

□67 多くの問題が**カイザイ**していた。 ↓613

① 木々がテンザイする　あちこちに点々とある。
② ザイカイの大物に会う　経済界。
③ ムザイを訴える　罪の無いこと。
④ 良質なソザイを選ぶ　もとになる材料。
⑤ 風邪薬をチョウザイする　薬を調合すること。

□68 俺を好きだと**サッカク**するじゃないか。 ↓751

① 夢と現実がコウサクする　複数のものが入り交じる。
② ケンサクして調べる　調べて探し出す。
③ タイサクを講じる　状況に応じてとる方法。
④ 労働者をサクシュする　成果を取り上げる。
⑤ 麦のサクガラが良い　農作物の状況。

解答

多彩
① 交際
② 盆栽
③ 救済
④ 再発
❺ 色彩

介在
❶ 点在
② 財界
③ 無罪
④ 素材
⑤ 調剤

錯覚
❶ 交錯
② 検索
③ 対策
④ 搾取
⑤ 作柄

□69 もっと**ドウサツ**力を磨こうな。 ↓486

意味

① セイサツヨダツの権　思いのままにできる。
② 現地をシサツする　実際の様子を見る。
③ 紙面をサッシンする　すべて新しくする。
④ アイサツを交わす　交際を維持する儀礼。
⑤ 隣国とのマサツ　こすること。もめ事。

□70 学校の運営に**サンヨ**していた。 ↓353

① 三者サンヨウ　「三者ー」で人それぞれである様子。
② 収支ケッサン　一定期間内の総計算。
③ シンサンをなめる　辛い苦しみ。
④ 授業サンカン　出向き実際に見ること。
⑤ 製品をリョウサンする　大量生産。

解答

洞察
① 生殺与奪
❷ 視察
③ 刷新
④ 挨拶
⑤ 摩擦

参与
① 三様
② 決算
③ 辛酸
❹ 参観
⑤ 量産

サイ（細心／野菜／潔《けっ》斎〈＝酒・肉などを絶ち、心身を清めること〉／最高／開催／債務〈＝借金を返す義務〉／要塞／積載）
サク（冊立《りっ》／削減／昨日／鉄《てっ》柵／酢酸）
サツ（分冊／表札／古刹／撮影）
サン（山脈／桟橋／養蚕／惨劇／傘下／散文／称賛）

（↓は基礎編の問題番号を示す。常用外の読み方には黒でルビを付けた。）

● 傍線部の漢字と同じ漢字を含むものを、次の各群の①～⑤のうちから、それぞれ一つずつ選べ。

	意味	解答
□71 この写真は被害者に**シゲキ**が強すぎる。 ↓206		刺激
① シフクの喜び	この上ない幸福。	① 至福
② 技巧をクシする	自在に使いこなす。	② 駆使
③ シュウシ無言だった	終わりと始め。	③ 終始
④ メイシを渡す	氏名などを印刷した紙。	❹ 名刺
⑤ 行動シシンをまとめる	事を進める方針。	⑤ 指針
□72 イケメンの**シシツ**に恵まれたかった…。 ↓1		資質
① 現地をシサツする	実際の様子を見る。	① 視察
② シゲンが不足する	生産のもとになるもの。	❷ 資源
③ シサに富んだ話	それとなく示し教える。	③ 示唆
④ 亡き父をシボする	思い慕う。恋い慕う。	④ 思慕
⑤ 一点をシシュする	命がけで守ること。	⑤ 死守
□73 私は**シダイ**に彼女に惹《ひ》かれていった。 ↓854		次第
① ツギの機会を待つ	すぐあとに続く。	❶ 次
② 倹約をムネとする	第一に大切な事。	② 旨
③ 互いにササえ合う	維持する。くい止める。	③ 支
④ 主君にツカえる	上の人の用を足す。	④ 仕
⑤ ワタクシ小説を読む	「―小説」作者＝主人公の小説。	⑤ 私
□74 お前の解釈はいつも**シイ**的なんだよ。 ↓909		恣意
① 暴挙をソシする	阻《はば》み止める。	① 阻止
② 正しいシセイを保つ	体の構え。心構え。	② 姿勢
③ シボウ分をひかえる	動植物体内の固形の油・脂《あぶら》。	③ 脂肪
④ ホウシな生活を送る	勝手気ままでだらしない。	❹ 放恣
⑤ タイシを抱く	大きな志。	⑤ 大志
□75 俺が天才なのは**ジメイ**の理だろ。 ↓625		自明
① 一流画家にシジする	師として教えを受ける。	① 師事
② オウジを回想する	昔。以前。	② 往時
③ 規則をケンジする	堅く守って変えない。	③ 堅持
④ 新人賞をジタイする	遠慮し断る・放棄する。	④ 辞退
⑤ シュツジを明かす	出どころ。生まれ。	❺ 出自

シ（紳士／子孫／氏名／歴史／司会／四季／都市／一矢／絹《けん》糸／自然／伺候／姉妹／肢体／枝葉／福祉／施設／師事／紙面／紫外線／品詞／歯科／詩情／試作／嗣《し》子／飼育／雑誌／雌伏／真摯／賜杯／諮問）

ジ（給仕／示談／地元／活字／寺社／次元／耳目／擬似／児童／侍女／政治／掃除／滋養〈＝栄養となる〉／国璽〈＝国家のしるしとして押す印章〉）

□76 遅刻しそうでマジ**シッソウ**した。 ↓507

意味

① シッキの茶碗《ちゃわん》 — 漆塗りの器。
② 論文のシッピツ — 文章を書くこと。
③ 才能にシットする — 妬《ねた》み嫉《そね》む・うらやむこと。
④ 心臓のシッカン — 病気。
⑤ 厳しくシッセキされる — 叱《しか》り責めること。

解答

疾走
① 漆器
② 執筆
③ 嫉妬
❹ 疾患
⑤ 叱責

□77 僕との交流は**シャダン**しないでくれよ?↓65

① 書類のウツしをとる — 写した文書・絵。コピー。
② 的を見事にイヌく — 目標に当てて貫く。
③ 行く手をサエギる — 進行を邪魔する。
④ 非を認めてアヤマる — わびる。
⑤ 世間をナナめに見る — 傾いていること。

遮断
① 写
② 射抜
❸ 遮
④ 謝
⑤ 斜

□78 目があうと軽く**エシャク**した。 ↓1145

① ジシャクが北を指す — 磁気をもち方位を測る物。
② 評価のシャクド — 判断基準。
③ 本をハイシャクする — 「借りる」の謙譲語。
④ 情状シャクリョウ — 事情を酌《く》み刑を減じる。
⑤ 大臣のシャクメイ — 説明し理解を求める。

会釈
① 磁石
② 尺度
③ 拝借
④ 酌量
❺ 釈明

□79 このままだと一生**サクシュ**されるよ。 ↓1152

意味

① 日本舞踊のメイシュ — 優れた手。名人。
② シュセイに回る — 攻撃に対し守る態勢。
③ シュシャ選択をする — 何を取るか捨てるか。
④ ザッシュの犬を飼う — 異種間で生まれた個体。
⑤ シュシを説明する — 最も言いたいこと。

解答

搾取
① 名手
② 守勢
❸ 取捨
④ 雑種
⑤ 趣(主)旨

□80 状況を**キョウジュ**するって決めたんだ。 ↓381

① 悲願がジョウジュした — 成しとげる。
② テンジュを全うする — 天から授けられた寿命。
③ ジュシ加工を施す — 粘度の高い液体(の固まった物)。
④ 金銭のジュジュ — 受け渡し。
⑤ ジュガクの歴史 — 儒教を研究する学問。

享受
① 成就
② 天寿
③ 樹脂
❹ 授受
⑤ 儒学

ジ(慈悲/磁石/好餌〈＝いい餌《えさ》〉) **シツ**(損失/居室/湿度/品質) **シャ**(社会/車庫/校舎/作者/土砂/捨象〈＝抽象する際に考察の対象から捨てること〉/容赦/煮沸《ふつ》) **シャク**(赤銅色/爵位) **シュ**(主権/朱肉/狩猟/首席/修行/特殊/珠玉/酒宴/衆生《じょう》〈＝生きている全ての存在〉/腫瘍《よう》) **ジュ**(呪縛/需要)

（↓は基礎編の問題番号を示す。常用外の読み方には黒でルビを付けた。）

● 傍線部の漢字と同じ漢字を含むものを、次の各群の①～⑤のうちから、それぞれ一つずつ選べ。

意味

□81 **シュウジュク**すれば楽にできるさ。 ↓476
① 過分なホウシュウ　労働への対価の金品。
② 事態をシュウシュウする　混乱を収める。
③ 寺院をカイシュウする　改め作り直すこと。
④ 村のカンシュウを守る　社会の習わし。
⑤ シュウギョウ規則　仕事や業務に就く。

□82 熱気が**ジュウマン**したコミケ会場。 ↓641
① ジュウコウを向ける　銃の筒先。
② ジュウナンな対応　柔《やわ》・軟《やわ》らかな様子。
③ 他人にツイジュウする　人のあとにつき従う。
④ 施設をカクジュウする　規模を拡《ひろ》げる。
⑤ ジュウオウに活躍する　思いのまま。

□83 文化祭の予算が**シュクゲン**されるらしい。 ↓144
① 前途をシュクして乾杯する　祝う。幸運を祈る。
② シュクシュクと仕事を進めた　ひっそりと。おごそかに。
③ シュクテキを倒す日が来た　ずっと以前からの敵。
④ 紳士シュクジョが集う　品位のある女性。
⑤ キンシュク財政を守る　支出などを引き締める。

解答

習熟
① 報酬
② 収拾
③ 改修
❹ 慣習
⑤ 就業

充満
① 銃口
② 柔軟
③ 追従
❹ 拡充
⑤ 縦横

縮減
① 祝
② 粛々（粛）
③ 宿敵
④ 淑女
❺ 緊縮

意味

□84 ノウハウを**ギョウシュク**したテキスト。 ↓121
① シュクハイを挙《あ》げる　祝いの酒を飲む杯。
② 教授にシシュクする　密《ひそ》かに師と仰ぐ。
③ 血管のシュウシュク　引き締まって縮まる。
④ セイシュクにする　静かに謹《つつし》み深くする。
⑤ 宿にシュクハクする　旅先などで泊まる。

□85 血液の**ジュンカン**を良くしたい。 ↓484
① 相撲のジュンギョウ　各地を巡って興行する。
② シツジュンな環境　湿り気がある様子。
③ 雨天ジュンエン　順々に期日を延ばす。
④ ジュンアイをえがく　邪心のない純粋な愛。
⑤ インジュンなやり方　古い習慣に因《よ》ること。

解答

凝縮
① 祝杯
② 私淑
❸ 収縮
④ 静粛
⑤ 宿泊

循環
① 巡業
② 湿潤
③ 順延
④ 純愛
❺ 因循

シュウ（囚人／属州／舟運／秀逸／周遊／宗教／祝儀／晩秋／悪臭／領袖／執着／終了／羞恥／週刊／大衆／集合／哀愁／美醜／一蹴／襲名）　**ジュウ**（十字架／一日中／果汁／住居／拾万円／重箱／渋滞／野獣）　**シュク**（伯叔）　**ジュン**（旬刊／矛盾／批准／殉職／標準／遵守）

□86 名字《みょうじ》が**ユイショ**あるとエラいの？ 意味 →891
① 長い手紙をカく　文字・記号を記す。
② 今年の夏はアツい　気温が高い。
③ 明るいトコロに出る　位置・場所・場面。
④ 堪忍袋のオが切れる　慣 忍耐の限度を越える。
⑤ その話はハツミミだ　初めて聞くこと。

解答 由緒
① 書　② 暑　③ 所　❹ 緒　⑤ 初耳

□87 ありのままに**ジョジュツ**するぜ！ →369
① ジョレツをつける　上位から並べた順序。
② 車でジョコウする　車両などがゆっくり進む。
③ 汚れをジョキョする　取り除く。
④ 秋のジョクン　勲位・勲章を授ける事。
⑤ トツジョとして去る　だしぬけ。突然。

解答 叙述
① 序列　② 徐行　③ 除去　❹ 叙勲　⑤ 突如

□88 彼とは**ショウトツ**が絶えなかった。 →63
① カンショウ地帯を設《もう》ける　衝突・衝撃を和《やわ》らげる事。
② ショウサイに話す　詳《くわ》しく細かいさま。
③ 不完全ネンショウ　燃えること。
④ 議案をショウニンする　正当・事実と認める。
⑤ 身元ホショウ人となる　確かだとうけ合うこと。

解答 衝突
❶ 緩衝　② 詳細　③ 燃焼　④ 承認　⑤ 保証

□89 俺と**タイショウ**的な性格の男を選んだ。 意味 →99
① ショウジュンを絞る　ねらいを定めること。
② コショウの生物　湖と沼。
③ 自己ショウカイ　間に立ち引き合わす。
④ 外国とのコウショウ　実現のため話し合う。
⑤ 説明をショウリャクする　労力を省くこと。

解答 対照
❶ 照準　② 湖沼　③ 紹介　④ 交渉　⑤ 省力

□90 一夜にして都市が**ショウメツ**した。 →417
① 人口のゲンショウ　減って少なくなる。
② 病気のショウジョウ　病気・傷の状態。
③ 電力をショウヒする　費やしてなくす。
④ ガッショウ団に加入する　大勢が声を合わせて歌う。
⑤ ショウソウに駆られる　いらだち焦ること。

解答 消滅
① 減少　② 症状　❸ 消費　④ 合唱　⑤ 焦燥

ショ（処置／庶民／署名）
ジョ（女性／救助）
ショウ（上人／縮小／一升／召喚／正直／温床／不肖／百姓／性分／松竹梅／緑《ろく》青／摂政／昭和／首相／春《しゅん》宵（＝春の宵《よい》）／将来／従容／不祥事／対称／商売／六根清浄／文章／勝敗）

（↓は基礎編の問題番号を示す。常用外の読み方には黒でルビを付けた。）

●傍線部の漢字と同じ漢字を含むものを、次の各群の①～⑤のうちから、それぞれ一つずつ選べ。

□91 **ショウヘキ**を築き自らの心を守った。 ↓288

	意味
① 車がコショウする	正常な働きが損《そこ》なわれる。
② ソショウを起こす	訴え出ること。
③ 代金をベンショウする	損害を償《つぐな》うこと。
④ 冗談にバクショウする	一斉にどっと笑う。
⑤ アンショウに乗り上げる	隠れた岩。思わぬ障害。

解答 障壁 ❶故障 ②訴訟 ③弁償 ④爆笑 ⑤暗礁

□92 **イショウ**を凝らした感が逆にウザい。 ↓230

	意味
① コウショウな趣味を持つ	知性・品性が高い。
② 演劇界のキョショウに会う	芸能・芸術界の大家（＝すぐれて名声のある人）。
③ 人心をショウアクする	自分のものとする。
④ 課長にショウカクする	階級・地位が上がる。
⑤ 戸籍ショウホンを取り寄せる	一部を抜き書きした本・文書。

解答 意匠 ①高尚 ❷巨匠 ③掌握 ④昇格 ⑤抄（鈔）本

□93 このカードで味方を**ショウライ**できる。 ↓1204

	意味
① 夜道をテらす月明かり	光を当てる。基準と比べる。
② 天にもノボる心地だ	上へと移動する。昇進する。達する。
③ それはマサしく本物だ	確かに。間違いなく。
④ この場にマネかれた光栄	招待する。呼び寄せる。
⑤ 親切でクワしい案内状	説明などが細かい点まで行き届いている。

解答 招来 ①照 ②昇（上・登） ③正 ❹招 ⑤詳

□94 いちいちアクションが**カジョウ**なんだよ。 ↓545

	意味
① 米からジョウゾウする製法	発酵・熟成させて酒・醤油などを造ること。
② ジョウヨ金	余り。余分。割り算の余り。
③ ジジョウジバク	自分の行動が自分を束縛して苦しむこと。
④ ジョウチョウな文章	無駄が多くて長いこと。
⑤ 汚水をジョウカする	清めること。正常な状態に戻すこと。

解答 過剰 ①醸造 ❷剰余 ③自縄自縛 ④冗長 ⑤浄化

□95 君なら**ダイジョウブ**、って言って。 ↓1286

	意味
① ジョウビ薬	常に備えておく。
② ガンジョウな家	壊れそうにないこと。
③ ジョウダンを言う	ふざけて言う話。
④ 土地をジョウトする	譲り渡す。
⑤ 倉庫にセジョウする	鍵をかける。

解答 大丈夫 ①常備 ❷頑丈 ③冗談 ④譲渡 ⑤施錠

ショウ（生涯／結晶／硝煙《えん》／化粧／衣装／詔勅〈＝天皇の発する公式文書〉／印象／傷害／推奨／顕彰〈＝功績を広く知らせる〉／精進／憧憬《けい》〈「ドウケイ」とも〉／賞罰／警鐘）

ジョウ（上昇／成就／条件／状態／必《ひつ》定／搭乗／築城／情熱／繁盛／入場／重《ちょう》畳／静脈／土壌／令嬢）

意味

96 不安がどんどん**ゾウショク**していく。 →500

① ゴショクを訂正する　印刷物の記述の誤り。
② 魚をヨウショクする　人工的に繁殖させる。
③ キショクマンメンの笑み　喜びの表情が満ちる。
④ イショクが足りる　衣服と食物。暮らし。
⑤ ソウショクを施す　表面を飾る。

解答　増殖　①誤植　❷養殖　③喜色満面　④衣食　⑤装飾

97 匿名だとたんに**シンラツ**になるのな。 →1373

① サイコロをフる　揺り動かす。
② 思い出にヒタる　水・心境に入りきる。
③ 先生にモウし上げる　「言う」の謙譲語。
④ ツラい経験をする　耐えがたい。
⑤ アラたに作り直す　新しいこと。

解答　辛辣　①振　②浸　③申　❹辛　⑤新

98 頭の良さを**ソクシン**する業《わざ》はないのか。 →465

① 挙動フシンの男　疑わしい。訝《いぶか》しい。
② シンタイうかがい　職務上の去就。
③ シンエンな思想　内容が奥深い様子。
④ 内閣のフシンニン案　信任しないこと。
⑤ 他国をシンリャクする　他の領域に侵入する。

解答　促進　①不審　❷進退　③深遠　④不信任　⑤侵略

意味

99 この世は**リフジン**なものだ。 →1321

① ジンソクな対応　きわめて速いこと。
② テキジンに攻め入る　敵が駐屯する陣営。
③ ジンダイな被害　（良くない）程度が甚《はなは》だ大きい。
④ ジンジョウな手段　ふつう。世の常。
⑤ ジンリョクを惜しまない　力を尽くすこと。

解答　理不尽　①迅速　②敵陣　③甚大　④尋常　❺尽力

100 先にそっちから**スジョウ**を明かすべき。 →997

① キンスを調える　「金銭」の古い言い方。
② ヒッスの条件　どうしても必要なこと。
③ ルスを預かる　家の番をする。
④ スデで戦う　武器を何も持たぬこと。
⑤ スキを凝らす　風流を好むこと。

解答　素性（姓）　①金子　②必須　③留守　❹素手　⑤数寄（奇）

ショク（払《ふっ》拭／触発／嘱託／染織／職務）
シン（感心／屈伸／芯／臣下／等身大／興味津々／神経／口唇／妊娠／真偽／針路／紳士／森閑〈＝「深閑」とも。物音がせずひっそりとしている〉／診察／就寝／慎重／普請／震動／薪炭／親友）
ジン（人身／白刃／仁義／大臣／神通力／腎臓）　**ス**（座主）

（↓は基礎編の問題番号を示す。常用外の読み方には黒でルビを付けた。）

● 傍線部の漢字と同じ漢字を含むものを、次の各群の①～⑤のうちから、それぞれ一つずつ選べ。

問題	意味
□101 日本はこのまま**スイタイ**していくのか。 ↓492	
① 桜が芽をフく	慣「芽を—」芽吹く。きざす。
② 任務をトげる	成就させる。
③ クラス委員にオす	推薦する。
④ 勢いがオトロえる	力が弱くなる。
⑤ しずくがタれる	滴《したた》る。目下の者に示す。

解答　衰退　①吹　②遂　③推　❹衰　⑤垂

問題	意味
□102 もっと**ショウジン**します。 ↓70	
① 事態をセイカンする	積極的に関わらず静かに見守る。
② 日程をチョウセイする	ちょうど良い状態に整える。
③ セイミツな機械を作る	精《くわ》しくてこまかい。
④ 選手センセイをする	誓いの言葉を述べる。
⑤ セイエンを送る	声を出しての応援。

解答　精進　①静観　②調整　❸精密　④宣誓　⑤声援

問題	意味
□103 奴の話に**セイゴウセイ**を求めてもムダだ。 ↓814	
① セイコウウドクの生活	晴れたら耕し雨なら読み、悠々と暮らす。
② ショセイ術にたける	「—術」世渡りの方法。
③ シセイの人びと	人が集まり住んでいる所。世間。
④ 運動会のセイレツの練習	列を作り整って並ぶ。
⑤ 一服のセイリョウザイ	気持ちを清々しくする薬・物事。

解答　整合性　①晴耕雨読　②処世　③市井　❹整列　⑤清涼剤

問題	意味
□104 会員の**ヨウセイ**に応え新機種を導入。 ↓50	
① 体調をトトノえる	乱れを直す。
② 任務をナし遂げる	最後までやり遂げる。
③ イキオいよく進む	他を圧するような力。当然の成り行き。
④ 人に許しをコう	願い求める。
⑤ 自身をカエリみる	思い起こして考える。反省する。

解答　要請　①整　②成　③勢　❹請　⑤省

問題	意味
□105 若いのに**ヨクセイ**の効いた青年だ。 ↓43	
① 時間をギセイにする	他のために尽くす。
② ダセイで続ける	今までの癖・習慣。慣性。
③ センセイ攻撃	先手を取る。
④ イッセイに開花する	同時にそろう様子。
⑤ 海外エンセイ	遠くまで出かける。

解答　抑制　①犠牲　②惰性　❸先制　④一斉　⑤遠征

スイ（海水／出納《とう》／炊事／総帥／純粋／心酔／睡眠／穂状〈＝稲のような形〉）

セイ（正解／衛生／西暦／姓名／青年／政治／凄絶／逝去／清掃／隆盛／女婿《じょ》〈＝娘の夫〉／快晴／歳暮／神聖／誠実／製品／覚醒）

□106 一緒に**シッセキ**を受けてやるさ。 ↓515

意味
① セキムを果たす　責任と義務。
② 赤字がルイセキする　重なり積もる。
③ ショセキを購入する　書物。本。
④ ボウセキ工場を訪れる　糸を紡ぐこと。
⑤ データをカイセキする　分析して明らかにする。

解答
叱責
❶ 責務
② 累積
③ 書籍
④ 紡績
⑤ 解析

□107 **ツタナ**い英語を駆使して道を教える。 ↓1382

① 費用をセッパンする　半分に分けること。
② セットウを働く　こっそりと盗む。
③ 釈迦《しゃか》にセッポウ　教えを説《と》く。意見する。
④ セッソクを避ける　下手だが仕上げが速い。
⑤ セッショウを禁じる　生き物を殺す。むごい。

拙
① 折半
② 窃盗
③ 説法
❹ 拙速
⑤ 殺生

□108 私に惹かれるのは自然の**セツリ**でしょう。 ↓845

① 栄養をセッシュする　取り入れて自分のものとする。
② 予算のセッショウをする　利害の衝突する相手と折り合いをつける。
③ セツナ主義的な考え方　極めて短い時間。瞬間。
④ セツジョクをはたす　負けた相手に勝つ。汚名を晴らすこと。
⑤ 電線をセツダンする　断ち切る。

摂理
❶ 摂取
② 折衝
③ 刹那
④ 雪辱
⑤ 切断

□109 俺らが**ヒソ**んでいることを悟《さと》られるな。 ↓72

意味
① センプウを巻き起こす　反響のある突発的出来事。
② 空気がオセンされる　汚れに染まる。
③ セッセンが続く　同等で競り合う戦い。
④ センザイ的な能力　内に潜んで存在する。
⑤ 食物センイをとる　細い糸状のもの。

解答
潜
① 旋風
② 汚染
③ 接戦
❹ 潜在
⑤ 繊維

□110 彼はIT業界の**センク**者に憧れていた。 ↓259

① センパクな知識　考えが浅く薄っぺらだ。
② 大衆がセンドウされる　気持ちを煽《あお》り立てること。
③ 仕事にセンネンする　一つに集中する。
④ ユウセン順位を考える　他よりも先に扱うこと。
⑤ センレンされた物腰　垢《あか》抜けている。

先駆
① 浅薄
② 扇動
③ 専念
❹ 優先
⑤ 洗練

セキ（一朝一夕／排斥／宝石／赤貧／昔日《じつ》／首席／脊柱／数隻／寂然／愛惜／親戚／足跡）
セツ（設備／親切／接続／包摂／節約）
セン（千差万別／川柳／仙人／独占／温泉／船舶／涙腺《るい》／煎茶／羨望／詮索／実践／便箋《びん》／銭湯《とう》／線路／選挙）

（↓は基礎編の問題番号を示す。常用外の読み方には黒でルビを付けた。）

● 傍線部の漢字と同じ漢字を含むものを、次の各群の①～⑤のうちから、それぞれ一つずつ選べ。

□ 111 今でも**センメイ**に蘇《よみがえ》るあの頃の記憶。 ↓582

	意味
① 選手センセイをする	誓いの言葉を述べる。
② 平安京にセントする	都を他の地に遷《うつ》す。
③ シンセンな魚介類	新しくて生きがよい。
④ 委員長にスイセンする	他人に薦める。
⑤ ガスのモトセンをしめる	管《くだ》の根元にある栓。

解答　鮮明　①宣誓　②遷都　❸新鮮　④推薦　⑤元栓

□ 112 場を取り**ツクロ**うのに疲れた。 ↓1207

	意味
① 収益のゼンゾウを期待する	次第に増える。
② 事件のゼンヨウを解明する	全体の内容。
③ 建物のエイゼン係を任命する	建築物の造営・修繕。
④ 学生ゼンとしたよそおい	いかにもそのようだ。
⑤ ゼン問答のようなやりとり	禅僧が悟りを開くための問答。かみ合わない珍問答。

解答　繕　①漸増　②全容　❸営繕　④然　⑤禅

□ 113 ここで会うなんて**グウゼン**だね！ ↓95

	意味
① カンゼンムケツ	全てがそろい欠点が無い。
② ゼンジ回復する	だんだん。しだいに。
③ ギゼン者	うわべだけの善行。
④ ゼンテイ条件	土台となるもの。
⑤ カンゼンと戦う	思い切って行う様子。

解答　偶然　①完全無欠　②漸次　③偽善　④前提　❺敢然

□ 114 彼らといると**ソガイ**感を感じた。 ↓140

	意味
① 上司からウトまれる	嫌がって遠ざける。
② 苦痛をウッタえる	気持ちを言う。
③ 徒党をクむ	慣 悪事のため寄り集まる。
④ 敵の前進をハバむ	他の動きの邪魔をする。
⑤ 国のイシズエを築く	基礎となるもの。

解答　疎外　❶疎　②訴　③組　④阻　⑤礎

□ 115 彼の**カナ**でるオカリナが好きだった。 ↓1105

	意味
① 事件のソウサが続く	捜し調べること。
② ソウガンキョウを覗《のぞ》く	両眼にあてて見る望遠鏡。
③ 在庫をイッソウする	残さず取り除くこと。
④ 王にソウジョウする	天皇・国王に申し上げる。
⑤ ソウギョウを再開する	機械を動かして仕事する。

解答　奏　①捜査　②双眼鏡　③一掃　❹奏上　⑤操業

ゼン（配膳／修繕）
ソ（狙撃／元祖／租税／素材／措置／粗野／可塑性／愛想〈「アイソウ」とも〉／遡及）
ソウ（早朝／走者／宗家《け》／真相／草原／送別／倉庫／挿話／桑園／法曹／曽祖母／爽快／同窓／独創／喪失／痩身《しん》／埋葬／僧侶）

□ 116 ポップな**ソウショク**が施《ほどこ》された会場。

意味 → 130

① 生存キョウソウ　他と競い合う。
② お家ソウドウ　もめごと。
③ ソウケンな身体　健康で丈夫なこと。
④ 舞台ソウチ　必要な機材。
⑤ ソウゴンな寺院　威厳があって気高い。

解答

装飾
① 競争
② 騒動
③ 壮健
❹ 装置
⑤ 荘厳

□ 117 **ゾウオ**は自らの身を滅ぼすよ。

→ 724

① アイゾウが入り交じる　愛することと憎むこと。
② 花束のゾウテイ　人に物を贈る。
③ ソセイランゾウの商品　雑にたくさん作る。
④ ほめられてゾウチョウする　思い・つけ上がる。
⑤ アッコウゾウゴン　様々に悪口を言う。

憎悪
❶ 愛憎
② 贈呈
③ 粗製濫造
④ 増長
⑤ 悪口雑言

□ 118 一発芸をするよう**ウナガ**された。

→ 505

① 事業をソクシンする　進むように促す。
② アンソクの日々　心安らかに休むこと。
③ フウソクを測る　風の吹く速さ。
④ ソクザに対応する　すぐその場。
⑤ ゲンソクに従う　基本的な方針となる規則。

促
❶ 促進
② 安息
③ 風速
④ 即座
⑤ 原則

□ 119 炎上自体は数日で**シュウソク**した。

意味 → 142

① 度重なるハンソクによる退場　規則に反すること。
② 健康をソクシンする環境整備　進むように促す。
③ 両者イッショクソクハツの状態　ちょっと触れると爆発しそうな危険な状態。
④ ヘイソクした空気の打破　閉ざされ塞がること。
⑤ ソクバクから逃れる手段　まとめて、つなぎ捕らえること。

解答

収束
① 反(犯)則
② 促進
③ 一触即発
④ 閉塞
❺ 束縛

□ 120 **ゾクジ**に入りやすい表現を心がける。

→ 956

① カゾクで旅行をする　家の構成員。
② 文芸部にショゾクする　団体に加わっている。
③ セゾクを離れる　俗世間。
④ ギャクゾクを討伐する　主君に反逆した臣下。謀反《むほん》を起こした悪人。
⑤ ケイゾクは力なり　引き続いて行う。

俗耳
① 家族
② 所属
❸ 世俗
④ 逆賊
⑤ 継続

ソウ（予想／階層／総括〈＝全体をまとめてしめ括《くく》ること〉／遭遇／水槽／失踪／乾燥／寄贈〈「キゾウ」とも〉／幾星霜《いくせいそう》〈＝（苦労・努力した結果としての）長い年月〉／海藻）
ゾウ（象牙《げ》／肖像／蔵書／内臓）
ソク（足跡／捕捉／側面／推測）

● 傍線部の漢字と同じ漢字を含むものを、次の各群の①～⑤のうちから、それぞれ一つずつ選べ。
（↓は基礎編の問題番号を示す。常用外の読み方には黒でルビを付けた。）

□121 **キソン**のアプリにその機能はない。 ↓111

	意味	解答
		既存
① 輸入にイソンする	「イゾン」とも。他に頼って成り立つ。	❶依存
② 父をソンケイする	尊び敬うこと。	②尊敬
③ 大きなケッソンが出る	欠けて無い。決算での損失。	③欠損
④ シソン繁栄を願う	血筋を引く人。	④子孫
⑤ フソンな態度をとる	思い上がった様子。	⑤不遜

□122 ま、俺には東大が**ダトウ**っていうか。 ↓688

	意味	解答
		妥当
① ダサンが働く	慣 行う前に損得を考える。	①打算
② ダキョウを排する	折り合いをつけてまとめる。	❷妥協
③ チョウダの列に並ぶ	長い蛇（のようなもの）。	③長蛇
④ ダガシをねだる	雑穀で作った安い菓子。	④駄菓子
⑤ ダキすべき卑怯者	（唾を吐き棄てるように）ひどく嫌い軽蔑する。	⑤唾棄

□123 自称評論家に**ダ**するのは嫌だ。 ↓693

	意味	解答
		堕
① ダミンをむさぼる	なまけて眠ること。	①惰眠
② 努力をムダにする	役に立たないこと。	②無駄
③ 川がダコウする	曲がって流れる。	③蛇行
④ ダラクした空気	不健全になる。	❹堕落
⑤ ダケツ案を提示する	交渉がまとまる。	⑤妥結

□124 早く**ショタイ**を持ちたかったんだよね。 ↓1205

	意味	解答
		所帯
① アクタイをつく	ひどい悪口。	①悪態
② 新たな勢力のタイトウ	勢力を増してくる。	②台頭
③ 落葉がタイセキする	積み重なること	③堆積
④ 家庭のアンタイを願う	穏やかで無事だ。	④安泰
⑤ 秘書をタイドウする	仕事のために連れて行く。	❺帯同

□125 ずっと君んちに**タイザイ**したい。 ↓129

	意味	解答
		滞在
① 職務タイマン	すべきことを怠《おこた》る。	①怠慢
② タイシン建築	地震に耐え損傷しない。	②耐震
③ フタイテンの決意	屈しないこと。	③不退転
④ 砂糖のダイタイ品	他で代わりにする。	④代替
⑤ 前線のテイタイ	停《とど》まり・滞《とどこお》り進まない。	❺停滞

ソン（農村）
タイ（大衆／太陽／交代／主体／反対／待機／受胎／有袋類／逮捕／賃貸／隊列／戴冠）

□126 ソシャゲに**ボウダイ**な時間を費やす。

意味 ↓609

① ダイショウを払う　損害の代価を払う。
② ダイホンを読む　台詞《せりふ》の書いてある本。脚本。シナリオ。
③ ダイダンエンを迎える　演劇などの最後の場面。
④ キュウダイ点に達する　試験に合格する。
⑤ カダイは山積《さんせき》している　課せられた問題。

解答 膨大
① 代償
② 台本
③ 大団円
④ 及第
⑤ 課題

□127 ほんとに神の**タクセン**を聞いたんだ！

↓1543

① シャツをセンタクする　洗ってきれいにする。
② コウタクのある物質　表面のつややかさ。
③ ショクタクとして勤める　仕事を頼む。特定任務を頼まれた人。
④ タクバツした行動力　抜きん出て優れている。
⑤ シュシャセンタクをする　よいものを選び取り、悪いものを捨てる。

託宣
① 洗濯
② 光沢
③ 嘱託
④ 卓抜
⑤ 取捨選択

□128 僕は運動で脳を**キタ**えている。

↓1126

① ダイタンにふるまう　度胸があり容赦がない。
② 水源をタンサクする　探り・探し求める。
③ タンショを開く　物ごとのはじまり。
④ タンレンを積む　鍛えて強くする。
⑤ 色のノウタン　色や味などの濃いことと淡いこと。

鍛
① 大胆
② 探索
③ 端緒
④ 鍛錬(練)
⑤ 濃淡

□129 スタイリングを**タンネン**にチェックする。

意味 ↓103

① 研究のイッタンを発表する　一部分。
② ドタンバで逆転する　最終の・せっぱつまった場面。
③ タンセイを込める　誠心誠意で打ち込むこと。
④ タンカで運ぶ　病人・負傷者を寝かせて運ぶ道具
⑤ 計画がハタンする　どうしようもない状態に陥る。

解答 丹念
① 一端
② 土壇場
③ 丹誠(精)
④ 担架
⑤ 破綻

□130 ひもの**リョウタン**を火であぶります。

↓158

① タントウチョクニュウに言う　前置きなしに直接本題に入る様子。
② ラクタンする　失望してがっかりする。
③ タンラク的に考える　結びつかない前提から論理的でない結論を性急に導き出すこと。
④ タンテキに示す　明白で要点をとらえている。
⑤ イッタン緩急あれば　慣 ひとたび緊急な事態が起これば

両端
① 単刀直入
② 落胆
③ 短絡
④ 端的
⑤ 一旦

ダイ（内裏／兄弟）
タク（自宅／開拓／支度）
タン（反物／石炭／感嘆／誕生）

（↓は基礎編の問題番号を示す。常用外の読み方には黒でルビを付けた。）

● 傍線部の漢字と同じ漢字を含むものを、次の各群の①～⑤のうちから、それぞれ一つずつ選べ。

□131 優柔**フダン**でひとりに決められない。 ↓642

	意味
① 不正をキュウダンする	罪を追及し非難する。
② 友人とカンダンする	楽しく話し合う。
③ 地球のオンダン化	気温が暖かなこと。
④ 世代間のダンゼツ	つながりが絶える。
⑤ カクダンに違う	まるで違う。段違い。格別。

解答　不断　①糾弾　②歓談　③温暖　❹断絶　⑤格段

□132 なぜパスワードが**ガッチ**しないんだ。 ↓541

	意味
① グチをこぼす	慣 言っても仕方ないことを嘆く。
② チジョクを感じる	辱《はずかし》め。
③ 開始時間のチエン	遅れる・長引くこと。
④ 病気がチユする	治ること。
⑤ 企業をユウチする	招き寄せること。

解答　合致　①愚痴　②恥辱　③遅延　④治癒　❺誘致

□133 ザコは**クチク**するっしょ。 ↓360

	意味
① チクイチ報告する	順を追って。詳しく。
② 家屋をゾウチクする	建て増しをする。
③ チクサンを営む	家畜で生活品を得る産業。
④ ハチクの勢い	慣 止められぬ勢い。
⑤ チョチクを奨励する	金銭などを蓄える。

解答　駆逐　❶逐一　②増築　③畜産　④破竹　⑤貯蓄

□134 条件に合う人物が**チュウシュツ**された。 ↓34

	意味
① 実力ハクチュウ	優劣がつけがたい。
② 試合をチュウダンする	途中で断ち切ること。
③ チュウショウ絵画	ある性質だけをひきだす。
④ チュウギを尽くす	心を尽くして仕《つか》える。
⑤ 和洋セッチュウ	取捨して調和させる。

解答　抽出　①伯仲　②中断　❸抽象　④忠義　⑤折衷（中）

□135 俺に**イド**むとはいい度胸だ。 ↓1422

	意味
① 世のフウチョウ	風で生じる潮の流れ。世の中の流れ。
② セイチョウな空気	清らかに澄んでいる。
③ チョウバツを加える	戒《いまし》めるため罰を与える。
④ 嵐のゼンチョウ	何かが起きる前触れ。
⑤ チョウハツ的な態度	相手を刺激して唆《そそのか》す。

解答　挑　①風潮　②清澄　③懲罰　④前兆　❺挑発

ダン（旦那／団結／男女／文壇）
チ（地図／貯水池／知識／数値／幼稚／処置／言《げん》質〈＝あとで証拠となる約束の言葉〉／緻密）
チュウ（昆虫／沖積／注文／宇宙／白昼／円柱／焼酎／鋳造／駐在）
チョウ（落丁／弔辞／官庁／町議／長所／主張／釣果／鳥類／早朝）

136 **シンチョウ**にボタンを押した。

意味 ↓187

① 骨董《こっとう》品をチンチョウする　珍しいと大切にする。
② 芳名録《ほうめいろく》にキチョウする　帳簿に書き記す。
③ チョウボウを楽しむ　見渡した眺め。
④ サンチョウに立つ　山の頂《いただき》。てっぺん。
⑤ チョウテイが成功する　間に入り争いを止める。

解答
慎重
❶ 珍重
② 記帳
③ 眺望
④ 山頂
⑤ 調停

137 胸の厚さは強さの**ショウチョウ**だ。

意味 ↓213

① 助走をつけてチョウヤクする　跳びあがる。跳ねる。
② 税金をチョウシュウする　金銭を取り立てる。
③ 時代をチョウエツする　程度・基準・自然界をはるかに超・越えること。
④ チョウカイ処分を受ける　懲らしめ戒める。制裁を加える。
⑤ 美術館でチョウコクを見る　彫り刻む。像を形作る芸術。

解答
象徴
① 跳躍
❷ 徴収
③ 超越
④ 懲戒
⑤ 彫刻

138 あなたの愛は**チンプ**なのよ。

意味 ↓1305

① 地盤がチンカする　沈んで下がる。
② 商品をチンレツする　見せるために並べておく。
③ チンミを堪能する　珍しくて味のいい食物。
④ チンコンの祈り　霊魂をなぐさめ鎮める。
⑤ チンギンを支払う　労働により受け取る報酬。

解答
陳腐
① 沈下
❷ 陳列
③ 珍味
④ 鎮魂
⑤ 賃金

139 カップル**ゼンテイ**とか辛い。

意味 ↓205

① 商品がソコをつく　一番下の部分。
② 法律をサダめる　規定する。決める。
③ 我慢にもホドがある　程度。限度。具合。
④ 天井がヒクい　下にある。劣っている。
⑤ 荷物をサげる　物を持つ。携帯する。

解答
前提
① 底
② 定
③ 程
④ 低
❺ 提

140 **タイテイ**のことはどうでもよくない？

意味 ↓1337

① ホウテイで証言する　審理・裁判を行う所。
② 空気テイコウを減らす　力に張り合ってさからう。
③ 誤りをテイセイする　誤りを正すこと。
④ 食堂でテイショクを食べる　料理の組み合わせが定められている食事。
⑤ 花束をゾウテイする　人に物を贈る。

解答
大抵
① 法廷
❷ 抵抗
③ 訂正
④ 定食
⑤ 贈呈

チョウ（貼付〈「テンプ」とも〉／胃腸／嘲笑／聴講）
チン（朕〈＝皇帝・天皇が使った一人称〉）
テイ（丁字路〈＝T《テイ》字路。三つ辻《つじ》〉／体裁／師弟／豪邸／料亭／帝王／貞淑／庭園／逓信〈＝郵便・電信などを順次取り次いで送ること〉／調停／偵察／堤防／艦艇〈＝大小の軍事用船舶〉／締結／諦念）

(↓は基礎編の問題番号を示す。常用外の読み方には黒でルビを付けた。)

● 傍線部の漢字と同じ漢字を含むものを、次の各群の①～⑤のうちから、それぞれ一つずつ選べ。

意味

□141 むしろ会社が俺に**テキゴウ**しろ。 ↓146
① ユダンタイテキ　油断は大きな敵のようなもので失敗の原因となる。
② テキドに運動する　程度がちょうど適している。
③ 窓にスイテキがつく　水のしずく。
④ コテキ隊の列　太鼓と笛。
⑤ 矛盾をシテキする　問題点を指し示す。

□142 彼に**ヒッテキ**するプレイヤーだと? ↓558
① 脱税をテキハツする　暴《あば》いて公表する。
② ケイテキを鳴らす　注意を促すため鳴らす笛。
③ 予感がテキチュウする　正しく当たること。
④ 相手にテキイをいだく　敵対する気持ち。
⑤ テンテキを受ける　静脈に一滴ずつ注入する。

□143 復習を**テッテイ**させると成績上がるよ。 ↓91
① テツボウの練習　鉄の棒を渡した体操用具。
② 前言をテッカイする　出したものを取り下げる。
③ 頑固イッテツな人　一筋に押し通そうとする。
④ コウテツされる　人事異動で入れ替える。
⑤ センテツに学ぶ　昔のすぐれた賢者。

解答

141 適合　① 油断大敵　**❷ 適度**　③ 水滴　④ 鼓笛　⑤ 指摘

142 匹敵　① 摘発　② 警笛　③ 的(適)中　**❹ 敵意**　⑤ 点滴

143 徹底　① 鉄棒　② 撤回　**❸ 一徹**　④ 更迭　⑤ 先哲

意味

□144 **レイテツ**な自分に酔ってるだけでしょ。 ↓905
① テツガクを学ぶ　真理・原理を探る学問。
② テッペキの守り　鉄の壁(のように堅い守り)。
③ 設備がテッキョされる　建物・施設などを取り去る。
④ テツヤを続けて完成させる　夜通し起きている。
⑤ 大臣をコウテツする　人事異動で入れ替える。

□145 話をあさっての方向に**テンカイ**する。 ↓165
① 話題をテンカンする　物事の方向が変わる・を変える。
② 科学がハッテンする　より進んだ段階へ移る。
③ 引用のテンキョを示す　根拠。出典。
④ 話にギョウテンする　非常に驚くこと。
⑤ 色素をテンカする　他のものを添え加える。

解答

144 冷徹　① 先哲　② 鉄壁　③ 撤去　**❹ 徹夜**　⑤ 更迭

145 展開　① 転換　**❷ 発展**　③ 典拠　④ 仰天　⑤ 添加

テン(開店/採点/装填〈＝中に詰め込んで準備する〉/御殿)

意味 / 解答

□ 146 連日通いつめたが**トロウ**に終わった。 ↓139

① 平安京にセントする　都を他の地に遷《うつ》す。
② トトウを組む　慣 悪事のため寄り集まる。
③ 心情をトロする　かくさず述べる。
④ イトをくみ取る　思惑《おもわく》。考えていること。
⑤ トコウ費用を払う　海外へ渡ること。

解答：徒労　① 遷都　❷ 徒党　③ 吐露　④ 意図　⑤ 渡航

□ 147 男の**ドゴウ**にみなが震え上がった。 ↓1507

① オンドを測る　暖かさや冷たさの度合い。
② たゆまずドリョクする　力を尽くしてはげむ。
③ ネンド細工をつくる　粘り気のある土。
④ 不正にゲキドする　激しく怒ること。
⑤ ドレイを解放する　支配・欲望に屈する人。

解答：怒号　① 温度　② 努力　③ 粘土　❹ 激怒　⑤ 奴隷

□ 148 自己**トウスイ**の激しい男とかないわー。 ↓781

① 飛行機のトウジョウ券　飛行機などに乗り込む。
② 議論がフットウする　激しく盛んになる。煮え立つ。
③ トウベンを求められる　質問に答え説明する。
④ 亡き人をアイトウする　人の死を哀《かな》しみ悼《いた》む。
⑤ 恩師のクントウ　徳の感化で育てること。

解答：陶酔　① 搭乗　② 沸騰　③ 答弁　④ 哀悼　❺ 薫陶

□ 149 僕をふるなんて**トウテイ**納得できない。 ↓561

① トウトツな質問　突然すぎて不自然だ。
② 注文がサットウする　一度に押し寄せる。
③ トウテツした論理　透き通る。明晰《めいせき》だ。
④ 意見をトウカツする　まとめて括《くく》る。
⑤ 先例をトウシュウする　やり方を受け継ぐ。

解答：到底　① 唐突　❷ 殺到　③ 透徹　④ 統括　⑤ 踏襲

□ 150 源氏の**タイトウ**を許すわけにはゆかぬ。 ↓409

① 財宝がヌスまれる　他人の物を密《ひそ》かに取る。
② 寒さにコゴえる　寒さで身体の感覚を失う。
③ 高い山にノボる　高い所に移動する。
④ ヒトしく権利を有する　同様である。
⑤ メガシラを押さえる　慣 泣きたいのを我慢する。

解答：台頭　① 盗　② 凍　③ 登　④ 等　❺ 目頭

ト（土地／北斗七星／嫉妬／法度《はっ》／前途／登山／塗料／賭博《ばく》）
トウ（名刀／冬至《じ》／街灯／投手／豆腐／東西／離島／白桃／出納《すい》／石塔／病棟／湯治／種痘／封筒／神道／水稲／読点／葛藤）

（↓は基礎編の問題番号を示す。常用外の読み方には黒でルビを付けた。）

●傍線部の漢字と同じ漢字を含むものを、次の各群の①～⑤のうちから、それぞれ一つずつ選べ。

151 アットウ的じゃないか、我が校は。 ↓361

（意味）
① 現実からトウヒする　困難から逃げて避ける。
② ジャズ音楽にケイトウする　心を傾けて熱中すること。
③ ケントウをたたえる　がんばって闘うこと。
④ 山頂にトウタツする　行き着く・達すること。
⑤ 食事のトウブンを抑える　糖類の成分。甘み。

（解答）圧倒
① 逃避
❷ 傾倒
③ 健闘
④ 到達
⑤ 糖分

152 犬がクッションをフみフみする。 ↓1209

（意味）
① 株価がキュウトウする　物価・相場が急に上がる。
② 役所で不動産をトウキする　公式の帳簿に記載する。
③ 大陸をトウハする　困難な・長い道を歩き通す。
④ ろくろでトウキをつくる　土や石の粉を焼いて作る器。
⑤ 活発にトウロンする　互いに論じ合うこと。

（解答）踏
① 急騰
② 登記
❸ 踏破
④ 陶器
⑤ 討論

153 王子様のトウライを待って早幾年……。 ↓147

（意味）
① 孤軍フントウ　力を奮って敵と闘う。
② 本末テントウ　逆さになる・する。ひっくり返る。
③ トウイ即妙　「━即妙」即座に機転を利かす。
④ 用意シュウトウ　よく行き届いていること。
⑤ 不偏フトウ　「不偏━」いずれの主義・党派などにも味方しないこと。

（解答）到来
① 奮闘
② 転倒
③ 当意
❹ 周到
⑤ 不党

154 服装から性格をドウサツする。 ↓486

（意味）
① ソウドウを引き起こす　もめごと。非常な事態。
② イクドウオンに言う　みんなが同じことを言う。
③ ドウケツを探検する　ほら穴。洞窟。
④ 生徒をシドウする　目的に向かい教え導く。
⑤ 仕事がキドウに乗る　一定の道筋。線路。

（解答）洞察
① 騒動
② 異口同音
❸ 洞穴
④ 指導
⑤ 軌道

155 モテヘアをエトクしたい。 ↓327

（意味）
① トクメイの電話　実名を隠して表さない。
② トクジツな人柄　情に篤《あつ》く誠実だ。
③ トクサン品　特にある土地で産出する。
④ ジゴウジトク　自分の悪事の報い。
⑤ カトクの相続　戸主の権利。家の跡継ぎ。

（解答）会得
① 匿名
② 篤実
③ 特産
❹ 自業自得
⑤ 家督

ドウ（胴体／殿《でん》堂〈＝大きくて立派な建物。ある分野の中心となる建物・施設・場所。神仏を祭る建物〉／児童／労働／銅像／瞳孔）

トク（道徳〈＝人が社会の中で正しく判断し活動を行うために守るべきだとされる態度〉／読本〈＝（昔の国語の）教科書。入門書〉）

□156 彼の方を見ないのはシナンの業《わざ》。

意味 ↓599

① 剣術をシナンする　教え導く。教え示す。
② サイナンに遭う　思いがけず身に起こる不幸な出来事。
③ ジュウナンに対応する　柔《やわ》・軟《やわ》らかな様子。
④ ナンドにしまう　屋内の物置部屋。
⑤ ゼンナンゼンニョ　信仰深い人々。

解答　至難
①指南　❷災難　③柔軟　④納戸　⑤善男善女

□157 ニンイの数を思い浮かべてください。 ↓887

① ニンジョウがあつい　自然な人間らしい感情。
② ヒニンの知識を学ぶ　人為的に妊娠を避ける。
③ 社長をカイニンする　任務を解く。
④ ニンタイ強い　耐え忍ぶこと。
⑤ ニンカがおりる　認めて許す。

解答　任意
①人情　②避妊　❸解任　④忍耐　⑤認可

□158 個人情報が漏れないかというケネン。 ↓756

① テンネン記念物　人の手が加わらない。生まれつき。
② ネンリンを重ねる　成長経験。同心円の木目。
③ キネン碑をたてる　思い出として残す事。
④ 問題がサイネンする　再び問題になること。
⑤ ネンエキを採取する　粘りのある液体。

解答　懸念
①天然　②年輪　❸記念　④再燃　⑤粘液

□159 朝型でノウリツアップを図る。

意味 ↓902

① 機械のセイノウを調べる　性質と能力。
② ノウリに浮かぶ　頭の中。
③ ノウコウな味付け　色・味などが濃いこと。
④ 人生にクノウする　苦しみ悩むこと。
⑤ 商品をノウニュウする　納め入れること。

解答　能率
❶性能　②脳裏　③濃厚　④苦悩　⑤納入

□160 少女がハガンしたのでほっとする。 ↓744

① 影響がハキュウする　だんだん影響が及ぶ。
② 難関をダハする　打ち破ること。
③ 要点をハアクする　自分のものとする。
④ ハバツに分かれる　集団内の排他的集まり。
⑤ 全国をセイハする　試合で優勝すること。

解答　破顔
①波及　❷打破　③把握　④派閥　⑤制覇

ネン（捻挫〈＝関節を挫《くじ》くこと〉）
ノウ（農業）

（↓は基礎編の問題番号を示す。常用外の読み方には黒でルビを付けた。）

● 傍線部の漢字と同じ漢字を含むものを、次の各群の①～⑤のうちから、それぞれ一つずつ選べ。

□161 従わない輩《やから》は**ハイセキ**するまで。 ↓426

① 初戦でハイタイする　意味：負けて退く。
② 核兵器のハイゼツ　意味：廃止して絶やす。
③ ハイキガス汚染　意味：内部の気体を排出する。
④ ハイシン行為　意味：信義に背《そむ》く。
⑤ ハイリョに欠ける　意味：こころを配る。

解答：排斥　①敗退　②廃絶　❸排気　④背信　⑤配慮

□162 チャットで**ツチカワ**れたタイピング力。 ↓408

① 顕微鏡のバイリツ　意味：実物・基準との比率。
② 細菌をバイヨウする　意味：人工的に養う・育てる。
③ 広告バイタイ　意味：メディア。媒介するもの。
④ 会議にバイセキする　意味：目上の人と同席する。
⑤ コウバイ意欲　意味：買うこと。

解答：培　①倍率　❷培養　③媒体　④陪席　⑤購買

□163 髪型で魅力**バイゾウ**計画。 ↓148

① 株をバイバイする　意味：売ったり買ったりする
② バイシャク人を頼まれる　意味：結婚をとりもつこと。仲人《なこうど》。
③ 裁判におけるバイシン制　意味：裁判に参加する一般人。
④ 事故のバイショウ問題　意味：損害を償うこと。
⑤ 旧にバイしたご愛顧　意味：慣「旧に―する」以前にまさる。

解答：倍増　①売買　②媒酌　③陪審　④賠償　❺倍

□164 **ガイハク**な歴史知識の持ち主。 ↓892

① ハクシャをかける　意味：慣 仕事の進行を促進する。
② 彼はハクシキだ　意味：広い知識を持っている。
③ ハクガイを受ける　意味：圧迫して虐《しいた》げる。
④ ケイハクな笑い　意味：思慮が足りない。
⑤ メイハクな事実　意味：はっきりしている。

解答：該博　①拍車　❷博識　③迫害　④軽薄　⑤明白

□165 もう自分で自分を**シバ**るのはやめる。 ↓30

① 景気回復のキバク剤　意味：新しい状態を誘発する。
② 真相をバクロする　意味：暴《あば》きさらけ出す。
③ 首謀者をホバクする　意味：捕まえて縛ること。
④ バクゼンとした印象　意味：はっきりしない。
⑤ バクガ飲料を飲む　意味：大麦を発芽させたもの。

解答：縛　①起爆　②暴露　❸捕縛　④漠然　⑤麦芽

ハイ（拝礼〈＝頭を下げて礼をする。拝《おが》むこと〉／祝杯〈＝祝いの酒を飲む杯《さかずき》〉／肺炎／俳優／輩出〈＝すぐれた人物が続々と世に出ること〉）
バイ（梅雨〈「ツユ」とも〉）　**ハク**（伯仲／停泊／剝奪／舶来）
バク（博徒《と》／幕府）　**ハン**（凡例／氾濫／汎用／随伴／判明／急坂／阪神／版画／班長／湖畔／諸般）

166 **ハンプク**せよと刑事に怒鳴られた。

意味 ↓363

① 大きく胸をソらす — 反《そ》るようにする。
② 仕事ぶりがイタに付く — 薄く平たい木材・物。
③ 思いナカばに過ぎる — 半分。途中。
④ オカした罪をつぐなう — 法・道徳などに背《そむ》く。
⑤ ヨットのホを張る — 風で船を進ませる布。

解答 反復
❶反　②板　③半　④犯　⑤帆

167 足のついた**ゴバン**にあこがれる。

意味 ↓931

① シンラバンショウ — 全てのもの・現象。
② タイキバンセイ — 大人物は晩《おそ》く大成する。
③ 合唱のバンソウ — 主要部を引き立てる演奏。
④ 生活のキバン — 基礎となるもの。
⑤ ヘイバンなリズム — 単調で味わいに乏しい。

解答 碁盤
①森羅万象　②大器晩成　③伴奏　❹基盤　⑤平板

168 君からは迷惑を**コウム**ってばかりだ。

意味 ↓161

① モクヒ権の行使 — 黙ったまま何も言わない。
② 心身のヒヘイ — 疲れ弱る。勢いが衰える。
③ ヒルイない才能 — 比べるもの。類《たぐ》い。
④ 裁判のヒコク — 訴えられた側の当事者。
⑤ ヒヤク的な発展 — 急速に進歩する。

解答 被
①黙秘　②疲弊　③比類　❹被告　⑤飛躍

169 体型の**ビサイ**な変化も見逃さないよ。

意味 ↓81

① セツビを充実する — 備えつけた必要なもの。
② 人情のキビを解する — 微妙な心の働き。
③ 犯人をビコウする — 後をつけて行く。
④ ジビカの医院に行く — 耳・鼻の治療を行う所。
⑤ 町のビカンを損なう — 美しい眺め。

解答 微細
①設備　❷機微　③尾行　④耳鼻科　⑤美観

170 「花」を**ヒョウショウ**する手の動き。

意味 ↓848

① ヒョウハクの詩人 — あてもなく漂うこと。
② トクヒョウ率一位 — 票を獲得すること。
③ 疑問がヒョウカイする — 氷がとけるように消える。
④ 事実をコウヒョウする — 公に発表すること。
⑤ 作品をヒヒョウする — 評価し論ずること。

解答 表象
①漂泊　②得票　③氷解　❹公表　⑤批評

ハン（販売／斑紋／炊飯／搬入／煩雑／頒布《ぶ》／規範／繁栄／廃藩） **バン**（大判／順番／蛮行） **ヒ**（皮膚／王妃／否定／批評／彼岸／披露／肥大／泌尿器／是非／卑屈／悲恋／開扉／消費／句碑／罷免／回避） **ビ**（白眉〈＝最もすぐれた者・物〉） **ヒョウ**（雑兵《ぞう》〈＝身分の低い兵士〉／拍子／土俵／標識）

（↓は基礎編の問題番号を示す。常用外の読み方には黒でルビを付けた。）

● 傍線部の漢字と同じ漢字を含むものを、次の各群の①～⑤のうちから、それぞれ一つずつ選べ。

□171 戦闘シーンの**ビョウ**シャハンパねーな。 ↓1058

意味

① オクビョウな性格　少しのことでも恐れる。
② 静物をソビョウする　デッサン。
③ 祖母のアイビョウ　かわいがっている猫。
④ ビョウドウに接する　差別がなく等しい。
⑤ スンビョウを争う　ごくわずかな時間。

□172 最近小さい地震**ヒン**パツしてるよね。 ↓411

① ヒンキャクをもてなす　「ヒンカク」とも。大事な客。
② セイヒンに甘んずる　正しい行いをし貧しい。
③ カイヒン公園　海辺。浜辺。
④ 新セイヒンを試す　製造した物。
⑤ ヒンパンに訪問する　頻《しき》りに起こる様子。

□173 **ヒン**シュツする単語は大体決まってる。 ↓157

① ヒンシツを管理する　品物の質。
② ヒンテイで水遊びをする　波で作られた砂の堆積。
③ 使用ヒンドが高い　同じことが繰り返し起こる度合。
④ ライヒンを迎える　式や会合に主催者から招かれて来た人。
⑤ 根拠がヒンジャクである　貧しく弱い。見劣りがする。

解答

描写　①臆病　❷素描　③愛猫　④平等　⑤寸秒

頻発　①賓客　②清貧　③海浜　④製品　❺頻繁

頻出　①品質　②浜堤　❸頻度　④来賓　⑤貧弱

□174 お誘いの断り方に**フシン**する。 ↓758

意味

① フオンな空気　穏やかでないこと。
② 新たなフニン地　任務を果たすため赴《おもむ》く。
③ フヨウ家族　世話をして養うこと。
④ フハイした組織　物質・精神が腐る。
⑤ キュウフ金　物品を支給する。

□175 ぶっちゃけお前のことア**ナド**ってたわ。 ↓1226

① 選手をコブする　励まし勢いつける。
② ブショに分かれる　受け持ちの場所・役目。
③ ブレイを働く　礼儀をわきまえぬこと。
④ ブベツの言葉をはく　侮って蔑《さげす》む。
⑤ ブゲイに秀でる　武道に関する技芸。

解答

腐心　①不穏　②赴任　③扶養　❹腐敗　⑤給付

侮　①鼓舞　②部署　③無礼　❹侮蔑　⑤武芸

ビョウ（種苗〈＝種と苗。卵と稚魚〉）　**フ**（農夫／父母／布団／政府／恐怖／歩兵《ひょう》〈「ホヘイ」とも〉／岐阜／寄附（付）／夫婦／訃報〈＝人の死亡の知らせ〉／負債／風情《ぜい》／浮遊／符号／豊富／普及／敷設〈＝「布設」とも。設備を敷《し》いて機能が発揮できるようにすること〉／皮膚／賦与〈＝分け与える〉／譜面）

□ 176 感情の**キフク**は少ない方かな。

意味 ↓657

① 物語のフクセン　予《あらかじ》めほのめかすこと。
② 病気がカイフクする　元の状態に戻ること。
③ フクジュウする　支配・権力に従う。
④ フクザツな経路　込み入っている様子。
⑤ フクメンをかぶる　顔を覆い隠すもの。

解答
起伏
❶ 伏線
② 回(快)復
③ 服従
④ 複雑
⑤ 覆面

□ 177 **コウフン**して寝つけない。

↓729

① 不正にフンガイする　ひどく腹を立てる。
② 火山がフンカする　火口から噴き出す。
③ 孤軍フントウする　力を奮《ふる》って敵と闘う。
④ フンソウを解決する　もめごと。
⑤ 岩石をフンサイする　粉々に砕く。

興奮
① 憤慨
② 噴火
❸ 奮闘
④ 紛争
⑤ 粉砕

□ 178 開幕から魅力を**フンシュツ**させていけ。

↓1210

① ギフンにかられる　正義・人道に外れたことへの憤り。
② 事態がフンキュウする　物事がもつれて乱れる。
③ 消毒液をフンムする　液体を霧状にして噴き出させる。
④ なごやかなフンイキ　周囲にある感じ。
⑤ フンショク決算を指摘する　取り繕って立派に見せる。

噴出
① 義憤
② 紛糾
❸ 噴霧
④ 雰囲気
⑤ 粉飾

□ 179 ぼっちの**ヘイガイ**をあまり感じない。

意味 ↓881

① アクヘイを正す　悪いならわし。
② 会場をヘイサする　閉ざす。活動をやめる。
③ ヘイセイを装う　落ち着いて静かな様子。
④ 薬のヘイヨウを避ける　併《あわ》せて用いること。
⑤ シヘイで支払う　紙でできた貨幣。

解答
弊害
❶ 悪弊
② 閉鎖
③ 平静
④ 併用
⑤ 紙幣

□ 180 **ヘンキョウ**な考え方にうんざりした。

↓107

① 漢字にヘンカンする　別のものに変える。
② 借用物をヘンカンする　元(の持ち主)に返す。
③ 小説のゾクヘン　本編に続く編。
④ フヘン的なテーマ　全てに共通する。
⑤ ヘンケンを持つ　偏った見解。

偏狭
① 変換
② 返還
③ 続編
④ 普遍
❺ 偏見

ブ（不精《しょう》〈＝「無精」とも。精を出さず怠けること〉／五分〈＝一寸・全体の半分。優劣がないこと〉／奉行／歩合《あい》〈＝数量の基準に対する割合。取引きの手数料〉） **フク**（副業／幅員〈＝幅《はば》。横の長さ〉／腹痛／幸福） **フン**（分別／古墳） **ヘイ**（丙／兵器／並列／横柄〈＝「押柄」とも。見下す態度〉／陛下／塀／遮蔽） **ヘン**（破片／辺境）

（↓は基礎編の問題番号を示す。常用外の読み方には黒でルビを付けた。）

● 傍線部の漢字と同じ漢字を含むものを、次の各群の①～⑤のうちから、それぞれ一つずつ選べ。

	意味
□181 パソコンの**ホショウ**は一年でいいや。	↓383
① 道路をホソウする	路面を固めること。
② 記録をホジする	保ちつづけること。
③ 賞のコウホになる	選択の対象・可能性。
④ 大幅にジョウホする	相手の考えを受け入れること。
⑤ 首謀者をホバクする	捕まえて縛ること。

解答　**保証**　①舗装　❷保持　③候補　④譲歩　⑤捕縛

	意味
□182 母を**シボ**すると即マザコンなのかよ。	↓1474
① ゲンボと照合する	元になる帳簿。
② 世界的なキボ	物事の大きさ・広がり。
③ ケイボの念を抱く	敬い慕うこと。
④ 懸賞にオウボする	募集に応じる。
⑤ ボヒメイを読む	墓石に刻んだ字句。

解答　**思慕**　①原簿　②規模　❸敬慕　④応募　⑤墓碑銘

	意味
□183 好きなイラストを**モホウ**してみる。	↓509
① 恩にムクいる	相応なお返しをする。
② 前例にナラう	手本にしてまねる。
③ 氷山がクズれる	壊れ落ちる。
④ 河に稚魚をハナつ	自由にする。
⑤ 希望をイダく	抱《だ》く。考えをもつ。

解答　**模倣**　①報　❷倣　③崩　④放　⑤抱

	意味
□184 彼への思いを言葉に**ツム**ぐ。	↓512
① シンショウボウダイ	誇張して大げさに言う。
② 仕事にボウサツされる	とても忙しいこと。
③ 流行性のカンボウ	風邪。
④ 理科のカイボウ実験	体を切り開いて調べる。
⑤ 綿とウールのコンボウ	複数の繊維を混ぜ紡ぐ。

解答　**紡**　①針小棒大　②忙殺　③感冒　④解剖　❺混紡

	意味
□185 俺は自分のやり方を**ボクシュ**したいの。	↓876
① ボクチク業を営む	家畜を飼育して繁殖させる。
② ソボクな人柄	飾りっけなくありのまま。
③ スイボクガの掛け軸	墨で描いた絵。
④ シンボクを深める	親しみ仲良くする。
⑤ 害虫をボクメツする	完全に滅ぼす。

解答　**墨守**　①牧畜　②素朴　❸水墨画　④親睦　⑤撲滅

ホ（哺乳類）　**ボ**（父母／歳暮《せい》）　**ホウ**（方向／包括／芳香／邦楽《がく》／奉仕／宝物《もつ》／法律／気泡／封建／同胞／俸給／霊峰／砲台／訪問／豊富／飽和／褒美／裁縫）　**ボウ**（滅亡／妄言〈「モウゲン」とも〉／欠乏／宿坊／妨害／忘却／防災／冷房／脂肪／某日《じつ》〈＝ある日〉／願望／傍観／帽子／容貌／暴力／膨張／無謀）　**ボク**（木刀／面目〈「メンモク」とも〉／公僕〈＝公務員〉）

□186 このビミョウに甘い声がいいんだよな。 →90

意味
- ① トウイソクミョウの答え　即座に機転を利かす。
- ② ジュミョウが延びる　命がある間の長さ。
- ③ ミョウセキを継ぐ　受け継がれてきた家名。
- ④ コウミョウを見いだす　明るい光・見通し。
- ⑤ ミョウリに尽きる　立場のおかげで得る恩恵。

解答　微妙　❶当意即妙　②寿命　③名跡　④光明　⑤冥利

□187 私の世界を理解する人はカイムだった。 →639

- ① ムジュンを指摘する　両立しない関係。
- ② セキムを果たす　責任と義務。
- ③ 天下ムソウの怪力　世界に並ぶものが無い。
- ④ ノウム注意報　濃い霧。
- ⑤ ムホンをたくらむ　主君に背《そむ》くこと。

解答　皆無　①矛盾　②責務　❸無双　④濃霧　⑤謀反

□188 ここはカンメイを受けた漫画の棚。 →769

- ① ジメイの事実　それ自体で明らかだ。
- ② ケンメイの努力　命懸けでがんばる。
- ③ ショウシンショウメイの本物　うそいつわりのないこと。
- ④ ガンメイな人物　頑《かたく》なで道理が解らない。
- ⑤ ヒメイをあげる　高く・泣き叫ぶ声。

解答　感（肝）銘　①自明　②懸命　❸正真正銘　④頑迷　⑤悲鳴

□189 謝る気はモウトウ無いけどな。 →608

意味
- ① メイモウを打ち破る　誤りを真実と思い込む。
- ② モウヒツで書く　毛を束にした筆。
- ③ 体力がショウモウする　使ってなくすこと。
- ④ 台風がモウイをふるう　猛烈な威力。
- ⑤ イチモウダジンにする　一度に全部を捕まえる。

解答　毛頭　①迷妄　❷毛筆　③消耗　④猛威　⑤一網打尽

□190 モンショウをコンプリートするには。 →250

- ① キョウモンを読む　仏教の経典。
- ② 新人のトウリュウモン　立身出世のための関門。
- ③ チョウモンに訪れる　遺族を訪れ悔みを述べる。
- ④ ゼンダイミモンの事件　今まで聞いたことがない。
- ⑤ 発言がハモンを呼ぶ　波の模様。次々に及ぶ影響。

解答　紋章　①経文　②登竜門　③弔問　④前代未聞　❺波紋

ム（影武者／夢幻〈＝夢と幻（のようにはかないこと）〉）

メイ（名画／冥土（途）〈＝あの世〉／連盟〈＝共同の目的のために同一の行動を取ることを誓うこと・団体〉）

モウ（亡者〈＝（成仏できない）死者。執念にとりつかれている人〉／盲点／本望〈＝本来の望み（を達して満足すること）〉）

(↓は基礎編の問題番号を示す。常用外の読み方には黒でルビを付けた。)

● 傍線部の漢字と同じ漢字を含むものを、次の各群の①～⑤のうちから、それぞれ一つずつ選べ。

意味

□191 黒帯の面目ヤクジョたる勝ちっぷり。 ↓1381
① サイヤクを招く　災《わざわ》い。面倒。
② ヒヤク的に発展する　急速に進歩する。
③ ケイヤク更改　合意で成立する法律行為。
④ 風邪のトッコウヤク　特別によく効く薬。
⑤ 原文からのチクゴヤク　一語一語忠実な翻訳。

□192 いい奴なのが逆にヤッカイなんだよな。 ↓115
① ごリヤクがある　仏の功徳。
② ツウヤクの資格を取得する　言葉を翻訳し仲立ちする人。
③ ヤクドシを乗り切る　災難に合い易いとされる年齢。
④ ヤッキになって反対する　むき・必死になる様子。
⑤ ヤッコウがある野草を探す　薬の効き目。

□193 ハムスター動画マジイやされる。 ↓1503
① 物資をクウユする　航空機で輸送する。
② ヒユを頻用する　似たものに喩えて表す言い方。
③ ユエツの心地を味わう　愉《たの》しみ悦《よろこ》ぶこと。
④ ユチャクを断ち切る　利益のために結びつくこと。
⑤ ユダンも隙もない　慣 わずかの隙も見せることができない。

解答

191 躍如　①災厄　❷飛躍　③契約　④特効薬　⑤逐語訳

192 厄介　①利益　②通訳　❸厄年　④躍起　⑤薬効

193 癒　①空輸　②比喩　③愉悦　❹癒着　⑤油断

意味

□194 やたら艦名のユライに詳しい男。 ↓1558
① 病がカイユする　すっかり治ること。
② ユカイな仲間たち　楽しくて気持ちのよい。
③ 高等学校のキョウユ　学校教育に従事する者。
④ 製品をユシュツする　国外へ品物を売り出す。
⑤ 大阪をケイユする　中間の場所を経て行く。

□195 ジェットコースターのフユウ感が無理。 ↓470
① サソいあって出掛ける　一緒の行動を勧める。
② 自然の中でアソぶ　楽しく過ごす。
③ スグれた能力を持つ　他より優《まさ》る。
④ イサんで試合に臨《のぞ》む　進んでやろうと張り切る。
⑤ 青春のウレいに沈む　不安。物憂《う》い感じ。

解答

194 由来　①快癒　②愉快　③教諭　④輸出　❺経由

195 浮遊　①誘　❷遊　③優　④勇　⑤憂(愁)

ヤク(役人／疫病神)
ユ(遊山《さん》(＝山へ・気晴らしに遊びに出かけること))
ユウ(盟友／座右／理由／固有／幽玄／悠然／郵便／湧水／猶予／裕福／雄大)

□196 弁解の**ヨチ**はなかった。 ↓5

	意味
① 銀行にヨキンする	金を金融機関に預ける。
② セイサツヨダツの権	思いのままにできる。
③ 宴会のヨキョウを行う	興をそえるための演芸。
④ ヨゴが良くない	治療後の経過・見通し。
⑤ メイヨ毀損《きそん》で訴える	良い評判を得ること。

解答 余地
① 預金 ② 生殺与奪 ❸ 余興 ④ 予後 ⑤ 名誉

□197 担当チェンジを断固**ヨウセイ**する。 ↓50

	意味
① 気分がコウヨウする	精神・気分が高まる。
② 議論のタイヨウをまとめる	ほとんど。あらまし。
③ ヨウシキ美を追求する	一定の形式・やり方。
④ 薬のヘイヨウを避ける	併《あわ》せて用いること。
⑤ 人権をヨウゴする	かばって護《まも》る。

解答 要請
① 高揚 ❷ 大要 ③ 様式 ④ 併用 ⑤ 擁護

□198 **ドウヨウ**を聴くとなんか切なくなる。 ↓1208

	意味
① 木枯らしが木の葉をユらす	揺れ動かす。
② 卵をトいてご飯にかける	かきまぜて液状にする。
③ 能の台本を声に出してウタう	節をつけて声を出す。能で歌われるのは謡曲。
④ 白身魚を油でアげる	熱い油に入れて火を通す。
⑤ 喜びに胸をオドらせる	慣 期待・喜びでわくわくする。

解答 童謡
① 揺 ② 溶 ❸ 謡 ④ 揚 ⑤ 踊

□199 寝不足だと食事量を**ヨクセイ**しにくい。 ↓43

	意味
① ショクヨクの秋	食べたいと思う欲望。
② ヨクソウの汚れを取る	入浴するための湯船。
③ ヨクヨウを付けて歌う	調子の上げ下げ。
④ ヨクヤが広がる	地味《ちみ》の豊かな平地。
⑤ イチヨクを担《にな》う	一つの持ち場。

解答 抑制
① 食欲 ② 浴槽 ❸ 抑揚 ④ 沃野 ⑤ 一翼

□200 漫画も自由に**エツラン**していいってさ。 ↓1202

	意味
① 橋のランカン	橋・階段・廊下などの柵。
② ルイランの危うき	慣(卵を重ねるように)不安定で危険な状態。
③ ランセの英雄	秩序が乱れた世の中。
④ イチランに供する	一通り全体を見る(ことができるようにまとめた表)。
⑤ シュツランの誉れ	慣 先生より弟子が優れている。

解答 閲覧
① 欄干 ② 累卵 ③ 乱世 ❹ 一覧 ⑤ 出藍

ヨウ（幼稚／羊毛／妖艶／海洋／容認／凡庸／針葉樹／斜陽／腰痛／腫瘍／窯業〈＝窯《かま》で陶磁器を造る工業〉／養育／曜日）
ヨク（翌日）

（→は基礎編の問題番号を示す。常用外の読み方には黒でルビを付けた。）

● 傍線部の漢字と同じ漢字を含むものを、次の各群の①～⑤のうちから、それぞれ一つずつ選べ。

意味

□201 **ランザツ**で活気のある市場が好きだ。 →576
① シュツランの誉れ　慣 先生より弟子が優れている。
② ユウラン飛行　見物して回ること。
③ 河川のハンラン　堤防から・良くないものが、あふれる。
④ ランガイに記入する　印刷部分の枠の外。
⑤ ハランバンジョウ　変化が激しい。

□202 私に惚《ほ》れるのは自然の**セツリ**だな。 →845
① ギリと人情　守るべき道理。
② リベン性がよい　便利なこと。便宜《ぎ》。
③ ノウリに浮かぶ　頭の中。
④ リレキ書を提出する　経てきた学業・職業など。
⑤ シリメツレツな言い訳　筋道が立たない様子。

□203 まだ文学が**リュウセイ**を極めていた。 →603
① 新人のトウリュウモン　立身出世のための関門。
② 情報がリュウシュツする　流れ出る。
③ 判断をホリュウする　決定・発表しない。
④ 地面がリュウキする　高く盛り上がる。
⑤ センリュウを投稿する　五・七・五音の無季の詩。

解答

乱雑　①出藍　②遊覧　③氾濫　④欄外　❺波乱万丈
摂理　❶義理　②利便　③脳裏　④履歴　⑤支離滅裂
隆盛　①登竜門　②流出　③保留　❹隆起　⑤川柳

意味

□204 私の**リョウイキ**に入ってこないで。 →7
① イットウリョウダン　すぐ決断し処理する。
② 病気のチリョウ　病気・怪我を治す。
③ リョウシン的な価格　善を命じる意志。
④ リョウサン品　大量生産。
⑤ ヨウリョウを得ない説明　要点。うまく処理するこつ。

□205 俺の**リョウチ**侵略してくんな。 →1211
① リョウヨウ生活を送る　治療し養生すること。
② ドウリョウと話し合う　職場・地位・役目などが同じ仲間。
③ 党のコウリョウを発表する　団体の基本方針を要約した文書。
④ 聴衆をミリョウする　心をひきつけて夢中にさせる。
⑤ 今月のキュウリョウを受け取る　労働に対して払われる報酬。

解答

領域　①一刀両断　②治療　③良心　④量産　❺要領
領地　①療養　②同僚　❸綱領　④魅了　⑤給料

リ（官吏／郷里／下痢／瑠璃〈＝光沢のある青い宝石。「ガラス」の古称〉）
リュウ（建立〈＝寺院・堂塔などを建てること〉／粒子／硫酸）
リョウ（清涼〈＝さわやかで・涼しくて気持ちがいい様子〉／猟奇〈＝奇怪・異常なものに興味をもってそれをあさること〉／丘陵《きゅう》〈＝小山・丘など低い山地〉／密漁／学生寮／怨《おん》霊／明瞭／食糧）

□206 彼女は女王のごとく**クンリン**していた。 ↓425

① ジンリンにもとる
② ビルがリンリツする
③ タイリンの花
④ リンキオウヘンな対応
⑤ キンリンの国々

意味

人間として守るべき道。
（林の木のように）多くの物が立ち並ぶ。
花の輪が大きいこと。
変化に応じた手段をとる。
隣り合って近いところ。

□207 私は自らの欲望の**ドレイ**だった。 ↓229

① ヒレイな行為を詫《わ》びる
② レイミョウな響き
③ 生徒をゲキレイする
④ バレイを重ねる
⑤ 封建領主にレイゾクする

礼儀にはずれている。
奥深く計り知れない。
励まし気を引き立てる。
「自分の年齢」の謙譲語。
支配され言いなりになる。

□208 負の**レンサ**を断ち切るぞ！ ↓453

① 避難クンレンを行う
② 車両をレンケツする
③ 恋のレンキンジュツ
④ レンボの情がわく
⑤ セイレン潔白な人物

練習させて教える。
連《つら》ね結ぶこと。
うまく手に入れる方法。
恋い慕うこと。
清らかで私欲のない。

解答

君臨 ①人倫 ②林立 ③大輪 ❹臨機応変 ⑤近隣

奴隷 ①非礼 ②霊妙 ③激励 ④馬齢 ❺隷属

連鎖 ①訓練 ❷連結 ③錬金術 ④恋慕 ⑤清廉

□209 感情の**ハツロ**を恐れなくていい。 ↓1048

① 人生のキロに立つ
② 秘密がロテイする
③ フロシキに包む
④ ワイロを送る
⑤ カロ冬扇

意味

わかれ道。
露《あら》わになる。
物を包む四角い布。
不正な意図で贈る金品。
「無用の事物」の例《たと》え。

□210 あなたの長年の**ロウク**に報《むく》いたい。 ↓378

① 砂上のロウカク
② 運命にホンロウされる
③ ロウキュウ化したビル
④ 選手をイロウする
⑤ 隠し芸をヒロウする

慣 基礎がもろくて長続きしない・実現不可能な物事。
思うままに弄《もてあそ》ぶ。
老《お》いて朽《く》ちること。
労苦を慰めねぎらう。
広く見せて報告する。

解答

発露 ①岐路 ❷露呈 ③風呂敷 ④賄賂 ⑤夏炉

労苦 ①楼閣 ②翻弄 ③老朽 ❹慰労 ⑤披露

リン（一分《ぶ》一厘〈＝ごくわずかなこと〉）

レイ（命令／冷酷／返戻〈＝返し戻すこと〉／事例／予鈴〈＝予告して鳴らすベル〉／零落〈＝落ちぶれること〉／端麗〈＝姿・形が整っていて美しいこと〉）

ロウ（郎党〈＝有力者の子分〉／朗報〈＝喜ばしい知らせ〉／浪費／遺《い》漏〈＝手ぬかり〉／廊下／兵《ひょう》糧／籠絡〈＝うまく丸めこんで思う通りにあやつる〉）

常用漢字（動物）

●次の□に漢字を入れなさい。

解答

1. 鶴
2. 蜂
3. 熊
4. 虎
5. 牙
6. 駒
7. 亀
8. 鹿

索引

「漢字・熟語」と「慣用句」に分けて五十音順に並べてある。数字はすべて掲載ページを示す。本編を最後まで終えたら、最終チェックに利用して欲しい。

漢字・熟語

あ

□哀感（あいかん）……82
□哀歓（あいかん）……82
□哀願（あいがん）……155/182
□愛玩（あいがん）……155
□愛嬌〔敬〕（あいきょう）…136
□愛護（あいご）……186
□挨拶（あいさつ）……51/237
□哀惜（あいせき）……29/154
□愛惜（あいせき）……29/154
□哀切（あいせつ）……156
□愛憎（あいぞう）……247
□哀悼（あいとう）……253
□愛猫（あいびょう）……258
□曖昧（あいまい）……77/141/188
□亜鉛（あえん）……225
□仰（あお）ぐ……42
□足掻（あが）き……93
□購（あがな）う……134
□贖（あがな）う……134
□悪衣悪食（あくいあくじき）201
□握手（あくしゅ）……59
□悪態（あくたい）……248
□悪弊（あくへい）……34/259
□挙・揚（あ）げ句（く）……77
□揚（あ）げる……263
□顎（あご）……111/168
□嘲（あざけ）る……90
□欺（あざむ）く……152
□鮮（あざ）やか……64
□網代（あじろ）……41
□遊（あそ）ぶ……262
□厚（あつ）い……178
□暑（あつ）い……241
□篤（あつ）い……137/178
□悪口雑言（あっこうぞうごん）……204/247
□圧勝（あっしょう）……184
□圧倒（あっとう）……46/254
□誂（あつら）える……135
□軋轢（あつれき）……167
□宛（あ）てる……128
□侮（あなど）る……132/258
□阿鼻叫喚（あびきょうかん）204
□浴（あ）びる……46
□溢（あふ）れる……27
□海士〔女〕（あま）……107
□遍（あまね）く……149
□妖（あや）しい……80
□操（あやつ）る……43
□危（あや）ぶむ……229
□謝（あやま）る……239
□抗（あらが）う……134
□予（あらかじ）め……26
□嵐（あらし）……128
□新（あら）た……243
□安易（あんい）……224
□安逸（あんいつ）……155
□案外（あんがい）……85/180
□行脚（あんぎゃ）……62
□暗示（あんじ）……181
□暗唱〔誦〕（あんしょう）……120
□暗礁（あんしょう）……120/242
□安全（あんぜん）……187
□安息（あんそく）……247
□安泰（あんたい）……182/248
□暗中模索（あんちゅうもさく）209
□安堵（あんど）……93
□安寧（あんねい）……75
□安穏（あんのん）……70/182
□暗黙（あんもく）……23
□暗喩（あんゆ）……162

い

□唯々諾々（いいだくだく）224
□意外（いがい）……180
□威嚇（いかく）……160
□鋳型（いがた）……107
□遺憾（いかん）87/182/224/228
□如〔奈〕何（いかん）……81
□粋（いき）……160
□威儀（いぎ）……53/141/176
□意義（いぎ）……224
□異議（いぎ）……53/176
□勢（いきお）い……244
□憤（いきどお）る……90
□依拠（いきょ）…59/98/230
□異形（いぎょう）……231
□委曲（いきょく）……65/183/224
□幾星霜（いくせいそう）…247
□異口同音（いくどうおん）198/254
□幾許（いくばく）……81
□畏敬（いけい）……154/224
□威厳（いげん）……39
□囲碁（いご）……234
□委細（いさい）……174/184
□異彩（いさい）……73/174
□勇（いさ）む……262
□維持（いじ）……22
□石臼（いしうす）……107
□礎（いしずえ）……246
□遺失（いしつ）……187
□意趣（いしゅ）……88
□萎縮（いしゅく）……158
□意匠（いしょう）……33/174/182/242
□衣装〔裳〕（いしょう）35/174
□委嘱（いしょく）……13
□移植（いしょく）……13
□衣食（いしょく）……243
□以心伝心（いしんでんしん）193
□椅子（いす）……107
□威勢（いせい）……224
□依然（いぜん）……21
□意想外（いそうがい）……155
□依存（いそん）……69/248
□板（いた）……257
□偉大（いだい）……224
□委託（いたく）……183
□抱（いだ）く……260
□徒（いたずら）……151
□傷（いた）む……160/178
□悼（いた）む……160/178
□異端（いたん）……78/224
□一意専心（いちいせんしん）…194
□一期一会（いちごいちえ）……194
□一日千〔三〕秋（いちじつせん（さん）しゅう）……195
□著（いちじる）しい……22
□市場（いちば）……210
□一病息災（いちびょうそくさい）……205
□一分一厘（いちぶいちりん）…265
□一望千里（いちぼうせんり）…195
□一木一草（いちぼくいっそう）197
□一網打尽（いちもうだじん）……197/261
□一目瞭然（いちもくりょうぜん）……194
□銀杏（いちょう）……112
□一翼（いちよく）……147/263
□一覧（いちらん）……263
□一蓮托〔託〕生（いちれんたくしょう）……195
□一括（いっかつ）……227
□一喜一憂（いっきいちゆう）196
□一挙一動（いっきょいちどう）196
□一挙両得（いっきょりょうとく）194
□一京（いっけい）……232
□一計（いっけい）……232
□一顧（いっこ）……137
□一刻（いっこく）……236
□一刻千金（いっこくせんきん）197
□一切（いっさい）……99
□一蹴（いっしゅう）……128
□一触即発（いっしょくそくはつ）……195/247
□一進一退（いっしんいったい）196
□一心同体（いっしんどうたい）197
□逸（いっ）する……15
□一斉（いっせい）……244
□一石二鳥（いっせきにちょう）194
□一掃（いっそう）……246
□一草一木（いっそういちぼく（もく））……197
□逸脱（いつだつ）……15
□一旦（いったん）……138/249
□一端（いったん）……249
□一知半解（いっちはんかい）196
□一朝一夕（いっちょういっせき）……195
□一徹（いってつ）……252
□一刀両断（いっとうりょうだん）……195/264
□一方（いっぽう）……210
□逸話（いつわ）……143
□意図（いと）……29/253
□異同（いどう）……174
□移動（いどう）……174
□挑（いど）む……152/250
□否〔辞〕（いな）む……125
□委任（いにん）……183
□射抜（いぬ）く……239
□茨（いばら）……107
□茨城県（いばらきけん）…190

か

き

索引

□質問（しつもん）……181
□執拗（しつよう）……81
□子弟（してい）……76
□師弟（してい）……76
□指摘（してき）……15/252
□使途（しと）……181
□指導（しどう）……254
□指南（しなん）……69/255
□至難（しなん）……69/255
□老舗（しにせ）……149
□凌（しの）ぐ……79
□東雲（しののめ）……111
□暫（しばら）く……27
□縛（しば）る……13/256
□耳鼻科（じびか）……257
□至福（しふく）……238
□紙幣（しへい）……259
□思慕（しぼ）……88/157/238/260
□死亡（しぼう）……180
□脂肪（しぼう）……238
□自暴自棄（じぼうじき）……192
□使命（しめい）……181
□自明（じめい）……72/238/261
□四面楚歌（しめんそか）……197
□諮問（しもん）……91
□視野（しや）……35
□杓子定規（しゃくしじょうぎ）……209
□釈然（しゃくぜん）……79
□尺度（しゃくど）……239
□弱肉強食（じゃくにくきょうしょく）……201
□釈明（しゃくめい）……180/239
□酌量（しゃくりょう）……239
□捨象（しゃしょう）……164/239
□邪推（じゃすい）……143
□遮断（しゃだん）……16/239
□若干（じゃっかん）……68
□弱冠（じゃっかん）……68
□喋（しゃべ）る……135
□邪魔（じゃま）……143
□洒落（しゃれ）……167
□中（じゅう）……133
□秀逸（しゅういつ）……73
□周縁（しゅうえん）……36/81
□終焉（しゅうえん）……81
□縦横（じゅうおう）……240
□縦横無尽（じゅうおうむじん）……199
□収穫（しゅうかく）……122
□就業（しゅうぎょう）……240
□重厚（じゅうこう）……66/187
□銃口（じゅうこう）……235/240
□集散（しゅうさん）……183
□終始（しゅうし）……238
□重視（じゅうし）……185
□充実（じゅうじつ）……188
□収拾（しゅうしゅう）……175/240
□収集〔蒐〕（しゅうしゅう）……175
□収縮（しゅうしゅく）……240
□習熟（しゅうじゅく）……57/240
□従順（じゅうじゅん）……180
□周章（しゅうしょう）……83
□周章狼狽（しゅうしょうろうばい）……209
□終生〔世〕（しゅうせい）……177
□習性（しゅうせい）……177
□修繕（しゅうぜん）……181
□十全（じゅうぜん）……64
□愁訴（しゅうそ）……182
□収束（しゅうそく）……24/247
□収奪（しゅうだつ）……25
□周知（しゅうち）……19/174
□衆知〔智〕（しゅうち）……19/174
□充填（じゅうてん）……133
□周到（しゅうとう）……72/182/254
□拾得（しゅうとく）……187
□重篤（じゅうとく）……137
□柔軟（じゅうなん）……99/240/255
□執念（しゅうねん）……92
□終末（しゅうまつ）……187
□充満（じゅうまん）……74/240
□修理（しゅうり）……181
□収斂（しゅうれん）……17
□主客転倒（しゅかく〔きゃ〕くてんとう）……199
□儒学（じゅがく）……227/239
□主観（しゅかん）……187
□縮減（しゅくげん）……24/240
□粛々〔肅〕（しゅくしゅく）……240
□淑女（しゅくじょ）……240
□祝（しゅく）す……240
□宿世（しゅくせ）……101
□熟達（じゅくたつ）……137
□熟知（じゅくち）……83
□宿敵（しゅくてき）……240
□祝杯（しゅくはい）……240/256
□宿泊（しゅくはく）……240
□熟慮（じゅくりょ）……85
□熟練（じゅくれん）……187
□趣向（しゅこう）……172/235
□首肯（しゅこう）……117/172
□主催〔宰〕（しゅさい）……57
□趣〔主〕旨（しゅし）……239
□樹脂（じゅし）……239
□取捨（しゅしゃ）……239
□取捨選択（しゅしゃせんたく）……203/249
□授受（じゅじゅ）……239
□衆生（しゅじょう）……41/239
□受信（じゅしん）……186
□数珠（じゅず）……103
□守勢（しゅせい）……239
□受諾（じゅだく）……189
□述懐（じゅっかい）……44
□出自（しゅつじ）……34/238
□出版（しゅっぱん）……182
□出藍（しゅつらん）……39/263/264
□受動（じゅどう）……185
□首尾（しゅび）……181
□首尾一貫（しゅびいっかん）……201
□種苗（しゅびょう）……258
□寿命（じゅみょう）……37/261
□呪文（じゅもん）……160
□受容（じゅよう）……171
□需要（じゅよう）……28/171/187
□受理（じゅり）……189
□手腕（しゅわん）……182
□旬（しゅん）……145
□純愛（じゅんあい）……240
□順延（じゅんえん）……225/240
□瞬間（しゅんかん）……97
□循環（じゅんかん）……58/240
□準拠（じゅんきょ）……117
□巡業（じゅんぎょう）……240
□竣工〔功〕（しゅんこう）……114/183
□巡査（じゅんさ）……236
□瞬時（しゅんじ）……67
□遵守（じゅんしゅ）……133
□春宵（しゅんしょう）……241
□春宵一刻（しゅんしょういっこく）……197
□潤沢（じゅんたく）……37/144
□順風満帆（じゅんぷうまんぱん）……202
□純〔淳・醇〕朴（じゅんぼく）……141
□飼養（しよう）……131
□止揚（しよう）……131
□滋養（じよう）……181/238
□抄〔鈔〕本（しょうほん）……242
□掌握（しょうあく）……117/242
□浄化（じょうか）……157/242
□紹介（しょうかい）……15/241
□生涯（しょうがい）……36/172
□渉外（しょうがい）……36/172
□障害〔碍〕（しょうがい）……167/172
□傷害（しょうがい）……172
□昇格（しょうかく）……242
□召喚（しょうかん）……228
□召還（しょうかん）……187
□常軌（じょうき）……95
□定規〔木〕（じょうぎ）……104
□状〔情〕況（じょうきょう）……64
□消極（しょうきょく）……184
□憧憬（しょうけい）……157/242
□衝撃（しょうげき）……28
□上弦（じょうげん）……233
□証拠（しょうこ）……38
□小康（しょうこう）……234
□上告（じょうこく）……236
□詳細（しょうさい）……75/183/184/241
□障子（しょうじ）……32
□盛者必衰（じょうしゃひっすい）……200
□成就（じょうじゅ）……13/182/239
□常住坐〔座〕臥（じょうじゅうざが）……203
□照準（しょうじゅん）……117/241
□症状（しょうじょう）……241
□精進（しょうじん）……17/244
□正真正銘（しょうしんしょうめい）……192/261
□饒舌（じょうぜつ）……17
□悄然（しょうぜん）……151

索引

□草履（ぞうり）……32
□挿話（そうわ）……105
□疎遠（そえん）……185
□疎外（そがい）……15/23/177/246
□阻害（そがい）……15/23/42/54/177
□遡［溯］及（そきゅう）……125
□即座（そくざ）……71/247
□息災（そくさい）……181
□俗耳（ぞくじ）……105/247
□俗臭（ぞくしゅう）……166
□促進（そくしん）……14/56/188/243/247
□即（そく）する……57
□属性（ぞくせい）……26/164
□束縛（そくばく）……137/187/247
□続編（ぞくへん）……259
□狙撃（そげき）……156
□底（そこ）……251
□齟齬（そご）……27
□底意地（そこいじ）……66
□遡行（そこう）……17
□損（そこ）なう……106
□素材（そざい）……237
□粗雑（そざつ）……188
□阻止（そし）……42/238
□組織（そしき）……181
□咀嚼（そしゃく）……135
□祖述（そじゅつ）……60
□訴訟（そしょう）……242
□謗［誹］（そし）る……90
□粗製（そせい）……121
□粗製濫造（そせいらんぞう）……247
□唆（そそのか）す……132
□措置（そち）……46
□率直（そっちょく）……20
□袖（そで）……125
□措定（そてい）……46
□素描（そびょう）……258
□粗放（そほう）……140
□素朴［樸］（そぼく）……20/260
□粗末（そまつ）……66
□染（そ）める……123
□粗野（そや）……72
□素養（そよう）……35
□反（そ）る……257
□損害（そんがい）……185
□尊敬（そんけい）……248
□損失（そんしつ）……185
□遜色（そんしょく）……159
□尊崇（そんすう）……165

た

□大家（たいか）……210
□大会（たいかい）……226
□大海（たいかい）……226
□大韓民国（だいかんみんこく）……190
□大器晩成（たいきばんせい）……207/257
□大義名分（たいぎめいぶん）……203
□退屈（たいくつ）……92
□大言壮語（たいげんそうご）……207
□太古（たいこ）……73
□滞在（たいざい）……22/248
□対策（たいさく）……237
□大志（たいし）……238
□代謝（たいしゃ）……60
□貸借（たいしゃく）……118
□対処（たいしょ）……52
□対照（たいしょう）……19/170/241
□対称（たいしょう）……19
□対象（たいしょう）……31/170
□代償（だいしょう）……145/249
□大丈夫（だいじょうぶ）……138/242
□耐震（たいしん）……248
□大人（たいじん）……210
□体（たい）する……118
□対（たい）する……118
□帯（たい）する……118
□耐性（たいせい）……91
□大勢（たいせい）……210
□堆積（たいせき）……133/248
□泰然（たいぜん）……181
□泰然自若（たいぜんじじゃく）……207
□怠惰（たいだ）……20/188
□代替（だいたい）……25/167/248
□大胆（だいたん）……100/249
□大団円（だいだんえん）……249
□大抵（たいてい）……143/251
……50/248/253
□対等（たいとう）……180
□帯同（たいどう）……248
□大同小異（だいどうしょうい）……200
□大納言（だいなごん）……11
□頽［退］廃（たいはい）……79
□退歩（たいほ）……186
□台本（だいほん）……249
□怠慢（たいまん）……248
□体面（たいめん）……182
□大要（たいよう）……263
□大輪（たいりん）……265
□絶（た）える……178
□耐（た）える……178
□多寡（たか）……106
□他界（たかい）……180
□駄菓子（だがし）……248
□多岐（たき）……73
□唾棄（だき）……147/248
□妥協（だきょう）……82/230/248
□類［比］（たぐ）い……166
□卓越（たくえつ）……144
□託宣（たくせん）……164/249
□卓抜（たくばつ）……140/249
□諾否（だくひ）……86/163
□巧（たく）み……147
□妥結（だけつ）……189/248
□蛇行（だこう）……248
□多彩（たさい）……65/237
□駄作（ださく）……184
□打算（ださん）……248
□多士済済（たしせいせい［さいさい］）……193
□嗜（たしな）む……149
□携（たずさ）える……118
□堕（だ）する……79/248
□惰性（だせい）……244
□畳（たた）む……121
□漂（ただよ）う……65
□祟（たた）り……167
□脱却（だっきゃく）……16
□脱臼（だっきゅう）……107/168
□達成（たっせい）……182
□脱帽（だつぼう）……106
□奉（たてまつ）る……63
□妥当（だとう）……78/248
□辿（たど）る……62
□打破（だは）……255
□多弁（たべん）……186
□魂（たましい）……107
□惰眠（だみん）……248
□堕落（だらく）……18/248
□誰（だれ）……109
□垂（た）れる……244
□断案（だんあん）……90
□暖衣飽食（だんいほうしょく）……201
□担架（たんか）……249
□弾劾（だんがい）……44/118/227
□探索（たんさく）……123/249
□短縮（たんしゅく）……185
□単純（たんじゅん）……186
□端緒（たんしょ）……78/249
□誕生（たんじょう）……46
□丹誠［精］（たんせい）……249
□断絶（だんぜつ）……250
□断腸（だんちょう）……87
□端的（たんてき）……74/181/249
□単刀直入（たんとうちょくにゅう）……204/249
□丹念（たんねん）……20/249
□堪能（たんのう）……182
□談判（だんぱん）……180
□断片（だんぺん）……110
□短絡（たんらく）……97/249
□弾力（だんりょく）……33
□端麗（たんれい）……265
□鍛錬［練］（たんれん）……249

ち

□遅延（ちえん）……250
□知己（ちき）……48
□契（ちぎ）る……29
□逐一（ちくいち）……145/250
□逐語（ちくご）……165
□逐語訳（ちくごやく）……262
□畜産（ちくさん）……250
□逐次（ちくじ）……136/165
□蓄積（ちくせき）……53
□恥辱（ちじょく）……86/250

□稚拙(ちせつ)……26, 187
□秩序(ちつじょ)……94
□緻密(ちみつ)……165
□治癒(ちゆ)……250
□仲介(ちゅうかい)……226
□忠義(ちゅうぎ)……250
□中継(ちゅうけい)……232
□仲裁(ちゅうさい)……236
□抽出(ちゅうしゅつ)……13, 250
□中傷(ちゅうしょう)……177
□抽象(ちゅうしょう)……13, 95, 162, 164, 177, 187, 250
□中心(ちゅうしん)……36
□中枢(ちゅうすう)……97
□中断(ちゅうだん)……250
□躊躇(ちゅうちょ)……29
□昼夜兼行(ちゅうやけんこう)……233
□懲役(ちょうえき)……225
□超越(ちょうえつ)……120, 251
□懲戒(ちょうかい)……251
□長広舌(ちょうこうぜつ)……114
□彫刻(ちょうこく)……251
□調剤(ちょうざい)……237
□朝三暮四(ちょうさんぼし)……195
□徴収(ちょうしゅう)……251
□長所(ちょうしょ)……180
□弔鐘(ちょうしょう)……90
□嘲笑(ちょうしょう)……90
□重畳(ちょうじょう)……121
□調整(ちょうせい)……44
□挑戦(ちょうせん)……16
□超然(ちょうぜん)……67
□超俗(ちょうぞく)……183
□長蛇(ちょうだ)……248
□提灯(ちょうちん)……113
□調停(ちょうてい)……251
□長途(ちょうと)……32
□徴発(ちょうはつ)……56
□挑発(ちょうはつ)……56, 152, 250
□懲罰(ちょうばつ)……250
□重複(ちょうふく)……118
□重宝(ちょうほう)……148
□眺望(ちょうぼう)……37, 251
□澄明(ちょうめい)……147
□弔問(ちょうもん)……115, 261
□跳躍(ちょうやく)……118, 251
□凋落(ちょうらく)……134
□潮流(ちょうりゅう)……88
□朝令暮改(ちょうれいぼかい)……201
□勅使(ちょくし)……55
□直視(ちょくし)……55
□直截(ちょくせつ)……134
□直喩(ちょくゆ)……162
□貯蓄(ちょちく)……250
□治療(ちりょう)……264
□朕(ちん)……251
□沈下(ちんか)……251
□賃金(ちんぎん)……251
□鎮魂(ちんこん)……236, 251
□沈静(ちんせい)……55
□鎮静(ちんせい)……186
□沈潜(ちんせん)……47
□沈着(ちんちゃく)……181
□珍重(ちんちょう)……251
□沈殿[澱](ちんでん)……121
□陳腐(ちんぷ)……140, 251
□珍味(ちんみ)……251
□陳列(ちんれつ)……251

つ

□追加(ついか)……189
□椎間板(ついかんばん)……168
□追及(ついきゅう)……47, 177
□追究[窮](ついきゅう)……177
□追従(ついじゅう)……210, 240
□追従(ついしょう)……210
□追随(ついずい)……43
□墜落(ついらく)……123
□通暁(つうぎょう)……140, 231
□通年(つうねん)……158
□通念(つうねん)……158
□痛罵(つうば)……61
□通訳(つうやく)……262
□仕(つか)える……53, 238
□次(つぎ)……238
□築山(つきやま)……113
□着(つ)く……14, 179
□就(つ)く……179
□突[衝](つ)く……179
□憑(つ)く……179
□継[接](つ)ぐ……51, 178
□次(つ)ぐ……178
□償(つぐな)う……17
□創(つく)る……133
□繕(つくろ)う……130, 246
□拙(つたな)い……148, 245
□培(つちか)う……50, 256
□務(つと)まる……129
□勤(つと)め……56
□唾(つば)……168
□翼(つばさ)……104
□潰(つぶ)す……125
□呟(つぶや)く……134
□詳[審](つまび)らか……151
□摘(つ)む……52
□紡(つむ)ぐ……61, 260
□爪(つめ)……168
□積(つ)もり……153
□辛(つら)い……243

て

□諦観(ていかん)……158
□提供(ていきょう)……230
□抵抗(ていこう)……16, 251
□体裁(ていさい)……125
□提唱(ていしょう)……125, 126
□定食(ていしょく)……251
□抵触(ていしょく)……16, 118, 143
□丁字路(ていじろ)……251
□逓信(ていしん)……251
□訂正(ていせい)……251
□定説(ていせつ)……185
□低俗(ていぞく)……186
□停滞(ていたい)……18, 248
□定着(ていちゃく)……56
□丁寧(ていねい)……75
□停[碇]泊(ていはく)……123
□低落(ていらく)……143
□敵意(てきい)……252
□適応(てきおう)……101
□適合(てきごう)……24, 252
□適材適所(てきざいてきしょ)……193
□敵陣(てきじん)……243
□的[適]中(てきちゅう)……252
□適度(てきど)……252
□摘発(てきはつ)……189, 252
□撤回(てっかい)……252
□哲学(てつがく)……252
□撤去(てっきょ)……252
□徹底(てってい)……19, 252
□徹頭徹尾(てっとうてつび)……192
□鉄壁(てっぺき)……252
□鉄棒(てつぼう)……252
□徹夜(てつや)……252
□衒(てら)う……134
□照(て)る……242
□手練手管(てれんてくだ)……91
□天衣無縫(てんいむほう)……205
□添加(てんか)……175, 189, 252
□転嫁(てんか)……175, 225
□典雅(てんが)……34
□展開(てんかい)……26, 252
□転回(てんかい)……26, 226
□転換(てんかん)……47, 252
□転機(てんき)……47
□典拠(てんきょ)……34, 55, 252
□典型(てんけい)……98
□天啓(てんけい)……98
□点在(てんざい)……237
□天寿(てんじゅ)……239
□伝承(でんしょう)……55
□天真爛漫(てんしんらんまん)……208
□点滴(てんてき)……252
□転[顛]倒(てんとう)……53, 254
□伝道(でんどう)……181
□殿堂(でんどう)……254
□天然(てんねん)……187, 255
□伝播(でんぱ)……61, 119, 183
□天賦(てんぷ)……94
□天変地異(てんぺんちい)……199

と

□当意(とうい)……254
□当意即妙(とういそくみょう)……205, 254, 261
□動員(どういん)……76, 224
□投影(とうえい)……11
□統括(とうかつ)……91, 253
□登記(とうき)……254
□陶器(とうき)……254
□統御(とうぎょ)……125
□陶芸(とうげい)……130
□憧憬(どうけい)……242
□洞穴(どうけつ)……104, 254
□統合(とうごう)……185

□瞳孔（どうこう）……110
□同工異曲（どうこういきょく）……198
□当今（とうこん）……78
□踏査（とうさ）……78
□洞察（どうさつ）……58 237 254
□踏襲（とうしゅう）……12 48 253
□島嶼（とうしょ）……79
□搭乗（とうじょう）……253
□同床異夢（どうしょういむ）……201
□陶酔（とうすい）……88 253
□動静（どうせい）……72 91
□同族（どうぞく）……180
□到達（とうたつ）……51 254
□到底（とうてい）……66 253
□透徹（とうてつ）……162 253
□道徳（どうとく）……254
□唐突（とうとつ）……253
□踏破（とうは）……54 254
□逃避（とうひ）……16 177 254
□当否（とうひ）……177
□糖分（とうぶん）……254
□答弁（とうべん）……253
□東奔西走（とうほんせいそう）……199
□陶冶（とうや）……57 130
□動揺（どうよう）……91
□童謡（どうよう）……130 263
□到来（とうらい）……24 254
□登竜門（とうりゅうもん）……261 264
□同僚（どうりょう）……33 264
□討論（とうろん）……254
□遠縁（とおえん）……41
□度外視（どがいし）……154
□伽（とぎ）……113
□読経（どきょう）……135
□説（と）く……178
□溶（と）く……178 263
□特異（とくい）……71
□得意（とくい）……184
□独裁（どくさい）……186
□得策（とくさく）……94
□特産（とくさん）……254
□篤志家（とくしか）……104
□篤実（とくじつ）……104 254
□特殊（とくしゅ）……30 185
□得心（とくしん）……83
□篤信（とくしん）……83
□独占（どくせん）……183
□督促（とくそく）……104
□特長（とくちょう）……110
□得票（とくひょう）……257
□読本（どくほん）……254
□匿名（とくめい）……106 254
□独立独歩（どくりつどっぽ）……192
□遂（と）げる……59 244
□渡航（とこう）……60 253
□怒号（どごう）……160 235 253
□所（ところ）……241
□年端（としは）……105
□徒手（としゅ）……181
□徒手空拳（としゅくうけん）……201
□途上（とじょう）……72
□土壌（どじょう）……110
□途［杜］絶（とぜつ）……120
□屠蘇（とそ）……113
□土壇場（どたんば）……249
□栃木県（とちぎけん）……190
□突貫（とっかん）……228
□特許（とっきょ）……230
□特効薬（とっこうやく）……262
□突如（とつじょ）……241
□突然（とつぜん）……181
□徒党（ととう）……105 253
□滞（とどこお）る……63
□整（ととの）える……244
□称（とな）える……63
□唱（とな）える……126
□賭博（とばく）……126
□途方（とほう）……86
□乏（とぼ）しい……79
□灯（ともしび）……112
□酉（とり）……113
□塗料（とりょう）……25
□努力（どりょく）……253
□採（と）る……179
□撮（と）る……179
□執（と）る……179
□捕（と）る……179
□奴隷（どれい）……32 253 265
□吐露（とろ）……13 253
□徒労（とろう）……23 253
□鈍感（どんかん）……187
□頓挫（とんざ）……145
□遁走（とんそう）……63
□丼（どんぶり）……126

な

□乃至（ないし）……151
□内柔外剛（ないじゅうがいごう）……200
□内憂（ないゆう）……186
□内憂外患（ないゆうがいかん）……200
□内容（ないよう）……183
□萎（な）える……158
□長唄（ながうた）……110
□半（なか）ば……257
□中身［味］（なかみ）……183
□眺（なが）める……121
□慰（なぐさ）める……158
□梨（なし）……145
□馴染（なじ）み……68
□成（な）す……244
□謎（なぞ）……165
□雪崩（なだれ）……134
□懐（なつ）かしい……88
□納得（なっとく）……29 183
□斜（なな）め……239
□鍋物（なべもの）……126
□直衣（なほし）……40
□鉛色（なまりいろ）……107 225
□滑（なめ）らか……69 227
□倣（なら）う……17 260
□奈落（ならく）……146
□慣［馴］（な）れる……84
□難行苦行（なんぎょうくぎょう）……192
□軟弱（なんじゃく）……189
□納戸（なんど）……255

に

□臭［匂］（にお）い……166
□賑（にぎ）やか……150
□虹（にじ）……146
□錦（にしき）……157
□滲（にじ）む……119
□二束三文（にそくさんもん）……196
□日常（にちじょう）……180
□日進月歩（にっしんげっぽ）……198
□担（にな）う……42
□鈍（にぶ）い……158
□入門（にゅうもん）……184
□柔和（にゅうわ）……163
□如実（にょじつ）……11 68
□二律背反（にりつはいはん）……194
□任意（にんい）……98 255
□認可（にんか）……50 255
□人間（にんげん）……210
□認識（にんしき）……45
□人情（にんじょう）……188 255
□忍耐（にんたい）……182 255
□任務（にんむ）……181

ぬ

□縫（ぬ）う……56
□盗（ぬす）む……253
□塗（ぬ）る……46

ね

□粘（ねば）る……153
□狙（ねら）い……156
□粘液（ねんえき）……255
□捻挫（ねんざ）……255
□捻出（ねんしゅつ）……126
□燃焼（ねんしょう）……241
□粘土（ねんど）……253
□念頭（ねんとう）……156
□年輩［配］（ねんぱい）……34
□年輪（ねんりん）……255

の

□濃厚（のうこう）……79 188 255
□脳梗塞（のうこうそく）……168
□直衣（のうし）……40
□濃淡（のうたん）……69 249
□能動（のうどう）……185
□納入（のうにゅう）……255
□濃密（のうみつ）……18
□濃霧（のうむ）……261
□脳裏［裡］（のうり）……87 255 264
□能率（のうりつ）……100 255
□軒先（のきさき）……41
□軒端（のきば）……104
□昇［上・登］（のぼ）る……242
□登（のぼ）る……253
□飲（の）む……224
□載（の）る……121
□暖簾（のれん）……112

は

□把握（はあく）……12 255

□媒介（ばいかい）……12
□廃刊（はいかん）……184
□廃棄（はいき）……119
□排気（はいき）……256
□拝借（はいしゃく）……239
□媒酌（ばいしゃく）……119/256
□輩出（はいしゅつ）……256
□排除（はいじょ）……12
□賠償（ばいしょう）……256
□背信（はいしん）……256
□陪審（ばいしん）……256
□倍（ばい）する……256
□排斥（はいせき）……52/256
□陪席（ばいせき）……256
□廃絶（はいぜつ）……256
□倍増（ばいぞう）……24/256
□敗退（はいたい）……256
□媒体（ばいたい）……39/256
□背馳（はいち）……162
□売買（ばいばい）……256
□培養（ばいよう）……256
□倍率（ばいりつ）……256
□配慮（はいりょ）……28/256
□拝礼（はいれい）……256
□映（は）える……91
□破壊（はかい）……44/188
□捗（はかど）る……135
□諮（はか）る……91
□図（はか）る……153/179
□測〔量〕（はか）る……179
□破顔（はがん）……84/255
□破顔一笑（はがんいっしょう）……228
□履物（はきもの）……104
□波及（はきゅう）……47/183/255
□麦芽（ばくが）……226/256
□迫害（はくがい）……256
□育（はぐく）む……132
□博識（はくしき）……108/256
□拍車（はくしゃ）……256
□薄情（はくじょう）……182
□爆笑（ばくしょう）……242
□漠然（ばくぜん）……20/256
□剝奪（はくだつ）……126
□剝脱（はくだつ）……126
□伯仲（はくちゅう）……250
□白眉（はくび）……257
□暴露（ばくろ）……15/256
□派遣（はけん）……187/233
□挟（はさ）む……230
□箸（はし）……146
□馬耳東風（ばじとうふう）……207
□弾（はず）む……44
□把捉（はそく）……12/127
□破綻（はたん）……23/249
□破竹（はちく）……250
□八面六臂（はちめんろっぴ）……197
□発揮（はっき）……22
□伐採（ばっさい）……119/236
□発散（はっさん）……188
□発信（はっしん）……186
□発生（はっせい）……185
□発展（はってん）……252
□法度（はっと）……101
□八方美人（はっぽうびじん）……196
□初耳（はつみみ）……241
□発揚（はつよう）……154
□発露（はつろ）……114/265
□放（はな）つ……260
□甚（はなは）だ……143
□跳（は）ねる……126
□憚（はばか）る……135/161
□派閥（はばつ）……255
□阻（はば）む……54/246
□波紋（はもん）……38/261
□破門（はもん）……184
□早合点（はやがてん）……34
□端役（はやく）……113
□速（はや）まる……132
□払（はら）う……55
□孕（はら）む……149
□波瀾〔乱〕万丈（はらんばんじょう）……196/264
□罵詈雑言（ばりぞうごん）……204
□貼（は）る……126
□馬齢（ばれい）……265
□腫（は）れる……158
□範囲（はんい）……30
□反映（はんえい）……173
□繁栄（はんえい）……173
□反逆（はんぎゃく）……183
□判型（はんけい）……107
□反抗（はんこう）……185
□磐〔盤〕石（ばんじゃく）……151
□搬出（はんしゅつ）……121
□繁殖（はんしょく）……54
□阪神（はんしん）……190
□半信半疑（はんしんはんぎ）……193
□反芻（はんすう）……133
□磐〔盤〕石（ばんせき）……151
□判然（はんぜん）……21
□伴奏（ばんそう）……257
□反〔犯〕則（はんそく）……247
□範疇（はんちゅう）……101
□斑点（はんてん）……146
□版図（はんと）……137/183
□搬入（はんにゅう）……121
□頒布（はんぷ）……119
□反復（はんぷく）……46/257
□繁文縟礼（はんぶんじょくれい）……199
□繁茂（はんも）……123
□煩悶（はんもん）……93
□汎用（はんよう）……166
□氾濫（はんらん）……26/264
□伴侶（はんりょ）……110
□凡例（はんれい）……30
□範例（はんれい）……30/139

ひ

□悲哀（ひあい）……189
□贔屓（ひいき）……161
□彼我（ひが）……98/226
□比較（ひかく）……49/227
□悲観（ひかん）……186
□美観（びかん）……257
□引（ひ）きこもる……224
□卑近（ひきん）……75/187
□惹（ひ）く……131
□弾（ひ）く……131
□低（ひく）い……251
□卑下（ひげ）……84/232
□否決（ひけつ）……185
□飛語（ひご）……183
□尾行（びこう）……257
□被告（ひこく）……184/257
□膝（ひざ）……39/168
□被災（ひさい）……144
□微細（びさい）……18/257
□悲惨〔酸〕（ひさん）……71
□肘（ひじ）……158/168
□微視的（びしてき）……74/185
□聖（ひじり）……113
□美辞麗句（びじれいく）……199
□悲壮（ひそう）……75
□悲愴（ひそう）……75
□皮相（ひそう）……75/186
□秘蔵（ひぞう）……58
□密（ひそ）かに……150
□潜（ひそ）む……17/245
□肥大（ひだい）……119
□直垂（ひたたれ）……112
□浸（ひた）る……243
□畢竟（ひっきょう）……149
□必至（ひっし）……96
□未（ひつじ）……111
□必定（ひつじょう）……165
□必須（ひっす）……165/243
□筆舌（ひつぜつ）……136
□必然（ひつぜん）……185
□筆致（ひっち）……33
□匹敵（ひってき）……65/252
□逼迫（ひっぱく）……150
□匹夫（ひっぷ）……105
□否定（ひてい）……184
□美点（びてん）……180
□一方（ひとかた）……210
□人混〔込〕（ひとご）み……147
□等（ひと）しい……253
□一筋縄（ひとすじなわ）……140
□為人（ひととなり）……167
□鄙（ひな）……113
□非〔批〕難（ひなん）……42/174
□避難（ひなん）……174
□否認（ひにん）……125
□避妊（ひにん）……255
□響（ひび）く……24/230
□批評（ひひょう）……257
□皮膚（ひふ）……35
□悲憤（ひふん）……90
□疲弊（ひへい）……257
□備忘録（びぼうろく）……85
□暇（ひま）……87
□皮膜（ひまく）……35
□被膜（ひまく）……35
□微妙（びみょう）……19/261
□悲鳴（ひめい）……261

□遍歴（へんれき）…… 44

ほ

□帆（ほ）…… 257
□包囲（ほうい）…… 224
□萌芽（ほうが）…… 67
□邦画（ほうが）…… 67
□崩壊［潰］（ほうかい）…… 16
□包括（ほうかつ）…… 97
□包含（ほうがん）…… 165
□放棄（ほうき）…… 14
□忘却（ぼうきゃく）…… 85/187
□暴虐（ぼうぎゃく）…… 164
□崩御（ほうぎょ）…… 16
□望郷（ぼうきょう）…… 230
□彷徨（ほうこう）…… 135
□忙殺（ぼうさつ）…… 260
□放恣（ほうし）…… 238
□帽子（ぼうし）…… 106
□某日（ぼうじつ）…… 260
□傍若無人（ぼうじゃくぶじん）…… 206
□報酬（ほうしゅう）…… 240
□豊穣（ほうじょう）…… 27
□傍証（ぼうしょう）…… 27/104
□紡績（ぼうせき）…… 245
□包摂（ほうせつ）…… 163
□放題（ほうだい）…… 75
□膨［厖］大（ぼうだい）…… 70/249
□放逐（ほうちく）…… 119
□膨張［脹］（ぼうちょう）…… 23
□法廷（ほうてい）…… 251
□冒頭（ぼうとう）…… 11
□暴騰（ぼうとう）…… 123
□放任（ほうにん）…… 184
□抱［捧］腹絶倒（ほうふくぜっとう）…… 208
□防壁（ぼうへき）…… 110
□抱擁（ほうよう）…… 123
□暴落（ぼうらく）…… 123
□放埒（ほうらつ）…… 80
□放（ほう）る…… 133
□頬（ほお）…… 110
□他（ほか）…… 166
□墨守（ぼくしゅ）…… 97/260
□牧畜（ぼくちく）…… 260
□朴念仁（ぼくねんじん）…… 20/141
□撲滅（ぼくめつ）…… 260
□黒子（ほくろ）…… 210
□墓穴（ぼけつ）…… 232
□保護（ほご）…… 127
□反故［古］（ほご）…… 149
□矛先（ほこさき）…… 147
□補佐（ほさ）…… 236
□保持（ほじ）…… 58/260
□保守（ほしゅ）…… 188
□保証（ほしょう）…… 48/104/174/241/260
□保障（ほしょう）…… 48/174
□干（ほ）す…… 110
□舗装（ほそう）…… 260
□捕捉（ほそく）…… 127
□発句（ほっく）…… 77
□勃興（ぼっこう）…… 127
□発心（ほっしん）…… 101
□発端（ほったん）…… 187
□没頭（ぼっとう）…… 82/183
□勃発（ぼっぱつ）…… 127
□程（ほど）…… 251
□歩道橋（ほどうきょう）…… 230
□哺乳（ほにゅう）…… 127
□捕縛（ほばく）…… 59/256/260
□墓碑銘（ぼひめい）…… 260
□褒［誉］（ほ）める…… 90
□保留（ほりゅう）…… 264
□翻案（ほんあん）…… 127
□翻意（ほんい）…… 127
□盆栽（ぼんさい）…… 237
□奔走（ほんそう）…… 181/199
□煩悩（ぼんのう）…… 83
□奔放（ほんぽう）…… 141
□本末転倒（ほんまつてんとう）…… 198
□本望（ほんもう）…… 261
□翻訳（ほんやく）…… 127
□凡庸（ぼんよう）…… 30
□翻弄（ほんろう）…… 118/166/265

ま

□枚挙（まいきょ）…… 70
□埋没（まいぼつ）…… 144
□任［委］（まか）せる…… 43
□紛（まぎ）らわす…… 47
□枕（まくら）…… 159
□正（まさ）しく…… 242
□摩擦（まさつ）…… 15/237
□真面目（まじめ）…… 111
□股（また）…… 127
□瞬（またた）く…… 131
□末期（まっき）…… 210
□末期（まつご）…… 210
□抹殺（まっさつ）…… 53
□政（まつりごと）…… 63
□惑（まど）わす…… 154
□免（まぬが）れる…… 58
□招（まね）く…… 242
□摩［磨］滅（まめつ）…… 58
□眉（まゆ）…… 168
□眉唾（まゆつば）…… 147/159
□稀（まれ）…… 148
□蔓延（まんえん）…… 133
□満喫（まんきつ）…… 154/182
□漫然（まんぜん）…… 74

み

□未決（みけつ）…… 186
□未熟（みじゅく）…… 144
□身動（みじろ）ぎ…… 63
□微塵（みじん）…… 81
□御簾（みす）…… 40
□未曽有（みぞう）…… 165
□淫（みだ）ら…… 159
□未知（みち）…… 97
□蜜月（みつげつ）…… 159
□密着（みっちゃく）…… 52
□味読（みどく）…… 124
□漲（みなぎ）る…… 135
□眉目（みめ）…… 159
□見物（みもの）…… 210
□脈絡（みゃくらく）…… 31
□名跡（みょうせき）…… 261
□冥利（みょうり）…… 261
□魅了（みりょう）…… 89/264
□魅力（みりょく）…… 34
□未練（みれん）…… 92
□民間（みんかん）…… 189
□民主（みんしゅ）…… 186

む

□無為自然（むいしぜん）…… 207
□無為徒食（むいとしょく）…… 208
□無益（むえき）…… 225
□無援（むえん）…… 65
□無縁（むえん）…… 74
□無我夢中（むがむちゅう）…… 205
□無垢（むく）…… 27
□報（むく）いる…… 260
□無碍（むげ）…… 81
□夢幻（むげん）…… 70/233/261
□夢幻泡影（むげんほうよう）…… 70
□無罪（むざい）…… 237
□貪（むさぼ）る…… 132
□無視（むし）…… 182
□無邪気（むじゃき）…… 97
□矛盾（むじゅん）…… 18/261
□無償（むしょう）…… 159
□無性（むしょう）…… 159
□無双（むそう）…… 261
□無造作（むぞうさ）…… 75
□無駄（むだ）…… 248
□無恥（むち）…… 183
□胸（むね）…… 230
□旨（むね）…… 238
□無念無想（むねんむそう）…… 193
□無病（むびょう）…… 181
□無謀（むぼう）…… 100
□謀反（むほん）…… 183/261
□無味乾燥（むみかんそう）…… 209

め

□名刹（めいさつ）…… 164
□名刺（めいし）…… 238
□名手（めいしゅ）…… 239
□名状（めいじょう）…… 51
□銘（めい）じる…… 91
□命題（めいだい）…… 98
□明澄（めいちょう）…… 147
□冥土［途］（めいど）…… 101/261
□明白（めいはく）…… 181/256
□迷妄（めいもう）…… 261
□明喩（めいゆ）…… 162
□名誉（めいよ）…… 183/263
□明瞭（めいりょう）…… 71/188
□迷惑（めいわく）…… 64
□目頭（めがしら）…… 253
□乳母（めのと）…… 11
□免疫（めんえき）…… 65/225
□面倒（めんどう）…… 159
□麺棒（めんぼう）…… 111
□綿密（めんみつ）…… 73/140/182

□領土(りょうど)……183
□領有(りょうゆう)……131
□療養(りょうよう)……264
□履歴(りれき)……264
□理論(りろん)……187
□輪郭[廓](りんかく)……10
□臨機応変(りんきおうへん)……206/265
□臨床(りんしょう)……55
□吝嗇家(りんしょくか)……112
□隣接(りんせつ)……25
□輪廻転生(りんねてんしょう)……208
□林立(りんりつ)……142/265

る

□累(るい)……57
□累計(るいけい)……176
□類型(るいけい)……176
□累次(るいじ)……70
□類似(るいじ)……70
□累進(るいしん)……76
□累積(るいせき)……57/245
□涙腺(るいせん)……159
□累卵(るいらん)……263
□留守(るす)……243
□流謫(るたく)……113
□流布(るふ)……57
□瑠璃(るり)……167/264

れ

□冷遇(れいぐう)……184
□例証(れいしょう)……57
□冷静(れいせい)……181
□隷属(れいぞく)……265
□冷淡(れいたん)……182/184
□霊長類(れいちょうるい)……106
□冷徹(れいてつ)……100/252
□霊妙(れいみょう)……265
□零落(れいらく)……265
□歴然(れきぜん)……67
□劣化(れっか)……124
□劣勢(れっせい)……187
□煉瓦(れんが)……40
□錬金術(れんきんじゅつ)……265
□連結(れんけつ)……232/265
□連鎖(れんさ)……55/236/265
□連帯(れんたい)……66
□恋慕(れんぼ)……157/265
□連盟(れんめい)……261

ろ

□老獪(ろうかい)……189
□楼閣(ろうかく)……136/265
□老朽(ろうきゅう)……95/265
□労苦(ろうく)……47/265
□籠城(ろうじょう)……126
□郎党(ろうとう)……265
□浪費(ろうひ)……53/189
□朗報(ろうほう)……265
□籠絡(ろうらく)……265
□老練(ろうれん)……189
□露骨(ろこつ)……68/155/189
□露呈(ろてい)……13/18/265
□路頭(ろとう)……70

わ

□歪曲(わいきょく)……49
□猥雑(わいざつ)……167
□矮小(わいしょう)……80
□賄賂(わいろ)……127/265
□脇(わき)……159
□枠(わく)……33
□和魂洋才(わこんようさい)……201
□患(わずら)う……178
□煩(わずら)う……178
□煩(わずら)わしい……83
□私(わたくし)……238
□私事(わたくしごと)……111

ゐ

□率(ゐ)る……63

あ

□青菜《あおな》に塩《しお》……216
□青《あお》は藍《あい》より出《い》でて藍《あい》より青《あお》し……216
□悪事千里《あくじせんり》を走《はし》る……212
□悪銭身《あくせんみ》につかず……220
□揚《あ》げ足《あし》を取《と》る……218
□顎《あご》でハエを追《お》う……111
□足《あし》が出《で》る……218
□足下《あしもと》から鳥《とり》が立《た》つ……219
□足《あし》をすくう……217
□足《あし》を引《ひ》っぱる……219
□頭《あたま》でっかち尻《しり》すぼみ……200
□虻蜂取《あぶはちと》らず……215
□雨模様《あめもよう》……222
□案《あん》ずるより生《う》むが易《やす》し……221

い

□怒《いか》り心頭《しんとう》に発《はっ》す……153
□石《いし》の上《うえ》にも三年《さんねん》……212
□医者《いしゃ》の不養生《ふようじょう》……220
□衣食足《いしょくた》りて礼節《れいせつ》を知《し》る……221
□一事《いちじ》が万事《ばんじ》……212
□一葉落《いちようお》ちて天下《てんか》の秋《あき》を知《し》る……213
□一翼《いちよく》を担《にな》う……147
□一顧《いっこ》だにしない……137
□一将功成《いっしょうこうな》りて万骨枯《ばんこつか》る……212
□一炊《いっすい》の夢《ゆめ》……21
□一寸《いっすん》の光陰軽《こういんかろ》んずべからず……213
□一寸《いっすん》の虫《むし》にも五分《ごぶ》の魂《たましい》……212
□一旦緩急《いったんかんきゅう》あれば……249
□一敗地《いっぱいち》に塗《まみ》れる……212
□犬《いぬ》に論語《ろんご》……217
□犬《いぬ》の遠吠《とおぼ》え……215
□犬《いぬ》も歩《ある》けば棒《ぼう》に当《あ》たる……216
□犬《いぬ》も食《く》わない……215
□井《い》の中《なか》の蛙《かわず》〔大海《たいかい》を知《し》らず〕……215
□茨《いばら》の道《みち》……107
□鰯《いわし》の頭《あたま》も信心《しんじん》から……215
□咽喉《いんこう》を扼《やく》する……107
□因縁《いんねん》をつける……94

う

□魚心《うおごころ》あれば水心《みずごころ》……214
□烏合《うごう》の衆《しゅう》……214
□有頂天《うちょうてん》になる……137
□打《う》てば響《ひび》く……24
□腕《うで》を上《あ》げる……217
□鵜《う》の真似《まね》をする烏《からす》……215
□馬《うま》の耳《みみ》に念仏《ねんぶつ》……217

え

□襟《えり》を正《ただ》す……156

お

□お膳立《ぜんだ》て……128
□溺《おぼ》れる者《もの》は藁《わら》をも掴《つか》む……216

か

□飼《か》い犬《いぬ》に手《て》を噛《か》まれる……217
□蛙《かえる》の面《つら》に水《みず》〔小便《しょうべん》〕……215
□河海《かかい》は細流《さいりゅう》を択《えら》ばず……102
□苛政《かせい》は虎《とら》よりも猛《たけ》し……215
□固唾《かたず》をのむ……156
□片棒《かたぼう》を担《かつ》ぐ……76
□語《かた》るに落《お》ちる……220
□渇《かっ》すれども盗泉《とうせん》の水《みず》を飲《の》まず……221
□河童《かっぱ》の川流《かわなが》れ……214
□果報《かほう》は寝《ね》て待《ま》て……221
□鎌《かま》をかける……157
□亀《かめ》の甲《こう》より年《とし》の功《こう》……214
□蚊帳《かや》の外《そと》……39
□烏《からす》の行水《ぎょうずい》……215
□枯木《かれき》も山《やま》のにぎわい……216
□眼光紙背《がんこうしはい》に徹《てっ》する……219
□閑古鳥《かんこどり》が鳴《な》く……214
□肝胆相照《かんたんあいて》らす……217
□邯鄲《かんたん》の夢《ゆめ》……213
□堪忍袋《かんにんぶくろ》の緒《お》が切《き》れる……241
□間髪《かんはつ》を容《い》れず……219
□完膚《かんぷ》なきまで……35

き

□狐《きつね》につままれる……215
□木《き》で鼻《はな》を括《くく》る……218
□木《き》に縁《よ》りて魚《うお》を求《もと》む……214
□鬼面人《きめんひと》を驚《おどろ》かす……220
□肝《きも》に銘《めい》ずる……91
□脚光《きゃっこう》を浴《あ》びる……62/136
□九牛《きゅうぎゅう》の一毛《いちもう》……213
□九仞《きゅうじん》の功《こう》を一簣《いっき》に欠《か》く……213
□窮《きゅう》すれば通《つう》ず……116/221
□窮鼠猫《きゅうそねこ》を噛《か》む……215
□旧《きゅう》に倍《ばい》する……256
□胸襟《きょうきん》を開《ひら》く……37/231
□虚《きょ》に乗《じょう》ずる……90
□漁夫《ぎょふ》の利《り》……221
□虚《きょ》を衝《つ》く……90
□軌〔揆〕《き》を一《いつ》にする……213
□軌〔揆〕《き》を同《おな》じくする……213
□奇《き》を衒《てら》う……134
□琴線《きんせん》に触《ふ》れる……222

く

□口《くち》が酸《す》っぱくなる……217
□口車《くちぐるま》に乗《の》る……219
□口《くち》に糊《のり》す……217
□口《くち》〔も〕八丁手《はっちょうて》〔も〕八丁《はっちょう》……213
□口《くち》は禍《わざわい》のもと〔門《かどもん》〕……218
□愚痴《ぐち》をこぼす……250
□苦肉《くにく》の策《さく》……142

索引

□愚《ぐ》の骨頂《こっちょう》……219
け
□鶏口《けいこう》となるも牛後《ぎゅうご》となるなかれ……214
□警鐘《けいしょう》を鳴《な》らす……232
□蛍雪《けいせつ》の功《こう》……216
□怪我《けが》の功名《こうみょう》……234
□逆鱗《げきりん》に触《ふ》れる……221
□檄《げき》を飛《と》ばす……222
□桁違《けたちが》い……142
□けんもほろろ……222
こ
□紅一点《こういってん》……213
□光陰矢《こういんや》のごとし……224
□号泣《ごうきゅう》する……222
□好事魔《こうじま》多《おお》し……136
□後塵《こうじん》を拝《はい》する……221
□声《こえ》を荒《あら》らげる……222
□虎穴《こけつ》に入《い》らずんば虎児《こじ》を得《え》ず……214
□糊口《ここう》を凌《しの》ぐ……217
□古式《こしき》ゆかしい……222/234
□五十歩百歩《ごじっぽひゃっぽ》……213
□姑息《こそく》な手段《しゅだん》……222
□御託宣《ごたくせん》……164
さ
□塞翁《さいおう》が馬《うま》……214
□歳月人《さいげつひと》を待《ま》たず……236
□酒《さけ》は百薬《ひゃくやく》の長《ちょう》……213
□砂上《さじょう》の楼閣《ろうかく》……136/265
□座右《ざゆう》の銘《めい》……91
□猿《さる》も木《き》から落《お》ちる……214
□去《さ》る者《もの》は日々《ひび》に疎《うと》し……79
□三顧《さんこ》の礼《れい》……213
□三十六計逃《さんじゅうろっけいに》げるに如《し》かず……213
□三人寄《さんにんよ》れば文殊《もんじゅ》の知恵《ちえ》……212
し
□歯牙《しが》にも掛《か》けない……218/226
□自家薬籠中《じかやくろうちゅう》の物《もの》……220
□鹿《しか》を追《お》う者《もの》は山《やま》を見《み》ず……216
□地獄《じごく》の釜《かま》の蓋《ふた》も開《あ》く……108
□自転車操業《じてんしゃそうぎょう》……231
□私腹《しふく》を肥《こ》やす……217
□釈迦《しゃか》に説法《せっぽう》……220
□蛇《じゃ》の道《みち》はへび……214
□出藍《しゅつらん》の誉《ほま》れ……39/126/216/263
□朱《しゅ》に交《まじ》われば赤《あか》くなる……221
□春宵一刻値千金《しゅんしょういっこくあたいせんきん》……212
□小人閑居《しょうじんかんきょ》して不善《ふぜん》をなす……221
□焦眉《しょうび》の急《きゅう》……77
□緒《しょ》に就《つ》く……99
□尻《しり》に敷《し》く……217
□尻《しり》に火《ひ》がつく……217
□尻《しり》に帆《ほ》をかける……217
□白《しろ》い目《め》で見《み》る……219
□心血《しんけつ》を注《そそ》ぐ……222/232
□人口《じんこう》に膾炙《かいしゃ》する……219
す
□水魚《すいぎょ》の交《まじ》わり……216
□雀《すずめ》の涙《なみだ》……216
□雀百《すずめひゃく》まで踊《おど》り忘《わす》れず……216
□すべからく……222
□寸暇《すんか》を惜《お》しむ……222
□寸鉄人《すんてつひと》を刺《さ》す……220
せ
□正鵠《せいこく》を射《い》る……220
□精魂《せいこん》を傾《かたむ》ける……222
□清濁併《せいだくあわ》せ呑《の》む……220
□青天《せいてん》の霹靂《へきれき》……220
□雪辱《せつじょく》を果《は》たす……222
□背《せ》に腹《はら》はかえられぬ……218
□膳立《ぜんだ》て……128
□栴檀《せんだん》は双［二］葉《ふたば》より芳《かんば》し……216
□船頭多《せんどうおお》くして船山《ふねやま》にのぼる……221
□前門《ぜんもん》の虎《とら》、後門《こうもん》の狼《おおかみ》……216
□千里眼《せんりがん》……213
□千慮《せんりょ》の一失《いっしつ》……213
そ
□象牙《ぞうげ》の塔《とう》……216
□双肩《そうけん》に担《にな》う……233
□俎上《そじょう》に載《の》せる……149
□袖《そで》の下《した》……125
□袖振［触］《そでふ》り合《あ》うも多［他］生《たしょう》の縁《えん》……221
た
□他山《たざん》の石《いし》……220
□蛇足《だそく》……215
□立《た》つ鳥跡《とりあと》を濁《にご》さず……216
□蓼食《たでく》う虫《むし》も好《す》き好《ず》き……216
□棚《たな》から牡丹餅《ぼたもち》……220
□棚《たな》ぼた……220
□狸寝入《たぬきねい》り……215
□断腸《だんちょう》の思《おも》い……90
ち
□長広舌《ちょうこうぜつ》をふるう……219
□頂門《ちょうもん》の一針《いっしん》……213
つ
□爪《つめ》に火《ひ》をともす……218
□爪《つめ》を研《と》ぐ……218
□鶴《つる》の一声《ひとこえ》……214
て
□手《て》が上《あ》がる……217
□手塩《てしお》にかける……217
□手《て》を打《う》つ……219
□手《て》を切《き》る……219
□手《て》を拱《こまぬ・ね》く……218
□手《て》を染《そ》める……123
□手《て》を束《つか》ねる……218
□手《て》を焼《や》く……219
□天網恢恢疎《てんもうかいかいそ》にして漏《も》らさず……220

□頭角（とうかく）を現（あらわ）す……11/219
□登龍門（とうりゅうもん）……214
□十日（とおか）の菊六日（きくむいか）の菖蒲（あやめ）……212
□毒（どく）を食（くら）わば皿（さら）まで……221
□徒党（ととう）を組（く）む……246/253
□鳶（とび）が鷹（たか）を生（う）む……215
□途方（とほう）に暮（く）れる……86
□取（と）らぬ狸（たぬき）の皮算用（かわざんよう）……215
□虎（とら）の威（い）を借（か）る狐（きつね）……214
□丼勘定（どんぶりかんじょう）……126
な
□泣（な）き面（つら）に蜂（はち）……215
□情（なさけ）は人（ひと）の為（ため）ならず……221
□梨（なし）の礫（つぶて）……145
□七転（ななころ）び八起（やお）き……213
に
□二階（にかい）から目薬（めぐすり）……212
□錦（にしき）の御旗（みはた）……157
□二足（にそく）の草鞋（わらじ）を履（は）く……212
□煮詰（につ）まる……222
□二（に）の句（く）が継（つ）げない……212
□にべ〔も〕ない……222
□二枚舌（にまいじた）……213
□鶏（にわとり）を割（さ）くに焉（いずく）んぞ牛刀（ぎゅうとう）を用（もち）いん……215
□人間万事塞翁（にんげんばんじさいおう）が馬（うま）……214
□盗人猛猛（ぬすびと・ぬすっとたけだけ）し……221
□盗人（ぬすびと）にも三分（さんぶ）の理（り）……213
□濡（ぬ）れ手（て）で・に粟（あわ）……219
ね
□猫（ねこ）にかつおぶし……214
□猫（ねこ）に小判（こばん）……215
□猫（ねこ）の額（ひたい）……215
□猫（ねこ）を被（かぶ）る……215
□寝耳（ねみみ）に水（みず）……219
の
□能（のう）ある鷹（たか）は爪（つめ）を隠（かく）す……214
□喉元過（のどもとす）ぎれば熱（あつ）さを忘（わす）れる……219
□暖簾（のれん）に腕押（うでお）し……112/217
は
□背水（はいすい）の陣（じん）……219
□歯（は）が浮（う）く……219
□馬脚（ばきゃく）を露（あらわ）す……214
□白眼視（はくがんし）する……219
□拍車（はくしゃ）をかける……256
□箸（はし）にも棒（ぼう）にもかからない……146
□畑（はたけ）に蛤（はまぐり）……214
□破竹（はちく）の勢（いきお）い……216/250
□鳩（はと）に豆鉄砲（まめでっぽう）……214
□話（はなし）の触（さわ）り……222
□鼻（はな）に付（つ）く……219
□花（はな）も実（み）も有（あ）る……216
□鼻（はな）を明（あ）かす……217
□鼻（はな）を折（お）る……217
□腹（はら）に据（す）えかねる……84
□腸（はらわた）が煮（に）えくり返（かえ）る……218
□腹（はら）を肥（こ）やす……217
□腫（は）れ物（もの）に触（さわ）るよう……158
□万事（ばんじ）休（きゅう）す……212
ひ
□肘鉄砲（ひじでっぽう）……158
□筆舌（ひつぜつ）に尽（つ）くし難（がた）い……136/219
□人（ひと）の噂（うわさ）も七十五日（しちじゅうごにち）……212
□人（ひと）を呪（のろ）わば穴二（あなふた）つ……212
□火（ひ）の無（な）い所（ところ）に煙（けむり）は立（た）たぬ……221
□百年河清（ひゃくねんかせい）をまつ……213
□百聞（ひゃくぶん）は一見（いっけん）に如（し）かず……212
□百里（ひゃくり）を行（ゆ）く者（もの）は九十里（きゅうじゅうり）を半（なか）ばとす……213
□瓢箪（ひょうたん）から駒（こま）が出（で）る……221
ふ
□風前（ふうぜん）の灯（ともしび）……112
□笛吹（ふえふ）けど踊（おど）らず……221
□覆水盆（ふくすいぼん）に返（かえ）らず……220
□腹蔵（ふくぞう）ない……219
□憮然（ぶぜん）たる面持（おもも）ち……222
□豚（ぶた）に真珠（しんじゅ）……215
へ
□下手（へた）の考（かんが）え休（やす）むに似（に）たり……150
□坊主（ぼうず）の不信心（ふしんじん）……220
□仏（ほとけ）の顔（かお）も三度（さんど）……212
ま
□枚挙（まいきょ）に遑（いとま）がない……70/220
□間（ま）が持（も）たない……222
□枕（まくら）を濡（ぬ）らす……159
□股（また）に掛（か）ける……127
□待（ま）てば海路（かいろ）の日和（ひより）あり……221
□的（まと）を射（い）る……221
□真綿（まわた）で首（くび）をしめる……217
み
□身（み）から出（で）た錆（さび）……221
□水清（みずきよ）ければ魚棲（うおす）まず……215
□三（み）つ子（ご）の魂百（たましいひゃく）まで……212
□耳（みみ）が痛（いた）い……218
□耳（みみ）を揃（そろ）える……217
む
□虫酸（むしず）が走（はし）る……151
□寧（むし）ろ鶏口（けいこう）となるも牛後（ぎゅうご）となるなかれ……214
□胸（むね）に一物（いちもつ）……213
□胸（むね）を躍（おど）らせる……263
□胸（むね）を焦（こ）がす……217/230
め
□目頭（めがしら）を押（お）さえる……253
□目（め）から鼻（はな）へ抜（ぬ）ける……218
□目（め）に余（あま）る……218
□目（め）に角（かど）を立（た）てる……217

索引

□目《め》に物見《ものみ》せる……218
□目《め》は口《くち》ほどに物《もの》を言《い》う……218
□目《め》も当《あ》てられない……218
□目《め》を掠《かす》める……218
□目《め》を皿《さら》にする……217
□目《め》をつぶる……217
□目《め》を盗《ぬす》む……218
□芽《め》を吹《ふ》く……244

も

□孟母三遷《もうぼさんせん》の教《おし》え……213
□諸刃《もろは》の剣《つるぎ》〔刃《やいば》〕……220

や

□やぶさかでない……222
□藪《やぶ》蛇《へび》……215
□藪《やぶ》をつついて蛇《へび》を出《だ》す……215

ゆ

□油断《ゆだん》も隙《すき》もない……263

よ

□要《よう》を得《え》る……221
□余儀《よぎ》ない……23
□寄《よ》らば大樹《たいじゅ》の陰《かげ》……216
□弱《よわ》り目《め》にたたり目《め》……215

ら

□洛陽《らくよう》の紙価《しか》を高《たか》める……114

り

□李下《りか》に冠《かんむり》〔を整《ただ》さず〕……220
□李下《りか》の冠《かんむり》……220
□立錐《りっすい》の余地《よち》もない……139
□良薬《りょうやく》〔は〕口《くち》に苦《にが》し……218

る

□類《るい》は友《とも》を呼《よ》ぶ……220
□累卵《るいらん》の危《あや》うき……263
□留守《るす》を預《あず》かる……243

れ

□烈火《れっか》の如《ごと》く怒《おこ》る……139

ろ

□論陣《ろんじん》を張《は》る……222

わ

□脇《わき》が甘《あま》い……159
□和《わ》して同《どう》ぜず……221

生《い》きる 漢字《かんじ》・語彙力《ごいりょく》〈三訂版《さんていばん》〉

著　　者　霜《しも》　栄《さかえ》
発 行 者　山 﨑 良 子
印刷・製本　日経印刷株式会社

発 行 所　駿台文庫株式会社
〒101－0062　東京都千代田区神田駿河台1－7－4
小畑ビル内
TEL. 編集 03(5259)3302
販売 03(5259)3301
《三②－ 292pp.》

ISBN978－4－7961－1451－6　Printed in Japan

駿台文庫 Web サイト
https://www.sundaibunko.jp